Lust auf ein Musikinstrument?

Waxmann Verlag GmbH
Steinfurter Straße 555, 48159 Münster
info@waxmann.com

Beiträge zur Bildungsforschung

herausgegeben von der
Österreichischen Gesellschaft für
Forschung und Entwicklung
im Bildungswesen (ÖFEB)

Band 5

Martin Wieser

Lust auf ein Musikinstrument?

Was Kinder und Jugendliche motiviert, ein Musikinstrument zu lernen und zu spielen

Waxmann 2018
Münster • New York

Veröffentlicht mit Unterstützung des Forschungsrates der Alpen-Adria-Universität Klagenfurt.

Bibliografische Informationen der Deutschen Nationalbibliothek
Die Deutsche Nationalbibliothek verzeichnet diese Publikation in der Deutschen Nationalbibliografie; detaillierte bibliografische Daten sind im Internet über http://dnb.dnb.de abrufbar.

ISSN 2198-9583
Print-ISBN 978-3-8309-3859-0
E-Book-ISBN 978-3-8309-8859-5

www.waxmann.com
info@waxmann.com

Umschlaggestaltung: Pleßmann Design, Ascheberg
Umschlagabbildung: © BillionPhotos.com
Satz: Stoddart Satz- und Layoutservice, Münster

Gedruckt auf alterungsbeständigem Papier, säurefrei gemäß ISO 9706

Printed in Germany

Dank

Ich möchte mich bei allen Personen recht herzlich bedanken, die an dieser Arbeit, in welcher Form auch immer, beteiligt waren und unterstützend zur Seite standen.

Einen Dank möchte ich meinen Eltern und Freunden aussprechen, die mich während des Verfassens dieser Arbeit in jeglicher Hinsicht unterstützt haben.

Darüber hinaus geht ein großes Dankeschön an alle Direktoren und Direktorinnen der beteiligten Musikschulen, die es mir durch ihr Engagement und Interesse ermöglichten, die Befragungen durchzuführen. Mein besonderer Dank gilt auch den Schülerinnen und Schülern, die an der Befragung teilnahmen.

Des Weiteren möchte ich mich recht herzlich bei der *Österreichischen Gesellschaft für Forschung und Entwicklung im Bildungswesen (ÖFEB)* sowie beim *Forschungsrat der Alpen-Adria-Universität Klagenfurt* bedanken, die es mir durch ihre finanzielle Unterstützung ermöglichten, die vorliegende Arbeit in dieser Form zu publizieren.

Last but not least danke ich dem Betreuer meiner Dissertation, Herrn Prof. Florian Müller, der mir während des Verfassens dieser Arbeit stets mit seiner Expertise zur Seite stand und mich durch wertvolle Anregungen und konstruktive Kritik unterstützte.

Klagenfurt, Juni 2018
Martin Wieser

Inhalt

1. Einleitung

Das Vermögen, die Motive des Wollens schlechthin selbst hervorzubringen, ist die Freiheit.

Immanuel Kant (1724–1804)

Haben Sie schon einmal bei Google die Begriffe *Musikinstrument lernen* und *Motivation* eingegeben? Wenn nicht, dann erlauben Sie mir, Ihnen einen kurzen Überblick zu verschaffen. Grundsätzlich schreibt Ihnen Google rund 247.000 Ergebnisse aus. Die ersten und somit laut Google relevantesten Treffer, die dabei angezeigt werden, sind Ratgeber, die Tipps und Tricks beinhalten, mit Hilfe derer Kinder und Jugendliche motiviert werden sollen, ihr Instrument zu üben. Schon die Anzahl der Treffer bei Google bezeugt die Aktualität des Themas *Motivation und das Lernen eines Musikinstruments.* Ein Umstand, der nicht besonders verwundert. Wirft man nämlich einen Blick auf die Schüler/innenzahlen der Musikschulen, so zeigen Statistiken, dass das Lernen eines Instruments immer mehr an Bedeutung gewinnt. In Österreich zum Beispiel konnten die Schüler/innenzahlen in den letzten 15 Jahren um 15% gesteigert werden. Im Moment gibt es rund 190.000 aktive Musikschüler/innen in Österreich. Den größten Teil machen dabei Schüler/innen im Alter zwischen 5 und 14 Jahren aus (vgl. Hahn, 2017). Auch in Deutschland konnten die Schüler/innenzahlen in den Musikschulen in den letzten Jahren gesteigert werden. Mit Stand 2015 waren in Deutschland über 1.4 Millionen Schüler/innen in den Musikschulen aktiv (vgl. Verband deutscher Musikschulen, 2015).

Motivation ist nicht nur in der Musik essentiell, sie ist auch ein unabdingbarer Faktor und ständiger Begleiter in unserem Leben. Besonderes Augenmerk wird dabei auf die intrinsische Motivation gelegt, denn sie weist einen starken Bezug zur Selbstbestimmung auf. Nach Deci & Ryan (1993) wird die intrinsische Motivation, bzw. werden intrinsische Handlungen, als Urform des selbstbestimmten Handelns erachtet. Für die Wissenschaft ist es notwendig, intrinsische Motivation genau zu definieren. Dabei konnte man sich bisher auf keine einheitliche Konzeptionalisierung einigen (vgl. Krapp, 1999). Im Allgemeinen ist die intrinsische Motivation *„as the doing of an activity for its inherent satisfactions rather than for some separable consequence“* definiert (Ryan & Deci, 2000, S. 56).

Genaue Erläuterungen bezüglich der intrinsischen Motivation werden in Kapitel 2.3.1 zu finden sein.

Viele Studien im pädagogischen Kontext haben das Ausmaß und die Qualität sowie die Bedingungen und die Wirkungen der intrinsischen Motivation untersucht. Ergebnisse zeigen beispielsweise, dass Kinder und Jugendliche, die intrinsisch motiviert sind, genauer und kontextbezogener lernen als Kinder, die extrinsisch motiviert sind. In vielen Fällen erzielen intrinsisch motivierte Kinder auch bessere Leistungen, insbesondere wenn es um das Erfassen und Erkennen von Zusammenhängen geht (vgl. Wild & Krapp, 1995).

Es zeigt sich, dass die Folgen von intrinsischer Motivation auf das Lernen sehr oft schon Gegenstand von Studien waren und somit auch weitreichend erforscht sind. Im Gegensatz dazu sind die Entstehung von intrinsischer Motivation sowie jene Faktoren, die dafür verantwortlich sind, dass Kinder und Jugendliche motiviert werden und dies auch langfristig bleiben, bisher weniger erforscht (vgl. Wild & Krapp, 1995; Wild & Wild, 1997; Wild, 2001; Exeler & Wild, 2003; Reeve, 2002, 2006; Reeve & Jang, 2006; Vansteenkiste et al., 2009; Grolnick & Ryan, 1989).

Es sind genau diese Faktoren, die auch für diese Arbeit im Fokus stehen. Der Schwerpunkt der Arbeit liegt dabei nicht auf dem Lernen im Kontext Schule, sondern im Bereich der Musik, genauer gesagt auf dem Instrumentalspiel. Es wird der Frage nachgegangen, welche Faktoren verantwortlich sind, dass Kinder und Jugendliche motiviert sind, ein Instrument zu lernen und über einen längeren Zeitraum zu üben, sodass aus der Tätigkeit eine nachhaltige intrinsische Motivation resultiert. Viele Musikerzieher/innen und Musikforscher/innen sehen die Motivation als Schlüsselelement beim Lernen eines Instrumentes an. Es stellt sich die Frage, warum manche Personen ein Instrument nur über einen kurzen Zeitraum spielen und üben, wohingegen andere dies über Jahre hinweg tun und es eventuell sogar zum Beruf machen (vgl. Evans, 2015; Evans et al., 2012).

Die vorliegende Forschungsarbeit untersucht mit Hilfe der Selbstbestimmungstheorie (Ryan & Deci, 2002) die Motivation von Kindern und Jugendlichen für das Lernen und Spielen eines Musikinstrumentes. Dabei wird besonders auf drei motivationale Bedingungsfaktoren eingegangen:

- die Relevanz der Familie,
- der Lehrpersonen und des Unterrichts sowie
- der Peers

Vor allem über die Bedeutung von Eltern und Peers für das motivationale Erleben gibt es wenig empirische Evidenz. Insgesamt ist außerdem kaum Wissen über motivationale Bedingungen und Prozesse beim Lernen eines Musikinstrumentes bekannt.

Die Daten, die für diese Untersuchung für die Qualität der Motivation, ein Musikinstrument zu lernen, relevant waren, wurden mittels Fragebögen ermittelt. Insgesamt nahmen 856 Musikschüler/innen aus ganz Kärnten an dieser Studie teil.

1.1 Aufbau der Arbeit

Das folgende Kapitel 2 dieser Arbeit behandelt die theoretischen Grundlagen. Es wird ein Überblick über relevante Motivationstheorien gegeben, wobei das Hauptaugenmerk der detaillierten Darstellung der Selbstbestimmungstheorie (SDT) nach Deci & Ryan gewidmet ist. Darüber hinaus werden die Flow-Theorie nach Csikszentmihalyi (2008) sowie die Person-Gegenstands-Theorie des Interesses nach Krapp (1999), die weitreichende Überschneidungen mit der SDT aufweisen, kurz skizziert. In Kapitel 4 wird der Forschungsstand zum Thema Motivation und Lernen sowie speziell zur Motivation, ein Instrument zu erlernen, aufgezeigt.

Kapitel 5 stellt das Forschungsdesign dar. Im Zentrum dabei stehen die Forschungsfrage sowie die ihr zugrundeliegenden Hypothesen. Es wird ferner das Forschungsinstrument beschrieben und die Stichprobe vorgestellt sowie eine Beschreibung der verwendeten Auswertungsverfahren vorgenommen. In Kapitel 6 werden dann die Ergebnisse der Studie dargestellt. Neben deskriptiven Darstellungen der Ergebnisse wurden Korrelationsanalysen, Strukturgleichungsmodelle sowie Clusteranalysen durchgeführt. Eine Interpretation dieser Ergebnisse wird dann in Kapitel 7 vorgenommen. Abschließend erfolgt eine Zusammenfassung der wichtigsten Befunde sowie ein Ausblick in Kapitel 8.

Für die leichtere Lesbarkeit bzw. um sich einen schnelleren Überblick über die Ergebnisse zu verschaffen, wird zu Beginn eines jeden Kapitels eine kompakte Zusammenfassung in Form eines kurzen Abstracts dargestellt.

2. Theoretische Grundlagen

Im folgenden Kapitel wird der Begriff der Motivation näher erläutert. Darüber hinaus wird auf die zwei wichtigen motivationalen Theorierichtungen, die *kognitiven Handlungstheorien* und *Theorien, die auf der Basis dynamischer Persönlichkeitskonzeptionen* konzipiert sind, eingegangen. Das Hauptaugenmerk in diesem Kapitel richtet sich dann auf die Selbstbestimmungstheorie (SDT) nach Deci & Ryan.

Motivation geht der Frage nach dem „Warum“ oder „Wozu“ menschlichen Verhaltens nach. Dabei spielt es keine Rolle, ob der Begriff Motivation im alltäglichen oder wissenschaftlichen Kontext gebraucht wird. Rheinberg definiert Motivation *„als eine aktivierende Ausrichtung des momentanen Lebensvollzugs auf einen positiv bewerteten Zielzustand“* (Rheinberg, 2002, S. 17). Dies bedeutet, dass hier die Wertkomponente zum Tragen kommt. Motivation wird dadurch gekennzeichnet, inwieweit Personen den Zielzustand als persönlich wichtig erachten.

Bei der Analyse von Motivation wird auf zwei unterschiedliche Betrachtungsebenen zurückgegriffen. Zum einen gibt es die Ebene des konkreten situationsspezifischen Verhaltens und zum anderen die Ebene der generellen Handlungsbereitschaft. Zweitgenannte Ebene befasst sich unter anderem mit motivationalen Persönlichkeitsmerkmalen. Für die Analyse auf der ersten Ebene bezieht sich die Psychologie auf die Prozesse der Motivierung, d.h. welche Verhaltensweisen und Bedingungen zeigen sich in konkreten Situationen dafür verantwortlich, dass der Prozess der Motivierung stattfindet. Ebene Zwei befasst sich mit der Analyse der Wirkungsweise motivationaler Persönlichkeitsmerkmale. Es wird davon ausgegangen, dass diese Merkmale das Verhalten in konkreten Situationen immer wieder auf die gleiche Art und Weise beeinflussen (vgl. Krapp et al., 2004).

Es zeigt sich also, dass Motivation aus einem wissenschaftlichen Blickwinkel betrachtet ein komplexes Konstrukt darstellt, für dessen detaillierte Analyse und Beschreibung nicht nur eine Theorie ausreichend ist. So sind verschiedene Theorien unterschiedlicher Provenienz entwickelt worden.

2.1 Überblick zu Motivationstheorien

Im wissenschaftlichen Diskurs in Bezug auf Motivation haben sich im Wesentlichen zwei Theorien bzw. zwei Theorierichtungen herauskristallisiert:

- Kognitive Handlungstheorien
- Theorien auf der Basis dynamischer Persönlichkeitskonzeptionen (vgl. Krapp, Geyer & Lewalter, 2004)

Im nachstehenden Kapitel wird aufgezeigt, was die zentralen Merkmale dieser beiden Theoriegruppen sind. Darüber hinaus wird dargelegt, welche Vorteile die jeweiligen Theorien für die Erklärung motivationaler Prozesse liefern bzw. welche Aspekte sie vernachlässigen oder erst gar nicht berücksichtigen. Dabei wird vor allem die Lernmotivation berücksichtigt.

2.1.1 Kognitive Handlungstheorien

Im Zentrum kognitiver Handlungstheorien steht das Schema der Erwartungs-mal-Wert-Modelle. Es wird davon ausgegangen, dass die Zielsetzungen, Handlungen und auch die Stärke der Motivation im Zusammenhang mit dem möglichen Nutzen, der aus der Handlung resultiert, stehen (vgl. Krapp et al., 2004). Somit werden die Folgen für ein motiviertes Handeln betont. Dabei ist es nicht entscheidend, ob die Folgen bzw. die Antizipation von Folgen positiv oder negativ ausfallen. Konsequenterweise werden die Erwartungs-mal-Wert-Modelle als zweckrationale Handlungsmodelle der Motivation bezeichnet (vgl. Schiefele & Streblow, 2005).

Eines der bekanntesten Modelle kognitiver Handlungstheorien und Erwartungs-mal-Wert-Modellen ist das „Erweiterte Kognitive Motivationsmodell“ nach Heckhausen und Rheinberg (1980).

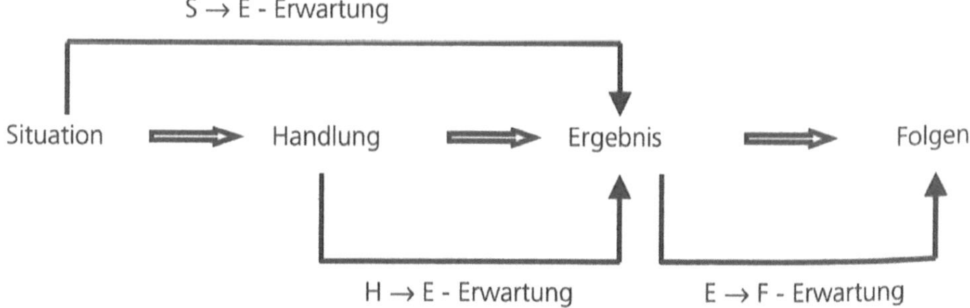

Abbildung 1: Das Erweiterte Kognitive Motivationsmodell nach Heckhausen und Rheinberg (siehe Vollmeyer, 2005, S. 12)

Ausgehend von diesem Modell gibt es eine Situation, die durch eine Handlung zu einem Ergebnis führen soll, welches wiederum Folgen der Handlung nach sich zieht. Vordergründig ist dabei die Einschätzung der handelnden Person selbst. Hierbei stellen sie sich zunächst drei Fragen:

- Wird das Ergebnis auch ohne eigenes Handeln erreicht? (S→E-Erwartung)
- Kann ich das Ergebnis durch mein Handeln erreichen? (H→E-Erwartung)
- Zieht das Ergebnis der Handlung auch die gewünschten Folgen nach sich? (E→F-Erwartung)

Grundsätzlich lässt sich mit diesem Modell sehr gut die Motivation für das Handeln einer Person erklären (vgl. Vollmeyer, 2005).

Dennoch ist Rheinberg der Ansicht, dass auch dieses Modell gewisse Aspekte für motiviertes Handeln vernachlässigt. So werden z.B. Spaß, das Aufgehen in einer Tätigkeit, aber auch das Ignorieren von Risiko bei Ausführung einer Handlung nicht berücksichtigt. Diese Aspekte lassen sich auf ein motiviertes Verhalten zurückführen, das nicht primär auf einer rationalen Basis fundiert ist. Nach Rheinberg sind dabei auch Emotionen und Affekte für die Beschreibung und Erklärung des motivationalen Geschehens relevant. Werte und Erwartungen spielen dann unter bestimmten Umständen eine untergeordnete Rolle (vgl. Rheinberg, 1989).

Aus dem Bereich der kognitiven Handlungstheorien sind einige Motivationstheorien entwickelt worden. Sie alle basieren auf dem Erwartungs-mal-Wert-Paradigma, unterscheiden sich aber in gewissen Aspekten.

Zu diesen zählt zum Beispiel das Erwartungs-mal-Wert-Modell der Leistungsmotivation nach Eccles und Kollegen (2000). Dies beinhaltet nicht nur die klassischen Komponenten Erwartung und Wert, sondern auch das Interesse der Person sowie signifikante Erlebnisse (vgl. Wigfield & Eccles, 2000).

Des Weiteren wäre das Konzept der Kausalattribution nach Heider (1958) zu nennen. Dieses beschäftigt sich mit den subjektiven Erklärungen und Ursachenzuschreibungen für spezifische Situationen. Es wird der Frage nachgegangen, welche Ursachen für Erklärung für Erfolg bzw. Misserfolg verwendet werden, welche Emotionen damit verbunden sind und welche Auswirkungen sich auf das Verhalten ergeben. Nach Heider zeichnen sich für Erklärungen des eigenen bzw. fremden Verhaltens die internalen oder externalen Faktoren verantwortlich. Heider (1958) bezeichnet dies als die *Lokalität* der Ursachenzuschreibung. Weiner (1985) kritisierte dieses Modell, indem er aufzeigte, dass eine einzige Dimension alleine (internal vs. external) zur Beschreibung der Ursachen für Erfolg bzw. Misserfolg unzureichend war. Seiner Ansicht nach konnten die Ursachen sowohl stabil/konstant als auch veränderbar/variabel sein. So wurde z.B. Kompetenz oder Talent als ein stabiler Faktor betrachtet, wohingegen Anstrengung oder Laune als variabel betrachtet wurde. Infolge dessen erweiterte Weiner (1985) dieses Konzept um die Dimension *Stabilität.* Dabei bezieht er sich auf die Einschätzung, ob Kausalfaktoren stabil oder variabel sind.

Eine weitere prominente Theorie, die den kognitiven Handlungstheorien zuzuordnen ist, ist die Selbstwirksamkeitserwartung nach Bandura (1997). Hierbei spielen nicht nur die Einschätzung bzw. die Ergebniserwartung eine Rolle, sondern auch die persönliche Wirksamkeitserwartung. Dies beinhaltet die individuelle Überzeugung der einzelnen Person, die Handlung erfolgreich zu bewältigen. Darüber hinaus sind auch mehr oder weniger realistische Einschätzungen der eigenen Fähigkeiten sowie das Selbstkonzept entscheidend.

Eine weitere Theoriegruppe aus dem Bereich der kognitiven Handlungstheorien sind die Zielorientierungen. Hier steht insbesondere der Faktor Wert im Vordergrund und es wird der Frage nachgegangen, welche Leistungsziele eine Person als bedeutsam definiert (vgl. Krapp et al., 2004). Dabei kommt es zu einer Unterscheidung zwischen einer Lernzielorientierung und einer Leistungszielorientierung. Weisen Personen eine Lernzielorientierung auf, so legen sie den Wert auf die Entwicklung ihrer Fähigkeiten und Kompetenzen. Demgegenüber stehen jene Personen mit einer Leistungszielorientierung. Hier liegt der Fokus auf den persönlichen Fähigkeiten im Vergleich zu anderen Personen. Zur Beschreibung der Leistungszielorientierung gibt es eine weitere Dimension. In dieser sind die Bereiche Annäherungsziel sowie Vermeidungsziel verankert. Annäherungsziele sind eng verknüpft mit positiven Einstellungen in Bezug auf Leistungsanforderung und Leistungsbereitschaft, wohingegen bei Vermeidungszielen der Fokus auf das Verstecken von etwaigen Kompetenzmängeln liegt. Hier zeigen Personen eine eher negative Einstellung in Bezug auf das Lernen. Im Extremfall kann sich diese Einstellung sogar in Angst umwandeln, was zu Hilflosigkeit führen kann (vgl. Fasching, Dresel, Dickhäuser & Nitsche, 2010).

Es zeigt sich also, dass jene Theorien, die eher den kognitiven Handlungstheorien zuzuordnen sind, die Motivation anhand zweier zentraler Aspekte untersuchen bzw. erklären, nämlich durch die Erwartungen an die Handlung, die Folgen der Handlung sowie durch die Werte, die der Handlung beigemessen werden. Kerngedanke dabei ist die rationale Handlungssteuerung. Der Nutzen und die Folgen einer motivationalen Handlung werden immer wieder abgewogen.

Theorien, die exklusiv auf Erwartungs-mal-Wert-Modellen fundieren, können jedoch keine vollständige Erklärung motivationalen Verhaltens liefern, da sie gewisse Aspekte wie z.B. Persönlichkeitsmerkmale, Interessen, Emotionen, inhaltliche Aspekte vernachlässigen oder erst gar nicht berücksichtigen. Aus diesem Grund bedarf es zur Erklärung motivationaler Handlungen auch Theorien, die ihren Schwerpunkt nicht auf diese Modelle legen. Jene Theorien basieren auf der Basis dynamischer Persönlichkeitskonzeptionen.

2.1.2 Theorien auf der Basis dynamischer Persönlichkeitskonzeptionen

Im Gegensatz zu den kognitiven Handlungstheorien, die sich in erster Linie auf die Beschreibung und Erklärung motivationaler Ursachen konzentrieren, untersuchen Theorien auf der Basis dynamischer Persönlichkeitskonzeptionen Aspekte, die durch ständige Person-Umwelt-Interaktionen erklärt werden. Dabei werden z.B. auch Lerninhalte, der Gegenstandsbereich der Motivation, die eigene Identitätswahrnehmung und -entwicklung oder auch eine auf Selbstbestimmung basierende Motivation in den theoretischen Konzeptionen berücksichtigt. Als zentrale Konzepte, die für die Steuerung motivationaler Prozesse grundlegend sind, sind das individuelle Selbst oder die eigene Identität zu betrachten. Theorien, die dieser Kategorie zuzuordnen sind, gehen davon aus, dass Personen trotz ständig veränderbarer Umstände sich im Innersten als stabil wahrnehmen. Diese Wahrnehmung bzw. dieser Fokus auf diesem stabilen Kernbereich der Persönlichkeit spiegelt die persönliche Identität wider. Je stärker die Handlungsziele im individuellen Selbst verankert sind, desto eher wird das motivationale Handeln als selbstbestimmt wahrgenommen. Dies hat zur Folge, dass jene motivationalen Aspekte, die in das individuelle Selbst integriert sind, tiefgreifendere Effekte und Einflüsse auf die persönliche Entwicklung haben.

Theorien, die dieser Kategorie zuzuordnen sind, sind die Selbstbestimmungstheorie nach Deci & Ryan, die pädagogisch-psychologische Interessenstheorie nach Krapp oder etwa die Flow-Theorie nach Czikszentmihalyi (vgl. Krapp et al., 2004).

Für diese Arbeit von besonderer Bedeutung ist die Selbstbestimmungstheorie nach Deci & Ryan, denn sie geht davon aus, dass z.B. individuelle Ziele, Interessen oder auch Kompetenzen mehr oder weniger stark in das individuelle Selbst integriert werden. Dies spielt auch beim Lernen, z.B. eines Instrumentes, eine entscheidende Rolle. Je mehr bzw. je nachhaltiger Personen Faktoren wie eben z.B. Interessen, persönliche Ziele, Fähigkeiten und Fertigkeiten etc. in ihr individuelles Selbst verankern, desto höher ist die Wahrscheinlichkeit, dass sich eine selbstbestimmte Motivation entwickelt und die Motivation für das Lernen eines Musikinstrumentes als intrinsisch wahrgenommen wird.

2.2 Selbstbestimmungstheorie

Die Selbstbestimmungstheorie (SDT = Self-Determination Theory) ist eine Motivationstheorie, die den Aspekt des Selbst in den Vordergrund rückt. Nach Deci und Ryan (2002) ist die Selbstbestimmungstheorie sowohl *dialektisch* als auch *organismisch*. Der Grund für die organismische Betrachtungsweise liegt darin, dass Menschen als aktive Organismen wahrgenommen werden, die eine Tendenz aufweisen zu wachsen, sich weiterzuentwickeln, Herausforderungen zu meistern und Erfahrungen für das eigene Selbst zu integrieren. Dabei besteht eine ständige interaktive Beziehung zwischen dem organismischen Integrationsprozess und der sozialen Umwelt. Diese Beziehung ist der Grundstein für die dialektische Betrachtungsweise (vgl. Ryan & Deci, 2002).

Wie andere Motivationstheorien versucht die Selbstbestimmungstheorie das Verhalten der Menschen bzw. die Steuerung des Verhaltens zu erklären. Dazu bedient sie sich des Konzeptes der Intentionalität. Dies bedeutet, dass Menschen dann als motiviert charakterisiert werden, wenn ihr Handeln und Tun auf einen bestimmten Zweck abzielt. Diese Intention oder dieses Bestreben zielt auf einen Zustand hin, der in der Zukunft liegt. Dabei ist es aber nicht wichtig, wie weit dieses Ziel entfernt ist. Ausgangspunkt für Intentionen und die dazugehörige Motivation ist die Person selbst. Die Handlungen dienen somit einer zufriedenstellenden Erfahrung oder einem zufriedenstellenden Handlungsergebnis.

Neben diesen Erfahrungen gibt es auch Verhaltensweisen, die keiner Intention zugrunde liegen. Somit werden diese in der SDT nicht als motiviert definiert. Deci und Ryan (1993) bezeichnen solche Verhaltensweisen als *amotiviert*. Zu diesen Verhaltensweisen zählen z.B. Herumlungern oder ein Wutanfall. Solche Verhaltensweisen lassen sich zwar psychologisch erläutern, jedoch kann man sie nicht der Kategorie der motivationalen Verhaltensweisen im engeren Sinn zuordnen, da sie keiner bewussten Intention zugrunde liegen (vgl. Deci & Ryan, 1993).

Einer der wesentlichsten Unterschiede der SDT zu anderen Motivationstheorien liegt in der qualitativen Unterscheidung der Motivation. Deci und Ryan (1993) zeigen auf, dass die meisten Theorien Motivation als ein einheitliches bzw. bipolares Konstrukt betrachten. In den besten Fällen wird lediglich eine Unterscheidung hinsichtlich der Motivationsstärke vorgenommen, d.h., eine Person ist stärker oder weniger stark motiviert. Die Selbstbestimmungstheorie unterscheidet Qualitäten hinsichtlich des motivierten Handelns und Tuns. Dies bedeutet, dass es nicht nur eine Unterscheidung zwischen motiviertem und amotiviertem Verhalten gibt, sondern es wird eine differenziertere Betrachtungsweise aufgezeigt. Motiviertes Handeln wird dadurch beschrieben, inwiefern Handlungen als selbstbestimmt bzw. kontrolliert wahrgenommen werden. Erleben Personen die Handlung als frei gewählt, so entspricht dies den Zielen und

Vorstellungen des individuellen Selbst. Wird die Handlung als aufgezwungen erlebt, so stellt sich ein Gefühl der Kontrolle ein. In Hinblick darauf werden z.B. Musiker/innen eher ein Instrument spielen und üben, wenn sie ihre Handlung als frei gewählt und selbstbestimmt empfinden und die Handlungsziele mehr oder weniger stark im individuellen Selbst verankert sind.

Somit betrachten Deci und Ryan (1993, 2002) das Ausmaß der Selbstbestimmung als essentiellen Faktor für die Unterscheidung von motivationalem Verhalten. Sie sprechen dabei von Regulationsstilen. Insgesamt gibt es vier extrinsische Regulationsstile (extrinsisch, introjiziert, identifiziert sowie integriert) und einen intrinsischen Regulationsstil. Handlungen werden als mehr oder weniger fremdbestimmt erlebt. Demzufolge gibt es zwei Endpunkte eines Kontinuums von Selbstbestimmung bis Kontrolle, welches die Qualität von motiviertem Handeln definiert (siehe auch Abb.2 auf Seite 20). Deci & Ryan (1993) verweisen dabei auch auf deCharms (1968), der zur Bezeichnung dieses Kontinuums die Begriffe der internalen und externalen Handlungsverursachung gebraucht. Dabei stehen sich diese Begriffe gegenüber bzw. werden als Gegenpole betrachtet (vgl. Deci & Ryan, 1993).

2.3 Intrinsische und extrinsische Motivation

Um verschiedene Regulationsstile motivationalen Verhaltens zu differenzieren, ist eine Unterscheidung zwischen intrinsischer und extrinsischer Motivation vorzunehmen. Dies erfolgt im nachstehenden Kapitel.

2.3.1 Intrinsische Motivation

Es finden sich unterschiedliche Definitionen von intrinsischer Motivation. Ein Grund dafür liegt in der Beziehung zwischen intrinsischer Motivation, Person und Handlung. Manche Autoren sehen die Ursache der intrinsischen Motivation im Interesse der Handlung, wohingegen andere Autoren den Grund für intrinsische Motivation in der Befriedigung, die eine Person während der Ausführung einer speziellen Tätigkeit erfährt, sehen (vgl. Ryan & Deci, 2000).

Deci und Ryan (1993) sehen die intrinsische Motivation als eine Variante der Motivation an, die ihren Ursprung im Interesse hat.

„Die intrinsische Motivation erklärt, warum Personen frei von äußerem Druck und inneren Zwängen nach einer Tätigkeit streben, in der sie engagiert tun können, was sie interessiert“ (Deci & Ryan, 1993, S. 226).

Handlungen werden durchgeführt, deren Aufrechterhaltung keine externen Faktoren wie z.B. Belohnung oder Drohung erfordert (vgl. Deci & Ryan, 1993). Die Handlung wird deshalb ausgeführt, weil die Ursache in der Tätigkeit der Handlung selbst liegt, sie wird um ihrer selbst willen ausgeführt. Schiefele & Streblow (2005) nehmen bei dieser Definition noch Differenzierungen vor. Sie unterscheiden zwischen intrinsischer Motivation als aktueller Zustand oder als stabiles Persönlichkeitsmerkmal. Nach Schiefele und Streblow (2005) gibt es zwei verschiedene Optionen, die eine intrinsisch motivierte Tätigkeit veranlassen. Zum einen kann die Person durch die Eigenschaft der Handlung, zum anderen durch den Gegenstand der Handlung intrinsisch motiviert sein. Tritt Option eins ein, so würde die Person die Handlung ausführen, weil sie eine spezifische Tätigkeit gerne macht. Bei Option zwei steht nicht die spezifische Aktivität im Vordergrund, vielmehr wird nun das Interesse am Gegenstand ins Zentrum gerückt und quasi aktiviert. Demzufolge könnte eine handlungsorientierte und gegenstandsorientierte Unterscheidung der intrinsischen Motivation vorgenommen werden (vgl. Schiefele & Streblow, 2005).

Für Deci & Ryan (1993) zählen auch Aspekte wie Neugier und Spontaneität zur intrinsischen Motivation und sie verweisen auf die Flow-Theorie von Czikszentmihaly (2008), der für die Ausführungen einer Handlung um ihrer selbst willen, gekoppelt mit allen positiven Erfahrungen des Tuns dieser Handlung, den Begriff *autotelisch* verwendet (vgl. Deci & Ryan, 1993).

Die intrinsische Motivation ist nicht die einzige Form der Motivation, jedoch wird sie als wichtig und weitverbreitet betrachtet. Von Geburt an sind Menschen neugierige, aktive, wissbegierige, aber auch verspielte Lebewesen, die ohne externe Anreize zu benötigen eine Bereitschaft zum Lernen, Forschen etc. mitbringen (vgl. auch Piaget, 1971). Diese natürliche und angeborene Motivation ist ein essentieller Faktor für die kognitive, emotionale, soziale, aber auch gleichermaßen effektive und effiziente physische Entwicklung der Person, da sich aus dieser Motivation heraus Wissen, Fertigkeiten sowie Einstellungen oder die personale Identität entwickeln. Intrinsische Motivation existiert immer in einem Verhältnis zwischen Person und Handlung. Nicht jede Person kann für jede Aufgabe intrinsisch motiviert sein. Es sei zu erwähnen, dass die intrinsische Motivation aber stetig abnimmt. So konnten Gillet et al. (2012) nachweisen, dass die intrinsische Motivation im Generellen in der Schule stetig abnimmt. Intrinsische Motivation hat aber eine große Bedeutung für die Schule bzw. für den Schulerfolg der Schüler/innen. Schüler/innen, die eher intrinsisch motiviert sind, zeigen im Durchschnitt bessere Leistungen, mehr Engagement, mehr Durchhaltevermögen etc. (Bailey & Phillips, 2015; Renaud-Dube et al., 2015; Taylor et al., 2014).

2.3.2 Extrinsische Motivation

Wie bereits erwähnt ist die intrinsische Motivation eine der essentiellsten Formen der Motivation. Neben ihr spielt jedoch die extrinsische Motivation ebenso eine entscheidende Rolle, denn in vielen Fällen sind Handlungen, die Personen ausführen, nicht intrinsisch motiviert. Dies nimmt vor allem nach der frühen Kindheit zu, wenn der Spielraum für intrinsisch motivierte Handlungen immer mehr begrenzt wird. In der Schule beispielsweise nimmt der Grad der intrinsischen Motivation im Durchschnitt von Schulstufe zu Schulstufe ab (vgl. Ryan & Deci, 2000). Wie wird nun extrinsische Motivation definiert?

Extrinsische Motivation tritt dort in Erscheinung, wo Handlungen instrumentellen Charakter aufweisen. Dies bedeutet, dass Handlungen ausgeführt werden, um positive Folgen zu erreichen oder negative Konsequenzen zu vermeiden. In diesem Fall haben die Handlungen nichts mit dem Gegenstand zu tun. Im Zentrum stehen die Folgen einer Handlung (vgl. Schiefele & Streblow, 2005).

Lange Zeit wurde auch diskutiert, ob intrinsische Motivation und extrinsische Motivation Gegenpole sind. Deci (z.B. 1971) und andere machten in einer Reihe von Untersuchungen deutlich, dass sich die intrinsische Motivation reduziere, wenn für anfänglich intrinsische Aktivitäten extrinsische Belohnungen wie z.B. Geld angeboten werden. Darüber hinaus mindere sich auch die Lust bzw. das Interesse der Personen, die gleiche Tätigkeit in ihrer Freizeit ohne Belohnung auszuüben. Deci (1971) stellte fest, dass sich die Selbstbestimmung durch die Einführung von extrinsischen Faktoren mindert und als Folge davon die Aktivität nun nicht mehr wegen ihrer intrinsischen Satisfaktion ausgeübt wird. Vielmehr führten diese Resultate dazu, dass intrinsische und extrinsische Motivation als Gegenpole betrachtet wurden. Infolge dessen wurde intrinsisch mit selbstbestimmt und extrinsisch mit kontrolliert assoziiert. In späteren Studien (z.B. Ryan, 1982) zeigte sich aber, dass intrinsische und extrinsische Motivation keine Gegenspieler sind (vgl. Deci & Ryan, 1993; Ryan & Deci, 2000). Vielmehr wird in der Literatur von einer Koexistenz bzw. von einer möglichen Koexistenz dieser beiden Formen von Motivation gesprochen. Lepper und Henderlong (2000) verweisen dabei auf Studien, die dargelegt haben, dass extrinsische Belohnung und Anerkennung die intrinsische Motivation steigern und fördern können. Lepper (1997) konnte auch selbst mit seinen Studien beweisen, dass extrinsische und intrinsische Motivation koexistieren können (vgl. Lepper & Henderlong, 2000).

Auch Deci und Ryan (1993) resümierten auf der Basis neuer Forschung, dass extrinsisch motiviertes Verhalten selbstbestimmt sein kann. Hierbei sind Deci & Ryan (1993) der Ansicht, dass zwei Komponenten für *„extrinsische Selbstbestimmtheit"* entscheidend sind. Zum einen ist es die *Internalisation*, zum anderen die *Integration*. Durch diese zwei Faktoren können extrinsische Verhaltensweisen in selbstbestimmte Handlungen befördert werden. Internalisation und Integration zeichnen sich dafür verantwortlich, dass Personen in der Lage sind, Ziele und Verhaltensnormen in das persönliche Selbstkonzept zu übernehmen. *Internalisation* meint den Vorgang, bei dem externale Werte in die internen Vorgehensprozesse einer Person übernommen werden, wohingegen Integration jenen Prozess definiert, bei dem die internalisierten Werte in das individuelle Selbst verankert werden. (vgl. Deci & Ryan, 1993).

Konsequenterweise wird in der SDT zwischen vier verschiedenen Formen der extrinsischen Motivation und einem intrinsischen Regulationsstil differenziert. Diese unterscheiden sich je nach dem Grad der Selbstbestimmung (vgl. Ryan & Deci, 2002).

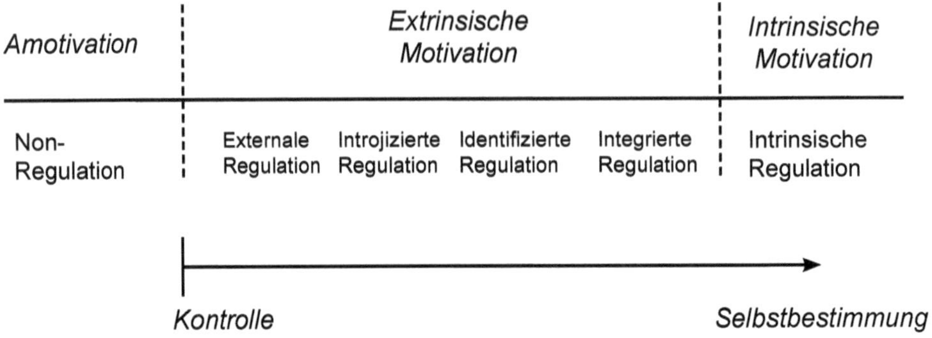

Abbildung 2: Kontinuum der Selbstbestimmung nach Deci & Ryan (Müller, 2007, S. 4)

Typ 1: Externale Regulation
Dieser Typ weist den geringsten Grad der Selbstbestimmung auf. Handlungen, die extrinsisch reguliert sind, werden nur deswegen ausgeführt, um eine externale Belohnung zu erhalten oder einer negativen Konsequenz zu entgehen. Dieser Regulationsstil entspricht der klassischen Definition von extrinsischer Motivation.

Typ 2: Introjizierte Regulation
Verhaltensweisen, die auf der introjizierten Regulation beruhen, beziehen sich auf interne Anstöße und inneren Druck. Diese Verhaltensweisen sind für die Person bzw. für deren Selbstachtung relevant. Handlungen werden durchgeführt, weil „es sich so gehört". Dieser Typ der Regulation kann in zwei Formen (positiv und negativ) auftreten. Ist die Form negativ ausgeprägt, assoziiert man eine Nichtdurchführung einer Handlung auch mit schlechtem Gewissen. Gibt es jedoch eine positive Ausprägung, so wird eine Handlung deswegen ausgeführt um z.B. etwas beweisen zu wollen. Kerngedanke bei diesem Typus ist, dass die Verhaltensweise durch eine interne Energie kontrolliert wird. Somit liegt dies außerhalb des individuellen Selbst.

Typ 3: Identifizierte Regulation
Im Zentrum dieser Regulation steht der Gedanke, dass die Verhaltensweise des individuellen Selbst als relevant und wichtig erscheint. Personen erreichen das Stadium der identifizierten Regulation, wenn sie sich mit den Werten und Zielen identifizieren und diese in ihr persönliches Selbstkonzept integriert haben. Ein signifikantes Beispiel dazu wäre, wenn Schüler/innen permanent am Instrument üben, weil sie später ein Musikstudium beginnen möchten.

Typ 4: Integrierte Regulation
Dieser Typus weist in Hinblick auf die extrinsische Motivation den höchsten Grad an Selbstbestimmung auf. Diese Art der Regulation *„ist das Ergebnis der Integration von Zielen, Normen, Werten und Handlungsstrategien, mit denen sich das Individuum identifiziert und die es in das kohärente Selbstkonzept integriert hat"* (Deci & Ryan, 1993, S. 226).

Gemeinsam mit der intrinsischen Motivation bildet der integrierte Regulationsstil das Fundament selbstbestimmten Handelns. Dabei ist aber zu berücksichtigen, dass die intrinsische Motivation als autotelischer betrachtet wird. Dies bedeutet, dass hinter der integrierten Regulation trotz des hohen Grades an Selbstbestimmung eine instrumentelle Funktion steht (vgl. Deci & Ryan, 1993). Eine Unterscheidung dieser beiden Formen gestaltet sich oft sehr schwierig bzw. ist ein Unterschied oft nicht mehr erkennbar. Müller et al. (2007) verweisen dabei auf Vallerand und Kollegen (1992), die bezüglich der integrierten Regulation argumentieren, dass besonders bei jüngeren Schüler/inne/n eine Unterscheidung aus Gründen der wenig entwickelten Selbstreflexionsfähigkeit nicht mehr erkennbar ist (vgl. Müller et al., 2007). In der Selbstbestimmungstheorie sind die verschiedenen Typen der Regulation nicht strikt voneinander isoliert. Vielmehr gehen sie fließend ineinander über. Infolge dessen kann die Entwicklung des *Selbst* einer Person sowohl als Prozess, aber auch als Ergebnis dieses Prozesses erachtet werden (vgl. Deci & Ryan, 1993). Ferner ist es auch möglich, dass Personen bezüglich einer Handlung oder eines Gegenstandes „mehrfach" motiviert sind. Vansteenkiste et al. (2009) sprechen hierbei von Typen, dic cinc Mischmotivation aufweisen. Zu erwähnen sei hier die Replikation der sogenannten Simplexstruktur. Diese geht davon aus, dass näher aneinander liegende Konstrukte höher korrelieren als weiter voneinander entfernte. Demzufolge können Personen sowohl extrinsisch als auch intrinsisch motiviert sein und müssen nicht zwingend als Antagonisten verstanden werden.

2.4 Die grundlegenden psychologischen Bedürfnisse

In der Selbstbestimmungstheorie ist die Befriedigung von sogenannten grundlegenden psychologischen Bedürfnissen (Basic Needs) eine notwendige Voraussetzung für die Aufrechterhaltung und Entwicklung selbstbestimmter Formen der Motivation. Im folgenden Kapitel wird aufgezeigt, was unter diesen Bedürfnissen zu verstehen ist, welche Notwendigkeit sie für die Erklärung von motivationalem Handeln haben sowie welche theoretischen Grundannahmen dahinterstehen.

In der Geschichte der Motivationsforschung wurden immer wieder drei Formen von Konzepten verwendet um die Verhaltensweisen bzw. deren Herkunft zu erklären. Diese wären die physiologischen Bedürfnisse, die Emotionen und die psychologischen Bedürfnisse. Viele der Motivationstheorien, die den vorwiegend kognitiven Aspekt behandeln, widmen sich dieser Frage erst gar nicht. Dem gegenüber geht die SDT davon aus, dass die menschlichen Verhaltensweisen auf allen drei Konzepten fundieren. Besondere Bedeutung erlangen dabei die grundlegenden psychologischen Bedürfnisse, denn sie bilden nicht nur die Basis für die Energie verschiedenster Alltagshandlungen, sondern zeichnen sich auch dafür verantwortlich, dass Vorgänge und Abläufe, mit denen der Mensch seine Triebe und Emotionen steuert, beeinflusst werden (vgl. Deci & Ryan, 1993). Die Befriedigung dieser Bedürfnisse wird als ebenso essentiell betrachtet wie die Befriedigung der biologisch-physiologischen Bedürfnisse wie z.B. Hunger oder Durst. Im Konzept der Basic Needs geht es darum, dass sich alle Faktoren, die mit den Basic Needs zu tun haben, im Unterbewusstsein entfalten. Diese Faktoren werden als ein Teil eines Rückmeldesystems erachtet, das dem Organismus Hinweise in Bezug auf die Qualität der Person-Umwelt-Interaktion gibt. Solche Rückmeldungen haben direkten Einfluss auf Zuwendungs- oder Vermeidungsverhalten, d.h., es bildet sich eine Grundlage für Präferenzen oder Aversionen (vgl. Krapp et al., 2004).

Zunächst sollte geklärt werden, was unter dem Begriff „Bedürfnis" zu verstehen ist. Mit „Bedürfnis" wird ein Zustand assoziiert, bei dem der Wunsch bzw. das Verlangen nach Behebung eines Mangels im Zentrum steht (vgl. Krapp, 2005).

Neben Deci & Ryan vertrat auch Joseph Nuttin (1956) die Auffassung, dass für die Erklärung der menschlichen Motivation die grundlegenden Bedürfnisse von essentieller Bedeutung sind und dass die Motivation nur im Kontext einer Person-Umwelt-Interaktion sinnvoll untersucht und erklärt werden kann. Es reicht nicht, sich nur auf die Person zu konzentrieren. Vielmehr müsse auch die Umwelt als ein wichtiger Aspekt für die Erklärung individuellen Handelns mitberücksichtigt werden. Dabei nahm Nuttin auch Bezug auf den Persönlichkeits- und Entwicklungspsychologen Kurt Lewin (vgl. Krapp, 2005). Lewin entwickelte die Feldtheorie, mit deren Hilfe Verhaltensweisen und Handlungen auf das jeweilige „Feld" zurückgeführt und erklärt werden können (vgl. Heckhausen & Heckhausen, 2010). *„Eine Person befindet sich nach dieser der Physik entlehnten Vorstellung innerhalb eines Kräftefeldes, in dem situative Kräfte auf sie einwirken. Diese Kräfte entstammen sowohl der „äußeren" Situation (Umgebung) als auch der „inneren" Situation (Person). Das Feld beschreibt also alle verhaltenswirksamen Bedingungen, die in der gegenwärtigen Situation und im Zustand der Person liegen und setzt sie miteinander in kausaldynamische Beziehungen"* (Heckhausen & Heckhausen, 2010, S. 108).

Nuttin (1956) geht davon aus, dass nur eine funktionierende Wechselwirkung zwischen den zwei Dimensionen „Organismus" und „Umwelt" der Schlüssel für eine Analyse von Verhalten und Erleben sein kann. Nur auf der Basis dieses „Organismus-Umwelt"-Paradigmas nach Nuttin können sinnvolle Theorien entwickelt werden, die sich mit der menschlichen Motivation beschäftigen sowie Bedürfnisse als grundlegend betrachten (vgl. Nuttin, 1956).

Krapp (2005) unterscheidet im Hinblick auf das gesamte Bedürfnissystem zwischen biologisch-physiologischen und psychologischen Bedürfnissen. Eines der wichtigsten Kriterien bei der Unterscheidung dieser zwei „Bedürfniskategorien" ist, dass die psychologischen Bedürfnisse nicht an Zeiträume und Zeitspannen gekoppelt sind. Diese sind permanent aktiv und es gibt keinen klar festgelegten Zeitpunkt, an dem es zu einer Befriedigung des Bedürfnisses kommt. Vielmehr kann es unter aussichtsreichen Umständen zu einer Erhöhung bzw. Steigerung der psychologischen Bedürfnisse kommen.

Nuttin erhebt den Anspruch, dass es ein generelles Bedürfnis für das Prinzip des „optimalen Funktionierens" gibt. Geht man diesem Bedürfnis genau nach, so lässt sich erkennen, dass sich dieses Bedürfnis mit Hilfe von spezifizierenden psychologischen Bedürfnissen aufschlüsseln lässt. Zum einen bedarf es für das optimale Funktionieren einer ständigen Weiterentwicklung der persönlichen Fähigkeiten und Kompetenzen. Somit konzipierte er ein grundlegendes Bedürfnis nach *Kompetenz*. Neben diesem wird ein weiteres grundlegendes psychologisches Bedürfnis erwähnt, nämlich das Bedürfnis nach *sozialer Interaktion*. Dieses Bedürfnis basiert auf der Überlegung bzw. auf der Tatsache, dass menschliches Handeln permanent im sozialen Kontext stattfindet. Für die menschliche Entwicklung sind Bezugsgruppen von großer Bedeutung. Menschen tendieren von Geburt an dazu, sich als „Angehörige" dieser wahrzunehmen (vgl. Krapp, 2005). Darüber hinaus und *„ungeachtet aller äußeren Abhängigkeit von seinesgleichen bekundet der Mensch ein inneres Bedürfnis nach Kontakt und Austausch, nach Kommunikation und Stütze, nach Schutz Sympathie und auch nach Selbsthingabe"* (Nuttin, 1956, S. 243).

Grundstein für das Bedürfnis nach sozialer Interaktion könnte das von Erik Erikson (1957) erwähnte Urvertrauen sein. Erikson definiert dieses Gefühl als die erste positive psychosoziale Erwerbung eines Menschen (vgl. Conzen, 1990).

In Bezug auf das grundlegende Bedürfnis der sozialen Interaktion wurde die Überlegung angestellt, dass eine Entwicklung einer persönlichen Identität unmöglich ist, wenn Menschen sich voll und ganz mit Personen und Gruppen identifizieren und sich ihnen vollkommen anpassen. Folglich müsse ein weiteres Grundbedürfnis existieren, nämlich das Bedürfnis nach *Autonomie und Selbstbestimmung* (vgl. Krapp, 2005). Individuen haben das Bestreben und das Bedürfnis, sich selbst als „Kontrolleinheit" ihrer eigenen Handlungen zu sehen. Sie wollen ihre Ziele und Handlungen selbst bestimmen und sich bei der Verwirklichung dieser autonom fühlen (vgl. Krapp et al., 2004).

Welche Auswirkungen hat dies nun für die Selbstbestimmungstheorie? Ähnlich wie Nuttin postulieren auch Deci & Ryan ein Bedürfnis bzw. ein Prinzip des „optimalen Funktionierens". Sie bezeichnen dieses aber nicht mehr als allgemeines Prinzip des optimalen Funktionierens, sondern als intrinsische Motivation. Demzufolge können in diesem Kontext das *Prinzip des optimalen Funktionierens* nach Nuttin sowie die *intrinsische Motivation* aus der Sicht von Deci & Ryan gewissermaßen als Synonyme betrachtet werden.

In ihren Untersuchungen konzentrieren sie sich auf das Zustandekommen dieses Phänomens und den besonderen Reiz von intrinsisch motivierten Handlungen. Wie Nuttin sehen Deci & Ryan die Lösung in den grundlegenden psychologischen Bedürfnissen:

- Bedürfnis nach *Kompetenz*: Personen wollen sich als handlungsfähig erleben. Sie wollen Aufgaben meistern und diese aus eigener Kraft schaffen. Das Kompetenzerleben ist sehr stark mit dem Gefühl der Selbstwirksamkeit verbunden. Krapp (2005) verweist dabei auf Banduras Konzept der Selbstwirksamkeit. Bandura erläutert die Selbstwirksamkeit folgendermaßen: *„... perceived self-efficacy is concerned not with the number of skills you have, but with what you believe you can do with what you have under a variety of circumstances"* (Bandura, 1997, S. 37).
- Bedürfnis nach *Autonomie* oder *Selbstbestimmung*: Dieses Bedürfnis zielt darauf ab, dass sich die Person im Rahmen ihrer Gegebenheiten und Umstände „frei" fühlt. Hierbei ist aber Vorsicht vor einer Falschinterpretation geboten. Diesbezüglich verweist Krapp (2005) auf deCharms (1968), der darauf aufmerksam macht, dass die Autonomie nicht als totale Freiheit und Unabhängigkeit verstanden wird. Individuen wollen nur dort Autonomie und Handlungsspielraum verspüren, wo sie der Ansicht sind, ihre Aufgaben selbstständig erledigen zu können. Somit ist dieses Bedürfnis auch eine Basis für das Kompetenzgefühl.

- Bedürfnis nach *sozialer Eingebundenheit*: Das dritte und letzte grundlegende psychologische Bedürfnis konzentriert sich auf den sozialen Aspekt. Personen zielen darauf ab, sich mit Personen und Gruppen zu identifizieren. Sie wollen diesen angehören und sich von diesen akzeptiert fühlen. Dies bedeutet aber auch, dass man gegebenenfalls auch Verhaltensweisen, Wertvorstellungen und Ziele übernimmt bzw. für diese Sympathie entwickelt, weil die Bezugspersonen oder -gruppe diese hoch ansehen (vgl. Krapp, 2005).

Die Befriedigung der drei Bedürfnisse ist für das optimale Funktionieren des psychischen Verarbeitungssystems notwendig.

2.5 Die „Minitheorien" der Selbstbestimmungstheorie

Die Selbstbestimmungstheorie setzt sich aus sechs „Minitheorien" zusammen. Jede dieser Theorien beinhaltet sowohl organismische als auch dialektische Betrachtungsweisen und in jeder dieser Theorien ist das Konzept der psychologischen Grundbedürfnisse verankert. Die „Minitheorien" fokussieren sich auf eine spezielle Thematik oder einen speziellen Aspekt hinsichtlich der Motivation. Die Theorien wurden entwickelt, um eine Erklärungsgrundlage für motivationale Gegebenheiten zu liefern. Im folgenden Kapitel werden zu einer vollständigen Darstellung der SDT die grundlegenden inhaltlichen Aspekte dieser „Minitheorien" erläutert.
Die sechs Minitheorien lassen sich wie folgt nennen:

- Cognitive Evaluation Theory (CET)
- Organismic Integration Theory (OIT)
- Causality Orientations Theory (COT)
- Basic Psychological Needs Theory (BPNT)

(vgl. Ryan & Deci, 2002)

- Goal Contents Theory (GCT)
- Relationships Motivation Theory (RMT)

(vgl. SDT-Homepage).

2.5.1 Cognitive Evaluation Theory (CET)

Die Cognitive Evaluation Theory erklärt Vorgehensweisen, bei denen die intrinsische Motivation einer Person durch spezifische Faktoren, wie z.B. Belohnung, beeinflusst wird. Wie bereits oben erwähnt werden intrinsisch motivierte Handlungen wegen ihrer selbst willen ausgeführt. Es bedarf also keiner äußeren Faktoren. Wird jedoch diese anfangs intrinsisch motivierte Handlung nun belohnt, so führt die Person eine kognitive Evaluation durch. Als Folge dieser kognitiven Evaluation könnte die Person zu dem Schluss kommen, dass sie die Handlung nur wegen der Belohnung ausführt und es somit zu einer Reduzierung der intrinsischen Motivation kommt (vgl. Schiefele & Streblow, 2005).

2.5.2 Organismic Integration Theory (OIT)

Die OIT erklärt, wie Personen Ziele, Normen, Werte und auch Einstellungen aufnehmen und diese immer mehr in ihr individuelles Selbst integrieren. Dabei richtet sich der Fokus auf die unterschiedlichen Formen der extrinsischen Motivation bzw. wird untersucht, wie sehr Personen Autonomie verspüren, wenn sie extrinsisch motiviert handeln (vgl. Ryan & Deci, 2002). Somit zeigt die Organismic Integration Theory die Tatsache auf, *„dass extrinsische Motivation nicht ein klar umrissener Zustand, sondern eher ein Integrationsprozess darstellt“* (Looser, 2011, S. 44).

2.5.3 Causality Orientations Theory (COT)

Die COT beinhaltet die Unterscheidung der Orientierung von Personen hinsichtlich ihrer Umwelt und ihres Verhaltens. Mit Hilfe dieser „Minitheorie“ wird versucht zu erklären, warum Personen Umwelten aufsuchen, die ihre Autonomie unterstützen, ihr Verhalten kontrollieren aber auch amotivierend wirken (vgl. Ryan & Deci, 2002).

2.5.4 Basic Psychological Needs Theory (BPNT)

Zentrum dieser „Minitheorie“ ist die Gesundheitspsychologie. Der Fokus liegt dabei, wie der Name der Theorie schon vermuten lässt, auf den grundlegenden psychologischen Bedürfnissen. Innerhalb dieser Theorie wird immer wieder die Bedeutung der Befriedigung der Basic Needs für Gesundheit und allgemeines Wohlbefinden unterstrichen (vgl. Schiefele & Streblow, 2005).

2.5.5 Goal Contents Theory (GCT)

Diese Theorie bezieht sich auf die Unterschiede zwischen intrinsischen und extrinsischen Zielen und deren Auswirkungen auf die Motivation und das allgemeine Wohlbefinden. So haben Studien gezeigt, dass extrinsische Ziele wie z.B. materieller Besitz, finanzieller Erfolg oder auch Ruhm nicht eindeutige Indizien dafür sind, dass sich die Bedürfnisbefriedigung und somit auch die Gesundheit und das Wohlbefinden erhöhen. Im Gegensatz dazu stehen intrinsische Ziele, wie z.B. eine innige Beziehung, Zugehörigkeit zu einer Gruppe oder auch persönliche Weiterentwicklung, die sich auf Gesundheit und Wohlbefinden positiv auswirken (vgl. Ryan, 2009).

2.5.6 Relationships Motivation Theory (RMT)

Die sechste und letzte der Minitheorien rückt die persönlichen Beziehungen, wie z.B. eine romantische Beziehung, „Bester Freund / beste Freundin“-Beziehung, aber auch eine Beziehung zu einer Gruppe, in den Vordergrund. Dabei spielt die soziale Einbindung als eines der grundlegenden psychologischen Grundbedürfnisse eine zentrale Rolle. Solche Interaktionen werden als besonders wichtig erachtet, da Beziehungen dafür Sorge tragen, dass die soziale Einbindung als psychologisches Grundbedürfnis befriedigt wird und sich dies sehr positiv auf das allgemeine Wohl auswirkt (vgl. SDT-Homepage).

3. Verwandte Motivationstheorien

Neben der Selbstbestimmungstheorie sollten auch noch weitere Motivationstheorien erwähnt werden, da sie sich zum einen auch auf intrinsische Motivation beziehen und zum anderen Aspekte wie z.B. Interesse aufgreifen, die für die Erklärung motivationalen Geschehens beim Spielen eines Musikinstrumentes von Bedeutung sind. In diesem Kapitel möchte ich die wichtigsten Grundzüge der Flow-Theorie und der Interessentheorie darstellen sowie deren Unterscheidung zur bzw. Überschneidung mit der SDT aufzeigen.

3.1 Flow-Theorie

Die Flow-Theorie wurde von Mihaly Csikszentmihalyi (2008) entwickelt und befasst sich konkret mit der intrinsischen Motivation.

Csikszentmihalyi beobachtete, dass sich eine Gruppe von Künstlern (z.B. Maler und Bildhauer) stundenlang höchst konzentriert mit ihren Arbeiten beschäftigte. Neben dem hohen Maß an Konzentriertheit stellte er auch fest, dass die Gruppe mit sehr viel Freude bei der Sache war und sehr viel Zeit investierte. An den fertigen Arbeiten hingegen zeigten die Künstler zur Verblüffung Csikszentmihalyis kaum mehr Interesse. Darüber hinaus erwähnten die Künstler auch, dass sie ihre Werke nicht wegen Geld, Ruhm oder anderen Faktoren anfertigten. Infolge dessen postulierte Csikszentmihalyi die Annahme, dass die Motivation nicht durch externe Faktoren wie z.B. Belohnungen hervorgerufen wird, sondern, dass die Belohnung in der Tätigkeit selbst liegt. In weiteren Studien ließ er Versuchspersonen ihr Erleben während der Tätigkeit beschreiben. Alle ihre Erklärungen deuteten auf eine intrinsisch motivierte Verhaltensweise hin. Dieser Zustand wurde dann als *Flow* bezeichnet. Auch Personen der Studie betitelten diesen Zustand oft selbst als *Flow* (vgl. Csikszentmihalyi & Schiefele, 1993).

Csikszentmihalyi (2008) spricht im Zusammenhang mit Flow auch von *autotelischen Erfahrungen*. Autotelisch meint hier, dass man eine Tätigkeit oder eine Sache macht, weil es die Sache an sich wert ist, sie zu tun. Belohnungen und Vorteile, die sich durch die Handlungen ergeben könnten, spielen dabei eine untergeordnete Rolle. Somit haben autotelisch ausgeführte Handlungen keinerlei funktionalen Charakter.

3.1.1 Elemente des Flow

Der Zustand des Flow lässt sich durch folgende Aspekte charakterisieren:

- *Verschmelzen von Handlung und Bewusstsein*: Dieser Aspekt beschreibt, dass Person und Handlung verschmelzen. Die Person nimmt sich als Teil der Handlung wahr.
- *Zentrierung der Aufmerksamkeit auf einen beschränkten Umweltausschnitt*: Hier gilt die gesamte Konzentration und Aufmerksamkeit der Tätigkeit. Externe Reize werden fast bis gar nicht wahrgenommen. Auch der Zeitfaktor spielt hier eine unterge-

ordnete Rolle. Die Handlungen spielen sich in der Gegenwart ab. Verkürzt formuliert zählt im Flow nur das *Hier und Jetzt.*

- *Selbstvergessenheit*: Selbstvergessenheit meint, dass im Flow das Nachdenken über die eigene Person verschwindet. Selbstzweifel, Sorgen etc. werden ausgeblendet. Es kommt zu einer verstärkten Wahrnehmung der psychischen und körperlichen Vorgänge einer Person. Ein Beispiel für diesen Vorgang liefert Martin Grubinger, ein Virtuose am Schlagzeug. Im Anschluss eines Konzertes beschreibt er Folgendes: *„Ich hatte den Flow-Zustand erreicht. Ich sah mir selber beim Trommeln zu. Meine Hände wussten von alleine, wo sie sich hinbewegen mussten“* (Grubinger, o.A.).
- *Ausüben von Kontrolle über Handlung und Umwelt*: Im Flow haben Personen das Gefühl, die volle Kontrolle über ihre Tätigkeiten zu haben. Personen fühlen sich im Flow äußerst kompetent und leistungsfähig sowie frei von Angst (vgl. Csikszentmihalyi & Schiefele, 1993).

3.1.2 Bedingungen des Flow

Neben den Komponenten der Flow-Erfahrungen gibt es auch zwei Bedingungen, die für das Erleben des Flow besonders förderlich sind bzw. gelten sie als zentrale Voraussetzung für diesen Zustand. Zum einen ist es die *Passung von Fähigkeit und Anforderung* und zum anderen die *Eindeutigkeit der Handlungsstruktur.*

Die Passung von Fähigkeit und Anforderung: Diese Bedingung zielt auf die Balance zwischen den individuellen Fähigkeiten einer Person und den Anforderungen, die an sie gestellt werden. Sind die Anforderungen zu gering und stimmen sie nicht mit den Fähigkeiten der Person überein, so entsteht ein Gefühl der Langeweile. Gegenteilig verhält es sich, wenn die Anforderungen zu hoch sind. In diesem Fall entsteht ein Gefühl der Angst (vgl. Csikszentmihalyi & Schiefele, 1993).

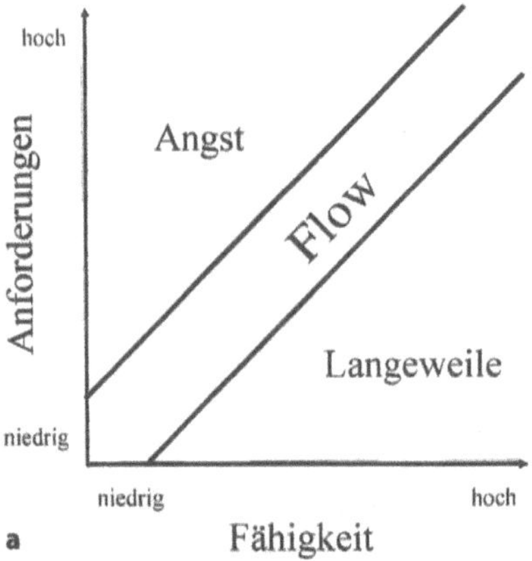

Abbildung 3: Flow-Kanal-Modell (Heckhausen & Heckhausen, 2010, S. 383)

Ein Beispiel zur Verdeutlichung der Balance zwischen Anforderung und Fähigkeiten liefert Huhn (2004):

Ein Bergsteiger versucht einen Berg mit einer Höhe von 1600 m zu erklimmen. Er trainiert und bereitet sich sorgfältig auf dieses Vorhaben vor. Er bezwingt den Berg und er erlebt diesen berauschenden Zustand. Er will diesen Zustand wieder erleben und bezwingt einen Berg mit ähnlichem Schwierigkeitsgrad. Auch dieses Mal erfährt er einen Flow-Zustand. Beim dritten Mal hingen bleibt der Flow-Zustand aber aus. Warum? Seine Fähigkeiten haben sich schon so verbessert, dass er Berge mit diesem Schwierigkeitsgrad ohne Mühe bewältigen kann. Die Balance zwischen Anforderung und Fähigkeit ist nicht mehr gegeben, er verlässt somit den Flow-Kanal und empfindet eher Langeweile. Damit er dieses Gefühl des Flow wiederherstellen kann, reist er nach Nepal und besteigt dort einen Berg mit einer Höhe von 6000 m. Bei diesem Versuch scheitert er jedoch und empfindet eher Angst, Frust und Stress. Es ist für ihn unmöglich einen Flow-Zustand zu erreichen, weil in diesem Fall seine Fähigkeiten für diese Herausforderung nicht ausreichen (vgl. Huhn, 2004).

Die Balance zwischen Fähigkeit und Anforderung kann nur dann zu einem Flow-Zustand führen, wenn beide Komponenten aus individueller Betrachtungsweise überdurchschnittlich hoch ausgeprägt sind. Wenn Fähigkeiten und Anforderungen auf niedrigem Niveau ausgeprägt sind, entsteht kein Flow, sondern Apathie (vgl. Csikszentmihalyi & Schiefele, 1993).

„Insofern liegt das Geheimnis des Glücks in einem schmalen Kanal zwischen den großen Feldern der Langeweile auf der einen Seite (=Unterforderung) und Enttäuschung, Stress und Ängstlichkeit auf der anderen Seite (=Überforderung)“ (Huhn, 2004, S. 251).

Eindeutigkeit der Handlungsstruktur: Im Zentrum dieser Bedingung stehen Aspekte wie klare Ziele, Transparenz, Struktur und Feedback. Um ein Flow-Erlebnis gewährleisten zu können, müssen sich Personen klare Ziele mit klaren und transparenten Strukturen setzen. Aus diesem Grund sind auch Spiele besonders gut geeignet, um Flow-Zustände zu erreichen, denn hier sind sowohl Ziele als auch Anforderungen klar definiert (vgl. Csikszentmihalyi & Schiefele, 1993).

Diese beiden Bedingungen sind notwendige, aber keine hinreichenden Voraussetzungen für das Flow-Erleben. Flow hängt nicht nur von diesen Faktoren ab. Andere Faktoren, wie z.B. Einstellungen, Motive, Persönlichkeitsmerkmale, Talente und Interessen, spielen ebenso eine Rolle. In diesem Zusammenhang muss auch die autotelische Persönlichkeit genannt werden. Csikszentmihalyi (2008) bezeichnet Personen, die leichter und schneller in einen Flow-Zustand kommen, als autotelische Persönlichkeiten. Diese können durch Umstrukturierung und Bewertungen Situationen in flow-entsprechende Aktivitäten umwandeln.

Es lässt sich resümieren, dass die Flow-Theorie wichtige Aspekte für die Erklärung des motivationalen Handelns liefert. Auch in Hinblick auf diese Arbeit ist die Flow-Theorie von Bedeutung, da für die Entwicklung der Motivation für das Lernen eines Musikinstrumentes ebenfalls all diese Bedingungen und Faktoren zusammenwirken müssen.

3.2 Die Person-Gegenstands-Theorie des Interesses

Lag bei der Flow-Theorie der Fokus sehr stark auf der Handlung bzw. auf dem Ausführen einer Tätigkeit, so liegt der Schwerpunkt der *Person-Gegenstands-Theorie des Interesses* auf speziellen Inhalten oder Gegenstandsbereichen. Die Theorie erklärt, wie das Interesse an speziellen „Gegenständen" entsteht und welche Auswirkungen dies auf die Entwicklung einer Person hat. In diesem Kapitel wird zunächst der Begriff des Interesses erklärt, anschließend erfolgt eine Erläuterung des Interessengegenstandes und schließlich wird die Genese des Interesses dargestellt.

3.2.1 Das Konstrukt des Interesses

Viele Personen, die sich in dem Feld der Erziehung bewegen, sind der Überzeugung, dass in Bezug auf das Lernen die Unterscheidung und die Stärkung der Interessen zu den wichtigsten Erziehungszielen zählen.

Der Begriff Interesse wird und wurde sowohl in der Wissenschaft, als auch im alltäglichen Gebrauch sehr unterschiedlich genützt bzw. verstanden. Interesse wurde meistens mit positiven Gefühlen, einer Vorliebe oder auch einer Präferenz in Bezug gesetzt. Aus wissenschaftlicher Perspektive, speziell im erziehungswissenschaftlichen Kontext, wurde Interesse mit einer permanenten Haltung, einer motivationalen Überzeugung und auch einer Entwicklung des Selbst in Verbindung gebracht. Es sei aber zu erwähnen, dass das Konzept des Interesses in der Historie nicht immer im Vordergrund stand. Es wurde in den Hintergrund gerückt als der Behaviorismus auftrat und setzte sich fort, als die kognitiven Zugänge motivationale Konzepte in Bezug auf das Lernen und dessen Entwicklung hervorbrachten. Erst zur Wende des 20. Jahrhunderts engagierten sich viele namhafte Psychologen dahingehend, dass das Interesse der wichtigste Faktor für das Lernen und dessen Entwicklung sei (vgl. Hidi, Renninger & Krapp, 2004).

„Ein Interesse beschreibt die Beziehung einer Person zu und die Auseinandersetzung mit erfahrbaren Ausschnitten ihrer Umwelt" (Krapp, 1999, S. 396). Zentraler Aspekt bei dieser Betrachtungsweise ist ein Person-Gegenstands-Konstrukt (vgl. Krapp, 1999).

Dieses beschreibt, dass Personen Interessen entwickeln, wobei der Gegenstand des Interesses sowohl materielle Dinge als auch bestimmte Handlungen, Ideen, Kulturgüter etc. sein können. Die Dauer eines Interesses kann nicht genau festgelegt werden, Interessen können sowohl langfristig anhalten als auch von kurzer Dauer sein. Zu berücksichtigen ist nur, dass hier die subjektive Wahrnehmung der Person von größter Bedeutung ist (vgl. Müller, 2006).

Hidi und Renninger sind der Ansicht, dass Interesse zweierlei Bedeutungen aufweist. Zum einen ist für sie Interesse ein psychologischer Zustand, zum anderen eine Neigung, sich mit Objekten, Ereignissen etc. über einen längeren Zeitraum hin zu beschäftigen (vgl. Renninger, 2003).

Interesse kann als ein motivationaler Prozess oder Zustand betrachtet werden oder als eine Neigung, sich über einen längeren Zeitraum mit gewissen Inhalten auseinanderzusetzen. Hidi und Renninger postulieren auch, dass insbesondere drei Merkmale das Interesse von anderen motivationalen Variablen unterscheiden. Als *erstes* ist hier der Inhalt bzw. das Charakteristikum eines Objektes zu erwähnen. Interesse bezieht sich auf Aufmerksamkeit oder Engagement hinsichtlich eines Objektes und dessen Inhalt. Als *zweites* Merkmal wird die Beziehung zwischen Person und Inhalt genannt. Das Konzept des Interesses existiert in einer bestimmten Beziehung zwischen Person und Inhalt. Dass Interesse sowohl kognitive als auch affektive Komponenten aufweist, wird als *drittes* Merkmal definiert (vgl. Hidi, Renninger & Krapp, 2004).

3.2.2 Interessengegenstand

Wie bereits erwähnt, kann der Gegenstand des Interesses unterschiedlicher Natur sein. Krapp (1999) unterscheidet aber, dass die Interessengegenstände sowohl objektiv vorgegeben als auch subjektiv konzipiert sind. In diesem Zusammenhang spricht er auch von einer *kognitiven Repräsentation*. Dies meint, dass Personen ihre Umwelten differenziert betrachten und diese dann kognitiv repräsentieren. Diese Repräsentationen zeichnen sich dafür verantwortlich, ob das Interesse der Personen nur vorübergehend vorherrscht oder ob es über einen längeren Zeitraum oder etwa lebenslang aufrecht erhalten bleibt. Grundsätzlich kann alles, womit sich eine Person beschäftigt und auseinandersetzt, zum Gegenstand eines Interesses werden. Krapp (1999) ist sich bewusst, dass diese Betrachtungsweise einen sehr starken konstruktivistischen Charakter aufweist, jedoch macht er darauf aufmerksam, dass diese subjektiven Konstruktionen nie komplett subjektiv sind. Sie werden nämlich durch den Einfluss der sozialen Umwelt, der Normen und Werte der Gesellschaft und durch die individuelle Erfahrung, die jede Person mit diesen Aspekten hat, geprägt (vgl. Krapp, 1999). Hierbei sei aber auch noch auf den *epistemischen Charakter* der Interessentätigkeiten hinzuweisen. Dadurch, dass Personen sich weiterentwickeln, ihr Wissen und ihre Kompetenzen ausbauen, verändert sich auch der Zusammenhang zwischen Person und Gegenstand und folge dessen auch die subjektive Konstruktion des Interessengegenstandes. Somit kann konstatiert werden, dass der Interessengegenstand permanent neu „entdeckt" oder mit anderen Gebieten und Thematiken verknüpft wird (vgl. Müller, 2006).

3.2.3 Merkmale der Interessenhandlung

Interessenhandlungen lassen sich durch drei verschiedene Merkmale charakterisieren. Eines dieser Merkmale ist der *emotionale* Aspekt. Diese Merkmalskomponente zielt darauf ab, dass Interesse vorwiegend mit positiven Gefühlen konnotiert ist. Dies bedeutet, es herrschen weder Angst noch Zwänge vor (weder von innen noch von außen), die Person erlebt ein starkes Kompetenzgefühl und Freude während der Beschäftigung mit dem Interessengegenstand. Diese positiven Gefühle werden dann im Gedächtnis gespeichert und folglich zeichnen sich diese Erfahrungen auch dafür verantwortlich, dass Personen sich immer wieder mit diesen Dingen beschäftigen und ein dauerhaftes Interesse daran entwickeln. Krapp (1999) verweist dabei auf Pekrun (1988) und bezeichnet diese positiven Erfahrungen auch als Valenzen. Somit können diese Merkmalskomponenten als *positive emotionale Valenz* bezeichnet werden.

Zur genaueren Beschreibung bzw. Bestimmung der emotionalen Komponente wurden bislang andere Theorien zur Hilfe genommen. Beispiele dafür wären die Flow-Theorie, bei der diese positiven Gefühle mit flowähnlichen Zuständen gleichgesetzt werden oder die Selbstbestimmungstheorie, bei der diese positiven Valenzen durch die Befriedigung der psychologischen Grundbedürfnisse herbeigeführt werden.

Neben der emotionalen gibt es auch noch die *wertbezogene* Merkmalskomponente.

Zentraler Aspekt dieser Komponente ist die subjektive Bedeutung des Interessengegenstandes für eine Person. Besonders zu berücksichtigen ist hierbei, dass die Wertkomponente nicht mit den Einstellungen einer Person gleichgesetzt werden kann. Personen können zu gewissen Themen eine sehr negative Einstellung haben, ihr Interesse bzw. das Interesse an der Auseinandersetzung mit ihnen kann trotzdem sehr hoch sein. Personen wollen, wenn sie dem Interessengegenstand hohe Bedeutung beimessen, mehr darüber wissen, kompetenter werden und sich auch aktiver mit diesem auseinandersetzen. Im Hinblick auf die wertbezogene Merkmalskomponente verweist Krapp (1999) dabei auch auf die Selbstbestimmungstheorie. Personen, die dem Interessengegenstand eine hohe Bedeutung beimessen, identifizieren sich mit den Objekten, Thematiken und Handlungen dieses Gegenstandes. Auch der Grad der Selbstbestimmung wird bei Tätigkeiten an oder mit diesem Interessengegenstand als hoch eingestuft. Im besten Fall werden die Objekte, Themen und Handlungen dieses Gegenstandes so weit in das Selbst der Person integriert, dass sich eine intrinsisch motivierte Haltung daraus ergibt und in Folge dessen ein nachhaltiges persönliches Interesse entsteht (vgl. Krapp, 1999).

Die dritte Merkmalskomponente ist die *Selbstintentionalität.* Diese meint, dass der Interessengegenstand in das Selbstkonzept integriert wurde, d.h., Einstellungen, Werte, Normen etc. sind mit dem individuellen Selbst vereinbar. Darüber hinaus werden Tätigkeiten an diesem Gegenstand ohne jegliche internen oder externen Zwänge durchgeführt. Somit impliziert die Selbstintentionalität das Gefühl der Selbstbestimmung (vgl. Müller, 2006).

3.2.4 Genese des Interesses

Von besonderer bildungswissenschaftlicher Bedeutung für die Analyse von Interessenhandlungen ist die Entstehung bzw. die Entwicklung von Interesse.

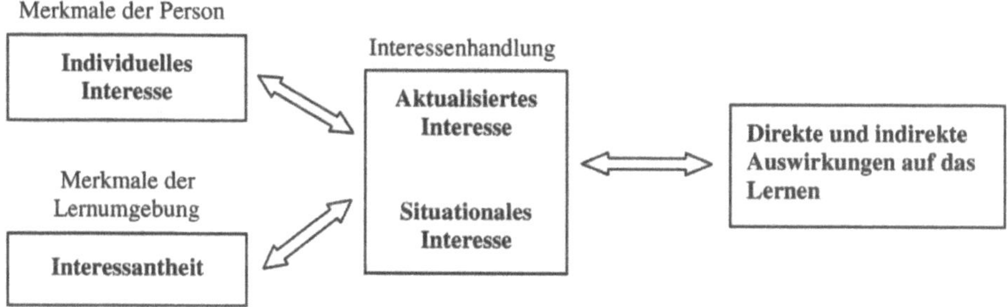

Abbildung 4: Genese des Interesses nach Krapp (siehe Müller, 2006, S. 51)

Grundsätzlich gibt es zwei Arten von Interesse, die eine Interessenhandlung als Folge haben können:
- individuelles Interesse und
- situationales Interesse

Das *individuelle Interesse* weist einen gegenstandsbezogenen motivationalen Charakter auf. Dieser wird in einer konkreten Interessenhandlung aktualisiert und man spricht vom aktualisierten Interesse.

Interessenhandlungen könnten auch als Folge von Umwelten entstehen. Diese Art des Interesses wird dann als *situationales Interesse* bezeichnet. Sehr oft tritt hier auch der Begriff Interessantheit in den Vordergrund. Für die Entwicklung von situationalem Interesse benötigt es zunächst kein individuelles Interesse. Allerdings kann situationales Interesse als Ausgangspunkt für individuelles Interesse betrachtet werden. Umgekehrt verhält es sich ähnlich. Personen, die ein individuelles Interesse an einer Thematik haben, werden auch die Umwelt, die die potentiellen Interessengegenstände beinhaltet bzw. mit denen sich das Individuum auseinandersetzt, als interessanter einstufen (vgl. Müller, 2006).

In Hinblick auf die Entwicklung von Interesse sei hier auch noch das Vier-Phasen-Modell der Interessenentwicklung nach Hidi und Renninger (2006) zu nennen. Hidi und Renninger postulieren, dass beide Interessen, sowohl das individuelle als auch das situationale, aus zwei Phasen bestehen. Beim situationalen Interesse ist eine Phase dadurch gekennzeichnet, dass das Interesse ausgelöst wird, während in der nachfolgenden Phase das Interesse aufrechterhalten bzw. beibehalten wird. Das individuelle Interesse dagegen beinhaltet eine Phase, in der ein Interesse entsteht, und eine Phase, in der es schon sehr gut entwickelt ist. Das Vier-Phasen-Modell der Interessenentwicklung beschreibt die Phasen des situationalen und individuellen Interesses auch hinsichtlich kognitiver und affektiver Prozesse. Darüber hinaus definiert dieses Modell das situationale Interesse als eine Basis für die Genese eines individuellen Interesses. Hidi und Renninger (2006) definieren die vier Phasen wie folgt:
- Phase 1: Triggered Situational Interest
- Phase 2: Maintained Situational Interest
- Phase 3: Emerging Individual Interest
- Phase 4: Well-Developed Individual Interest

Phase 1: In dieser Phase bezieht sich das situationale Interesse auf einen psychologischen Zustand. Dieser ist das Ergebnis von kurzfristigen Änderungen in kognitiven und affektiven Prozessen. *Triggered Situational Interest* kann durch Merkmale in der Umwelt wie z.B. überraschende oder widersprüchliche Informationen, durch persönliche Bedeutung, aber auch durch die Intensität der Information ausgelöst werden. Diese Phase des situationalen Interesses wird nicht immer, aber in den meisten Fällen, external bekräftigt. Darüber hinaus wird diese Phase als Vorstufe für ein anhaltendes situationales Interesse betrachtet (Phase 2).

Phase 2: In dieser Phase des Interesses spielt die fokussierte Aufmerksamkeit eine große Rolle. Das Interesse hält über einen längeren Zeitraum an, wird wiederholt und/ oder bleibt bestehen. Charakteristisch für die Phase ist, dass dieses sogenannte *Maintained Situational Interest* durch bedeutungsvolle Aufgaben und Anforderungen sowie durch persönliche Involviertheit aufrechterhalten bleibt. Wie in Phase 1 wird auch hier das Interesse in den meisten Fällen external bekräftigt.

Phase 3: *Emerging Individual Interest* bezieht sich auf die Neigung von Personen, sich über einen längeren Zeitraum mit einem speziellen Inhalt zu beschäftigen bzw. sich damit auseinanderzusetzen. Personen beschreiben sich in einer solchen Phase als neugierig und wissbegierig. Im Gegensatz zu den vorangegangenen Phasen wird in dieser Phase das Interesse in den meisten Fällen nun nicht mehr external unterstützt, sondern selbst hervorgerufen. Emerging Individual Interest ist per Definition nicht von externaler Unterstützung abhängig.

Phase 4: Annähernd an die Phase 3 bezieht sich das *Well-Developed Interest* auf eine relativ andauernde Neigung einer Person, sich längerfristig mit einem speziellen Inhalt zu beschäftigen bzw. eine spezielle Handlung auszuführen. Dabei spielen jetzt Faktoren wie z.B. positive Gefühle, mehr Wissen über den Inhalt und ein erhöht beigemessener Wert im Vergleich zu anderen Inhalten oder Objekten eine entscheidende Rolle. Hier wird das Interesse selbst (intrinsisch) hervorgerufen.

Das Modell nach Hidi und Renninger (2006) geht davon aus, dass Interesse kein abgeschlossener Prozess ist, sondern als ständiger Entwicklungsprozess und dynamische Wechselwirkung zu verstehen ist.

3.3 SDT, Flow und Interesse und deren Bezug zur empirischen Untersuchung

Die soeben beschriebenen Theorien bilden die Grundlage für die empirische Untersuchung. Als wichtigste Theorie dieser Arbeit wird die Selbstbestimmungstheorie herangezogen. Es geht zusammengefasst darum, die Qualität der Motivation auf dem Kontinuum der Selbstbestimmung zu erheben, also die Frage zu beantworten, wie Kinder und Jugendliche motiviert sind, ein Instrument zu spielen. Ferner soll untersucht werden, ob die Befriedigung der Basic Needs (Autonomie, Kompetenz und soziale Einbindung) beim Lernen und Spielen eines Instrumentes mit der Ausprägung der Motivation korreliert. In vielen Studien wurde die Motivation nur in Lernsettings im engeren Sinn untersucht, d.h. hauptsächlich die Motivation der Schüler/innen im Zusammenhang mit Merkmalen des Lernsettings (z.B. Lehrpersonen). Hierbei weist diese Studie Neuigkeitscharakter auf, da auf drei Faktoren eingegangen wird. Neben den Lehrpersonen werden auch das Erziehungsverhalten der Eltern bezüglich Autonomie und Kontrolle und die Einstellungen der Peers zum Lernen und Spielen eines Instrumentes zur Erklärung für motivationales Verhalten herangezogen.

Neben diesen Kriterien wird auch nach den (bevorzugten) Interessen in Bezug auf das Spielen eines Instrumentes gefragt, wobei eine Unterscheidung zwischen dem Interesse am Gegenstand sowie dem Interesse an der Tätigkeit, also dem Musizieren selbst, erfolgt.

Zu guter Letzt fließen auch noch zwei Fragen, die den Bereich des Flow betreffen, in den Fragebogen mit ein. Das Flow-Erleben aus der Sicht der Flow-Theorie und die intrinsische Motivation aus der Sicht der SDT sind eng miteinander verknüpft, da beide Formen einen autotelischen Charakter aufweisen.

Nähere Details hinsichtlich Fragebogen und Empirie werden in den Kapiteln vier und fünf näher erläutert.

4. Forschungsstand

Im folgenden Kapitel wird der aktuelle Forschungsstand aufgezeigt. Das Kapitel gliedert sich in zwei Bereiche: Der Forschungsstand bezüglich Bedingungen, Prozessen und Wichtigkeit selbstbestimmter Motivation beim Lernen im Allgemeinen (1) und der Forschungsstand im Bereich der Musik bzw. beim Lernen eines Musikinstrumentes (2). Es wird aufgezeigt, welche Bereiche bereits weitgehend und gut erforscht sind bzw. welche Aspekte bislang in der Forschung vernachlässigt oder erst gar nicht berücksichtigt worden sind.

4.1 Lernmotivation und Lehrpersonen (SDT)

Eine Frage, mit der sich die Forschung beschäftigte und noch immer beschäftigt, ist, wie die Selbstbestimmungstheorie im Rahmen von Bildung und speziell im Unterricht angewendet und genützt werden kann. Dabei kam die Forschung zu zwei Folgerungen: Im Bildungsbereich können sich autonom motivierte Schüler/innen erstens besser entfalten und zweitens profitieren sie kognitiv und emotional, wenn Lehrpersonen deren Autonomie unterstützen.

Die Nützlichkeit dieser Theorie für die Lehr- und Lernforschung sowie die Gestaltung von Lehr- und Lernsituationen liegt darin, dass die Theorie Qualitäten der Motivation unterscheidet. Diese stehen mit der Qualität von Lernprozessen und Lernergebnissen in Zusammenhang. Des Weiteren zeigt die SDT als funktionale Theorie auch auf, von welchen Bedingungen der Lernumwelt die Qualität der Motivation abhängt. Ebenso können die Antezedenzen, wie persönliche Voraussetzungen, der Qualität der Motivation durch die SDT dargelegt werden. Hier ist die Befriedigung der Basic Needs zentral (Ryan & Deci, 2002; Krapp, 2005).

Darüber hinaus liegt der Vorteil der Selbstbestimmungstheorie darin, dass sie erklärt, *warum* Schüler/innen beispielsweise von autonomieunterstützenden Settings profitieren. Die Forschung zeigte diesbezüglich z.B. auf, dass die Schüler/innen speziell von selbstbestimmten Motivationstypen profitieren (z.B. Reeve, 2002; Deci & Ryan, 1994).

Wie bei der Selbstbestimmungstheorie selbst wird in Bezug auf die inneren motivationalen Ressourcen der Schüler/innen und die Umstände sowie Bedingungen im Klassenzimmer eine dialektische Perspektive eingenommen. Wie aus Abbildung 5 ersichtlich, engagieren sich die Schüler/innen im Klassenzimmer oder in einer Lernaktivität als Resultat ihrer inneren motivationalen Ressourcen. Solche Ressourcen beinhalten die Basic Needs, Werte, Ziele, Erwartungen etc. Dem gegenüber stehen die Bedingungen im Klassenzimmer. Diese können die motivationalen Ressourcen stärken und fördern, gleichzeitig können sie diese aber auch untergraben.

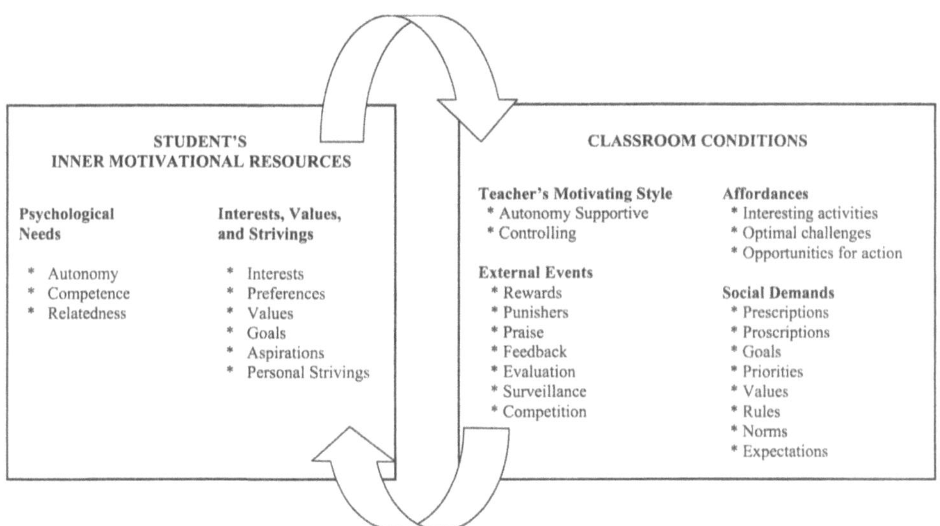

Abbildung 5: Dialektische Perspektive: Lernmotivation und Umstände in der Klasse (Reeve, 2006, S. 227)

Die inneren motivationalen Ressourcen der Schüler/innen und die Bedingungen im Klassenzimmer werden somit als dynamisch betrachtet und beeinflussen sich gegenseitig. Verschmelzen diese beiden Komponenten stetig und stärker, werden die Bedürfnisse der Schüler/innen immer mehr und besser befriedigt. Gleichzeitig können durch die Umwelt und durch die Bedingungen im Klassenzimmer neue Formen von Autonomer Motivation entstehen. Die Schüler/innen verinnerlichen und internalisieren diese Formen immer mehr zu ihren eigenen (vgl. Reeve, 2006).

Im Folgenden soll auf die Unterstützung der Basic Needs für die Entwicklung und Aufrechterhaltung der selbstbestimmten Motivation eingegangen werden. Zunächst wird die Bedeutung der Autonomieunterstützung dargelegt.

4.1.1 Autonomieunterstützung

Das Verhalten der Lehrpersonen im Klassenraum und während des Unterrichts spielt eine essentielle Rolle für den Einsatz und das Engagement der Schüler/innen. Besonderes Augenmerk wird dabei auf den Lehrstil der jeweiligen Lehrkraft gelegt. Jang et al. (2010) untersuchten hier zwei spezielle Aspekte der Lehrstile. Auf der einen Seite steht der Aspekt der *Autonomieunterstützung vs. Kontrolle* und auf der anderen Seite der Aspekt der *Struktur vs. Chaos.*

Zunächst sollte aber geklärt werden, was unter Autonomieunterstützung und Struktur zu verstehen ist und in welcher Beziehung sie zueinanderstehen.

Lehrpersonen, die für ihren Unterricht einen Autonomie unterstützenden Lehrstil adaptieren, fördern die Autonomie ihrer Schüler, indem sie sich in ihre Lage versetzen. Sie zeigen Empathiefähigkeit, fördern die Interessen und Präferenzen der Schüler/innen und können sich mit diesen auch identifizieren, gehen auf ihre Bedürfnisse ein, stellen Anforderungen an ihre Schüler/innen, die optimal zu ihrem Leistungsniveau passen und verfolgen auch bedeutende Lernziele (vgl. Jang et al., 2010).

Während einer Lernaktivität fördern die Lehrpersonen, die einen Autonomie unterstützenden Lehrstil verfolgen, die intrinsische Motivation der Schüler/innen, indem sie Gelegenheiten anbieten, die die Interessen, persönlichen Ziele und die Neugier wecken. Externale Motivationsaspekte wie z.B. Deadlines oder Belohnungen spielen eine untergeordnete Rolle. Auch die verbale Komponente, sprich die Gesprächskultur, ist in Bezug auf die Autonomieunterstützung eine andere als bei Lehrpersonen, die einen kontrollierenden Lehrstil verinnerlicht haben. Autonomie unterstützende Lehrende kommunizieren mit ihren Schüler/inne/n auf eine Weise, die informativ, flexibel und konstruktiv ist. Negatives Feedback, bewertende Aussagen, Druck und Zwang werden eher vermieden (Reeve & Jang, 2006; Jang et al., 2010). All diese Aspekte führen dazu, dass die Schüler/innen bemerkenswert positive Ergebnisse und Erfahrungen, wie z.B. höhere Ziel- und Aufgabenorientierung, höhere Kreativität, höhere Leistungsbereitschaft, höheres konzeptuelles Verständnis, bessere Leistungen, besseres Durchhaltevermögen im schulischen Kontext sowie eine höhere intrinsische Motivation aufweisen (Vansteenkiste et al., 2012; Katz et al., 2014; Leptokaridou et al., 2014; Haerens et al., 2015; Gillet et al., 2012; Ryan & Grolnick, 1986; Koestner et al., 1984; Benware & Deci, 1984; Jang, Kim & Reeve, 2016; Jang, Reeve & Halusic, 2016; Reeve et al., 2004; Reeve et al., 2003; Boggiano et al., 1993; Vallerand et al., 1997). Darüber hinaus konnten Gorozidis & Papaioannou (2014) auch nachweisen, dass selbst Lehrpersonen, die eine Autonome Motivation aufweisen, motivierter für Fort- und Ausbildungen sind als Lehrpersonen, die kontrolliert motiviert sind.

Es stellt sich nun die Frage, warum Lehrpersonen dennoch oft den Weg der Kontrolle einschlagen bzw. auf dieses Muster zurückgreifen. Reeve (2002) konnte durch seine Studien mehrere Gründe herausfiltern.

Zum einen liegen die Gründe in der Aus- bzw. Fortbildung. In diesen werden sehr oft Strategien angeboten, die sehr stark auf die Kontrolle von Schüler/innenverhalten abzielen und zum anderen wird in diesen Aus- und Fortbildungen die Thematik *Autonomieunterstützung* kaum behandelt. Solche Angebote sehen die intrinsische Motivation zwar ebenfalls als essentiell an, jedoch verlassen die Teilnehmer/innen diese Veranstaltungen ohne das Wissen, *wie* Autonomieunterstützung umgesetzt werden soll und kann.

Weitere Gründe lassen sich bei den Lehrpersonen selbst sowie in den gegebenen Umständen im Kontext Unterricht und Schule finden. Lehrpersonen tun sich oft schwer zu erkennen, wie hoch das Interesse der Schüler/innen ist. Sie greifen dann auf Strategien zurück, die speziell die Verhaltensweisen der Schüler/innen in den Mittelpunkt rücken. Sie achten z.B. darauf, ob die Schüler/innen aufzeigen oder nicht. Auf diese Weise wird es für die Lehrpersonen leichter zu identifizieren, wer wie viel Interesse zeigt und ob Kontrollmaßnahmen von Nöten sind. Reeve (2002) zeigt auch auf, dass Lehrpersonen, die frisch in diesen Beruf einsteigen, eher mit kontrolliert motivierten Strategien vertraut sind und sich mit diesen auch kompetenter fühlen. Darüber hinaus sind es auch die bereits erwähnten Umstände im Kontext Schule und Unterricht: Lehrpersonen haben ein Curriculum und einen Lehrstoff, den sie bewältigen müssen, Leistungen der Schüler/innen und der Klassen werden verglichen, Einfluss der Eltern etc. All dies kann bei den Lehrpersonen Druck verursachen. Wird dieser Druck zu hoch, dann greifen sie sehr oft auf Kontrolle zurück, weil sie annehmen, dass Kontrollstrategien der beste Weg sind, um bestmögliche Resultate zu erzielen (Boggiano et al., 1987).

Es kann auch sein, dass die Gründe in der Kultur oder in der Einstellung liegen. So bewerten sowohl Eltern als auch Schüler/innen Lehrpersonen mit Kontrollstrategien kompetenter als solche, die eine Autonomieunterstützung verfolgen. Die Folge davon ist, dass es für Lehrpersonen leichter wird positive Rückmeldungen zu gewinnen. In diesem Fall müssen sie eher als Instruktor auftreten und nicht als eine Person, die für den Wissenserwerb Unterstützung anbietet (vgl. Reeve, 2002; Boggiano et al., 1993).

Aus diesem Grund und zum Erklären, wie die Wechselbeziehung zwischen der Motivation der Schüler/innen und dem Lehrstil der Lehrpersonen aussieht, verweist die Selbstbestimmungstheorie auf das *Motivation Mediation Model*. Jang et al. (2012) machten mit diesem Modell die erste Longitudinalstudie, die speziell für das Klassenzimmer konzipiert wurde. Dieses Modell sieht vor, dass die Autonomieunterstützung durch die Lehrpersonen die Bedürfnisbefriedigung der Schüler/innen fördern soll. Die Befriedigung bzw. Verstärkung dieses Aspektes soll dann wiederum das Engagement im Klassenzimmer fördern und zu guter Letzt soll das Engagement im Klassenzimmer unterrichtsbezogene Leistungen vorhersagen.

Jang et al. (2012) verfolgten bei dieser Studie 3 Hypothesen. Die erste Hypothese ging davon aus, dass die Autonomieunterstützung, die zu Beginn des Semesters von den Lehrpersonen gewährleistet wird, den Zuwachs oder die Minimierung des Autonomiebedürfnisses in der Semestermitte erklärt. Die zweite Hypothese ging davon aus, dass die Veränderungen hinsichtlich des Autonomiebedürfnisses in der Hälfte des Semesters den Zuwachs oder die Minimierung des Engagements der Schüler/innen im Klassenzimmer gegen Ende des Semesters erklärt. Und die dritte Hypothese ging davon aus, dass die Veränderung des Engagements der Schüler/innen die Endleistungen derselbigen erklären.

Die Ergebnisse dieser Studie zeigten, dass alle drei Hypothesen verifiziert werden konnten. Darüber hinaus kamen Jang et al. (2012) zu dem Ergebnis, dass Autonomieunterstützung und Engagement sowohl als Antezedenzien als auch als Konsequenzen für die Befriedigung des Autonomiebedürfnisses der Schüler/innen betrachtet werden können (vgl. Jang et al., 2012).

4.1.2 Struktur

Ein anderer Gesichtspunkt bezüglich des Lehrstils von Lehrpersonen ist die Struktur. Hier liegt der Fokus der Lehrperson auf der Menge und der Klarheit der Informationen, die sie zur Verfügung stellen, um gewünschte pädagogische und erzieherische Ziele zu erreichen. So wie bei der Autonomieunterstützung die Kontrolle den Gegenpol bildet, so gibt es auch bei der Struktur einen Gegenpol, der als Chaos definiert wird. Hier gibt es keine klaren Anweisungen, Informationen sind oft widersprüchlich und sehr oft herrscht Verwirrung (Skinner & Belmont, 1993; Skinner et al., 2008).

Was zeichnet nun Lehrpersonen aus, die einen strukturbezogenen Lehrstil ausüben? Sie geben klare und direkte Anweisungen in Bezug auf ein gewünschtes Verhalten und schreiben ihren Schüler/inne/n vor, auf welche Art und Weise sie ihre Motivation für eine bevorstehende Arbeit handhaben sollen. Diese Lehrpersonen haben ihren Fokus sehr stark auf Anleitung und Führung ausgerichtet. Sie stellen auf diese Weise ihren Schüler/inne/n ein Gerüst zur Verfügung, das sie brauchen, um ihre Bemühung, ein gewünschtes Ziel zu erreichen, einzuleiten und aufrecht zu erhalten. Auf diese Weise machen sie den Schüler/inne/n klar, was von ihnen erwartet wird und wie man diese Erwartungen und Aufgaben erfüllen kann. Wenn Lehrpersonen mit einem strukturbezogenen Lehrstil konstruktives Feedback geben, dann steht im Zentrum dieses Feedbacks die Analyse und Diagnose ihrer Kompetenzen und Fähigkeiten.

All diese Aspekte führen dazu, dass die Schüler/innen mit einem strukturbezogenen Lehrstil durchwegs positive pädagogische Resultate erzielen (vgl. Jang et al., 2010).

Es sei zu erwähnen, dass der Begriff *Struktur* sehr oft mit Kontrolle einhergeht. In vielen Fällen verwenden Personen den Begriff Struktur in Zusammenhang mit Sanktionen, harten Regeln etc.

Jang et al. (2010) gehen aber davon aus, dass Struktur in kontrollierter Umgebung verwendet werden kann. Kontrolle muss jedoch nicht zwingend notwendig für Struktur sein. Dem gegenüber steht der Begriff Struktur in einer Autonomie unterstützenden Umgebung. Hierbei vertreten Jang et al. (2010) die Ansicht, dass Struktur das Engagement der Schüler/innen ermöglicht und erleichtert (vgl. Jang et al., 2010).

4.1.3 Zusammenhang Autonomieunterstützung und Struktur

In der Literatur (z.B. Daniels & Bizar, 1998; deCharms, 1984; Skinner & Belmont, 1993; Connell & Wellborn, 1991) werden diese beiden Aspekte bzw. deren Zusammenhang aus drei verschiedenen Perspektiven betrachtet:

- Autonomieunterstützung und Struktur werden als gegensätzlich verstanden und haben auch gegensätzliche Effekte auf das Engagement der Schüler/innen in der Klasse. Diese Betrachtungsweise legt nahe, dass eine Verstärkung des einen Aspekts, bzw. wenn dieser verstärkt in den Lehrstil mit eingebunden wird, unweigerlich zu einer Reduktion des anderen Aspektes führt (Daniels & Bizar, 1998).
- Die zweite Perspektive wird als bogenförmig betrachtet. Im Zentrum dieser Betrachtungsweise steht die Struktur bzw. der Stärkegrad der Struktur. Erfahren die Schüler/innen zu wenig Struktur, können sie ihre Grundvoraussetzungen für das persönliche Engagement in der Klasse nicht entwickeln. Stellt die Lehrperson zu viel Struktur zur Verfügung, sind die Schüler/innen möglicherweise in der Lage aufgabenorientierte Fähigkeiten zu lernen und entwickeln, jedoch werden sie mit der Zeit die Erfahrungen rund um ihr Engagement in der Klasse zu hassen beginnen. Die Literatur (z.B. deCharms, 1984) betrachtet in diesem Zusammenhang ein mäßiges Strukturniveau als Idealfall.

- Die dritte Perspektive geht davon aus, dass Autonomieunterstützung und Struktur als zwei unterschiedliche Aspekte von Lehrstilen zu betrachten sind, bei denen jeder für sich zur Unterstützung von Motivation und Engagement der Schüler/innen beitragen kann. Dies bedeutet, dass Lehrpersonen beide Aspekte in den Lehrstil aufnehmen können. Sie können in beiden Bereichen ein entweder hohes oder niedriges Niveau zeigen oder sie zeigen im einen Bereich ein hohes Niveau und im anderen Bereich ein niedriges (Skinner & Belmont, 1993; Connell & Wellborn, 1991). Jang et al. (2010) gehen davon aus, dass Motivation und Engagement der Schüler/innen am besten gedeihen, wenn die Lehrperson beide Bereiche mit hohem Niveau zur Verfügung stellt (vgl. Reeve, 2002).

In ihrer Studie zeigen Jang et al. (2010), wie diese lehrstilbezogenen Aspekte, Autonomieunterstützung und Struktur, sowohl zueinander in Beziehung stehen als auch ihre Beziehung zur Motivation und zur Einstellung der Schüler/innen im Klassenzimmer. Die Ergebnisse der Studie zeigten, dass die Perspektive, in welcher Autonomieunterstützung und Struktur als antagonistisch betrachtet werden, widerlegt wurde. Vielmehr sprechen die Ergebnisse dafür, dass Autonomieunterstützung und Struktur als ergänzend zu betrachten sind. Ähnliche Ergebnisse erzielten auch Sierens et al. (2009). Sie kamen zu dem Ergebnis, dass Autonomieunterstützung Hand in Hand mit Ordnung und Struktur in der Klasse einhergeht. Darüber hinaus zeigte sich auch, dass Autonomieunterstützung in Verbindung mit positiven Einstellungen und Emotionen steht, wohingegen Struktur eher auf Aufgabenorientierung abzielt und weniger auf das selbst wahrgenommene Engagement in der Klasse (Jang et al., 2010).

4.1.4 Umsetzung der Autonomieunterstützung

Bei der Umsetzung der Prinzipien der Autonomieunterstützung für den Unterricht steht besonders das *Wie* und nicht mehr das *Warum* im Zentrum. Sehr oft ist den Lehrpersonen unklar, wie die konkrete Umsetzung von Autonomieunterstützung funktioniert. Reeve & Cheon (2016) sprechen dabei von *autonomy-supportive intervention programs*, Programme für Lehrpersonen, mit deren Hilfe sie ihren Schüler/inne/n mehr Autonomieunterstützung anbieten können. In ihrer Studie konnten sie nachweisen, dass Lehrpersonen mit Hilfe dieser Programme signifikant höhere Ergebnisse in Bezug auf Autonomieunterstützung erzielten. Darüber hinaus änderte sich auch ihre Einstellung in Bezug auf einen Autonomie unterstützenden Lehrstil. Waren sie zu Beginn der Programme der Ansicht, dieser Lehrstil sei schwierig, so änderte sich ihre Meinung sogar dahingehend, dass er leicht zu handhaben sei, wenn man erst einmal wüsste, wie es geht.

Hinsichtlich der Umsetzung sind Reeve und Halusic (2009) der Ansicht, dass Lehrpersonen sich immer wieder dieselben Fragen in Bezug auf die Umsetzung stellen. Dabei haben sich insbesondere acht Fragen herauskristallisiert:

- *What is the goal of autonomy-supportive teaching?*
- *How is autonomy-supportive teaching unique?*
- *Does autonomy support mean permissiveness?*

- *How would I encourage students' initial engagement in learning activities?*
- *How could I help students maintain their engagement?*
- *What would I say? How might I talk?*
- *How would I solve motivational and behavioural problems?*
- *How do I know if I provided instruction in an autonomy-supportive way?* (Reeve & Halusic, 2009, S. 146)

Reeve & Halusic (2009) haben diesbezüglich auch ein Rahmenmodell entwickelt, das Lehrpersonen helfen soll einen autonomieunterstützenden Stil in den Klassenraum zu integrieren. Jene acht Fragen legen ihren Fokus dabei auf unterschiedliche Zeitpunkte des Unterrichts. Drei Fragen beziehen sich auf Aspekte vor dem Unterricht, zwei Fragen auf den Beginn des Unterrichts, zwei Fragen hinsichtlich Problemlösungen während des Unterrichts und eine Frage dient als Reflexion.

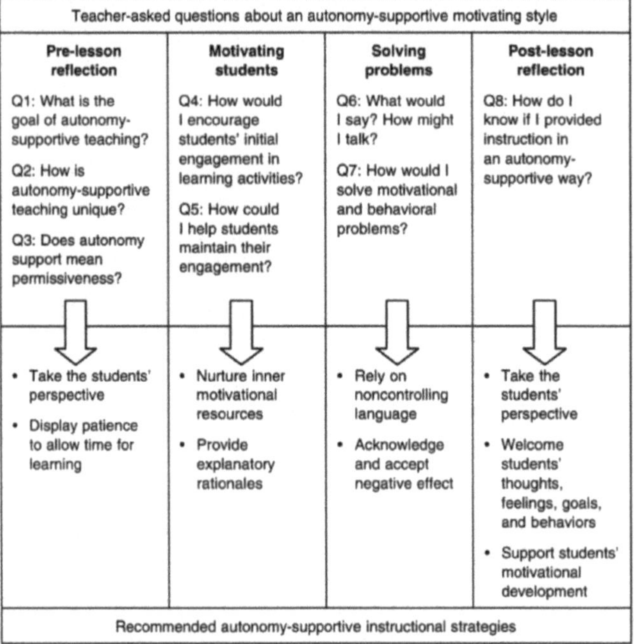

Abbildung 6: Rahmenmodell zur Integration der Autonomieunterstützung (Reeve & Halusic, 2009, S. 147)

Neben diesem Rahmenmodell haben Reeve & Jang (2006) auch das konkrete Lehrverhalten in einer Lernaktivität ins Zentrum gerückt. Dabei wollten sie herausfinden, welches Lehrverhalten positiv bzw. negativ mit der Autonomie der Schüler/innen korreliert.

Lehrpersonen, die Autonomie unterstützen, sind sich der Situation bewusst, dass sie nicht einfach Autonomie als solches geben können. Vielmehr können sie eine Umgebung schaffen, in der die Schüler/innen ermutigt werden Engagement zu zeigen und ein Gefühl von Autonomie zu entwickeln. Dabei greifen bzw. versuchen die Lehrpersonen auf die innere Motivation der Schüler/innen zurückzugreifen.

Lehrpersonen, die eher kontrollieren, nehmen nicht so viel Bezug auf die interne Motivation ihrer Schüler/innen. Vielmehr arbeiten diese mit externen Reizen und Zielen, um die Schüler/innen anzuregen (vgl. Reeve & Jang, 2006).

Um herauszufinden, welches Lehrverhalten als Autonomie unterstützend bzw. als kontrollierend eingestuft wird, haben Reeve & Jang (2006) 62 weibliche und 10 männliche Lehrerpaare befragt. Das Ergebnis dieser Studie zeigte, dass alle 11 Verhaltensweisen für Autonomieunterstützung positiv mit der wahrgenommenen Autonomie der Schüler/innen korrelierten. Von diesen 11 sind aber 8 hervorzuheben: t*ime listening, time allowing student to work in own way, time student talking, praise as informational feedback, offering encouragement, offering hints, being responsive to student-generated questions and making perspective-acknowledging statements.*

Dem gegenüber standen die Verhaltensweisen, die als kontrollierend eingestuft wurden. Hier korrelierten jedoch nur sechs Verhaltensweisen negativ mit der wahrgenommenen Autonomie der Schüler/innen. Zu diesen gehören: *time holding/monopolizing learning materials, exhibiting solutions / answers, uttering solutions / answers, uttering directives / commands, making should / got to statements and asking controlling questions.*

Reeve & Jang (2006) sind der Ansicht, dass einige der Verhaltensweisen unterschiedlich interpretiert werden können. Betrachtet man dies aus der Sicht der Autonomieunterstützung, dann können einige diesbezügliche Verhaltensweisen wie z.B. *time student talking* dazu dienen, das Kapital der Schüler/innen zu identifizieren. Andere Autonomie unterstützende Verhaltensweisen wie z.B. *offering hints* können dahingehend verstanden werden, dass sie das innere Kapital der Schüler/innen fördern.

Gleich verhält es sich bei den als kontrollierend geltenden Verhaltensweisen. Dabei können einige in eine Richtung interpretiert werden, die zu einem von der Lehrperson definierten Wunschverhalten führt. Zu diesen zählen z.B. *uttering solutions / answers.* Andere kontrollierende Verhaltensweisen wiederum, wie z.B. *uttering directives / commands* oder *making should / got to statements* können als Druck ausübend verstanden werden (vgl. Reeve & Jang, 2006).

Instructional behavior	Operational definition
11 hypothesized autonomy-supportive instructional behaviors	
Time listening	Cumulative number of seconds the teacher carefully and fully attended to the student's speech, as evidenced by verbal or nonverbal signals of active, contingent, and responsive information processing.
Asking what student wants	Frequency of questions asking specifically about what the student wanted or desired, such as "Which pattern do you want to start with?"
Time allowing student to work in own way	Cumulative number of seconds the teacher invited or allowed the student to work independently and to solve the puzzle in his or her own way.
Time student talking	Cumulative number of seconds the student talked.
Seating arrangements	Whether or not the teacher invited the student to sit in the chair nearest to the learning materials.
Providing rationales	Frequency of explanatory statements as to why a particular course of action might be useful, such as "How about we try the cube, because it is the easiest one."
Praise as informational feedback	Frequency of statements to communicate positive effectance feedback about the student's improvement or mastery, such as "Good job" and "That's great."
Offering encouragements	Frequency of statements to boost or sustain the student's engagement, such as "Almost," "You're close," and "You can do it."
Offering hints	Frequency of suggestions about how to make progress when the student seemed to be stuck, such as "Holding the puzzle in your hands seems to work better than laying it on the table" and "It might be easier to work on the base first."
Being responsive to student-generated questions	Frequency of contingent replies to a student-generated comment or question, such as "Yes, you have a good point" and "Yes, right, that was the second one."
Communicating perspective-taking statements	Frequency of empathic statements to acknowledge the student's perspective or experience, such as "Yes, this one is difficult" and "I know it is a sort of difficult one."
10 hypothesized controlling instructional behaviors	
Time teacher talking	Cumulative number of seconds the teacher talked.
Time holding/monopolizing learning materials	Cumulative number of seconds the teacher physically held or possessed the puzzle.
Exhibiting solutions/answers	Number of puzzle solutions the teacher physically displayed or exhibited before the student had the opportunity to discover the solution for himself or herself.
Uttering solutions/answers	Frequency of statements revealing a puzzle solution before the student had the opportunity to discover it for himself or herself, such as "The cube's done this way—like this."
Uttering directives/commands	Frequency of commands such as do, move, put, turn, or place, such as "Do it like this," "Flip it over," or "Put it on its side."
Making should/ought to statements	Frequency of statements that the student should, must, has to, got to, or ought to do something, such as "You should keep doing that" and "You ought to . . ."
Asking controlling questions	Frequency of directives posed as a question and voiced with the intonation of a question, such as "Can you move it like I showed you?" and "Why don't you go ahead and show me?"
Deadline statements	Frequency of statements communicating a shortage of time, such as "A couple of minutes left" and "We only have a few minutes left."
Praise as contingent reward	Frequency of verbal approvals of the student or the student's compliance with the teacher's directions, such as "You're smart" or "You are really good at playing with blocks."
Criticizing the student	Frequency of verbal disapprovals of the student or the student's lack of compliance with the teacher's directions, such as "No, no, no, you shouldn't do that."

Abbildung 7: Operationalisierte Lehrverhaltensweisen (Reeve & Jang, 2006, S. 211)

4.1.5 Physische Auswirkungen von Autonomieunterstützung

Neben der psychologischen Ebene, die durch die Selbstbestimmungstheorie in den Vordergrund gerückt wird, zeigen Studien wie jene von Reeve & Tseng (2011), dass die Autonomieunterstützung auch mit physischen Aspekten in Zusammenhang steht. Reeve & Tseng (2011) untersuchten beispielsweise, ob sich der Kortisonlevel von Menschen verändert, wenn sie mit Lehrpersonen zu tun haben, die entweder einen autonomieunterstützenden, kontrollierenden oder einen neutralen Lehrstil verfolgen. Sie gingen von der Hypothese aus, dass die Personen eine natürliche Stressreaktion zeigen, wenn sie mit einer Lehrperson arbeiten, die einen kontrollierenden Lehrstil ausübt. Im Gegensatz dazu nahmen sie an, dass Personen ihre natürliche oder besser gesagt biologische „Ruhe" erhalten, wenn sie mit Lehrpersonen arbeiten, die einen Autonomie unterstützenden Lehrstil verfolgen.

Die Ergebnisse der Studie zeigten ein eindeutiges Bild: Waren die Teilnehmer/innen bei einer Lehrperson mit einem neutralen Lehrstil, blieb der Kortisonlevel unverändert. Waren die Teilnehmer/innen bei einer Lehrperson mit einem autonomieunterstützenden Lehrstil, dann ging der Kortisonlevel zurück. Bei jenen Teilnehmer/inne/n hingegen, die in einer kontrollierenden Umgebung waren, kam es zu einem Anstieg des Kortisonlevels (vgl. Reeve & Tseng, 2011).

Es sind aber nicht nur Aspekte wie Autonomieunterstützung, die Auswirkungen auf die physische Ebene haben. Neben den Sozial- und Erziehungspsycholog/inn/en legten nämlich auch die Neurowissenschaftler/innen zunehmend ihr Interesse auf die Thematik der intrinsischen und extrinsischen Motivation. In Bezug darauf wird die extrinsische Motivation als Anreiz gebende Motivation verstanden und wird bereits als ziemlich gut erforscht betrachtet. Lee et al. (2012) verweisen dabei auf Studien von Berridge (2004) oder Cardinal et al. (2002), die aufzeigen, dass die Gründe für eine Aktivität und deren Korrelation zur extrinsischen Motivation in neuronalen Gegenden sichtbar werden. Zu diesen Gegenden gehören

1. die Amygdala und das Stratium, welche die unmittelbar erhaltenen Stimuli der Umwelt verarbeiten, sowie
2. der präfrontale Cortex, der den gelernten Wert der Belohnung aus der Umwelt verarbeiten soll. (vgl. Lee et al., 2012).

Im Gegensatz zur extrinsischen Motivation ist die intrinsische Motivation in diesem Feld noch ziemlich unerforscht. Lee et al. (2012) versuchten mit ihrer Studie diese Lücke zu schließen und betraten hier Neuland. Sie gingen der Frage nach, ob sich die neuronale Grundlage der intrinsischen Motivation von jener der extrinsischen Motivation unterschiedet. Grundlage dieser Studie waren Scans von einer Magnetresonanz, die die neuronale Aktivität der Teilnehmer/innen während einer intrinsisch und extrinsisch motivierten Aufgabe aufzeichnete. Lee et al. (2012) postulierten, dass die neuronalen Aktivitäten für extrinsisch motivierte Handlungen eher im Bereich des *Präfrontalen Cortex* zu finden sein werden, wohingegen die neuronalen Aktivitäten der intrinsischen Motivation eher in der *Inselrinde* vermutet wurden.

Die Ergebnisse zeigten, dass es Unterschiede in der neuronalen Aktivität bei intrinsisch und extrinsisch ausgeführten Tätigkeiten gibt. Insbesondere die *Inselrinde* wurde beim Entscheidungsprozess für intrinsisch motivierte Handlungen beansprucht bzw. stärker eingebunden. Im Gegensatz dazu wurde bei der extrinsischen Motivation der hintere Cinguläre Cortex beansprucht. Dieser Bereich ist ein Teil des Bewertungssystems.

Es sei zu erwähnen, dass alle Aufgaben sowie die Definitionen und das Verständnis von intrinsischer und extrinsischer Motivation in dieser Studie im Sinne der Selbstbestimmungstheorie formuliert wurden (vgl. Lee et al., 2012).

4.1.6 Soziale Einbindung als Faktor für selbstbestimmte Motivation

In Vergleich zur Autonomie wird der *sozialen Einbindung* wenig bis gar keine Aufmerksamkeit geschenkt. Dies ist insofern erstaunlich, da es einen positiven Zusammenhang zwischen der Fürsorglichkeit der Lehrperson und dem Engagement der Schüler/innen im Klassenzimmer gibt (Nie & Lau, 2009; Hughes et al., 2006; Roeser et al., 2000). Auch Goudas & Biddle (1994) zeigten, dass individuelle Lehrerfürsorglichkeit im Sport erhebliche Unterschiede hinsichtlich der intrinsischen Motivation der Schüler/innen ausmacht.

Reeve (2006) nennt vier spezielle Aspekte bzw. Charakteristika von Lehrpersonen, die die Qualität der Lehrer-Schüler-Beziehung ausmachen und folglich die Lernmotivation der Schüler/innen stärken sollen. Er betitelt diese Charakteristika mit *Attunement*, *Relatedness*, *Supportiveness* und *Gentle Discipline* (vgl. Reeve, 2006).

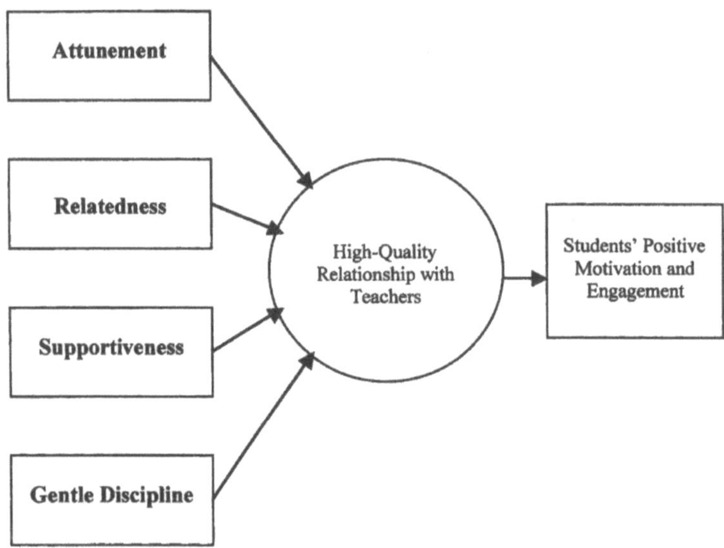

Abbildung 8: Vier Lehrer – Charakteristika für die Qualität der Schüler-Lehrer-Beziehung (Reeve, 2006, S. 233)

Reeve (2006) versteht unter *Attunement*, dass die Lehrperson Verständnis gegenüber den Schüler/inne/n zeigt. Sie kann sich in die Schüler/innen hineinversetzen, weiß was sie bewegt und worüber sie nachdenken. Sie hört zu und scheut sich auch nicht, einen größeren Aufwand zu betreiben um zu wissen, was die Schüler/innen brauchen und wollen.

Relatedness bezieht sich auf die Beziehung zwischen Schüler/innen und Lehrperson. Dieses Charakteristikum kommt dann zum Tragen, wenn Lehrpersonen eine warme und wohlwollende Atmosphäre schaffen. Zuneigung und Anerkennung durch die Lehrpersonen sind dabei sehr essentielle Aspekte. Schüler/innen zeigen weniger negative Emotionen, wenn sie das Gefühl haben, dass sie respektiert werden und für die Lehrperson wichtig sind. Dadurch steigt das Gefühl der Zugehörigkeit sowohl zur Lehrperson als auch zur Klasse, was zur Folge hat, dass das Engagement und die Motivation steigen.

Supportiveness ist jener Aspekt, der für die Unterstützung der Selbststeuerung der Schüler/innen zuständig ist. Diesbezüglich sehen die Lehrpersonen die Schüler/innen als jene Personen an, die sie sind. Sie knüpfen an deren Wissen an, stellen ihnen Hilfe zur Verfügung und versuchen ihnen bei der Realisierung ihrer Ziele und Handlungen zu helfen. Auf diese Weise fühlen sich die Schüler/innen kompetenter, kreativer und selbstbestimmter, da sie das Gefühl haben, dass sie ein wenig Kontrolle über ihr Lernen haben.

Das vierte Charakteristikum, *Gentle Discipline*, wird als eine Strategie verstanden, die als eine Art unterstützende Richtlinie verstanden wird. Dabei wird versucht, anhand von unterstützender Führung und Erklärung aufzuzeigen, warum der eine Gedankenweg oder ein bestimmtes Verhalten richtig oder falsch ist.

All diese Charakteristika sind zentrale Aspekte für die Qualität der Schüler-Lehrer-Beziehung (vgl. Reeve, 2006)

Auch Bieg et al. (2011) untersuchten, ob und inwieweit die intrinsische Lernmotivation durch die Lehrerfürsorglichkeit erklärt wird. Bieg et al. (2011) sprechen in diesem Zusammenhang immer wieder von „teacher's care". Diesbezüglich gibt es mehrere Definitionen. Bieg et al. definieren diese Art von „care" jedoch als ein Verhalten, das den Ursprung im Basic Need *Soziale Einbindung* hat. Dieses zeichnet sich dafür verantwortlich, dass die Qualität der Beziehung zwischen Lehrkraft und Schüler/innen beibehalten oder wenn möglich gesteigert wird.

Fürsorgliche Lehrer/innen sind Lehrpersonen, die zuhören, die Schüler/innen mögen und respektieren, sie verstehen und die eine warme und soziale Atmosphäre im Klassenraum schaffen. Durch diese Verhaltensweisen fühlen sich die Schüler/innen respektiert und wertgeschätzt. Fühlen sich Schüler/innen in der Klasse wohl oder verspüren sie ein Gefühl der Zugehörigkeit, so kann dies als grundlegender motivationaler Aspekt betrachtet werden. Darüber hinaus gehen solche Lehrpersonen auch auf die individuellen Bedürfnisse der Schüler/innen ein. Sie nehmen sich Zeit und zeigen Geduld bei langsameren Lerner/inne/n (vlg. Bieg et al., 2011).

Die Ergebnisse ihrer Studie zeigten, dass es einen signifikanten positiven Zusammenhang zwischen der intrinsischen Motivation und Autonomieunterstützung, aber auch zwischen intrinsischer Motivation und Lehrer/innenfürsorglichkeit, gab. Bieg et al. zeigten damit auf, dass nicht nur die Autonomieunterstützung, sondern auch die Lehrer/innenfürsorglichkeit eine entscheidende Rolle spielt. Mit diesen Ergebnissen untermauern Bieg et al. (2011) die Annahme, dass die Qualität der Schüler-Lehrer-Beziehung ein essentieller Faktor in Bezug auf die intrinsische Lernmotivation darstellt (Bieg et al., 2011).

4.1.7 Kompetenz als Faktor selbstbestimmter Motivation

Neben Autonomieunterstützung und sozialer Einbindung wird auch dem Bedürfnis nach Kompetenz als Faktor für selbstbestimmte Motivation eine essentielle Bedeutung beigemessen. Die Unterstützung des Kompetenzbedürfnisses, vor allem im Kontext des Unterrichts, zeigt sich in den Aspekten des Lehrens. Solche Aspekte wären z.B. informatives Feedback geben, Hinweise und Tipps bereitstellen, damit eine Aufgabe selbstständig gelöst werden kann etc. (vgl. Müller & Palekčić, 2005).

Auch Reeve (2002) ging der Frage nach, welches Verhalten von Lehrpersonen dazu führt, dass sowohl Selbstbestimmung als auch das Bedürfnis nach Kompetenz befriedigt werden. Diese Frage betreffend kam Reeve (2002) zu dem Ergebnis, dass Schüler/innen mehr eigene Kompetenz wahrnehmen, wenn Lehrpersonen mehr zuhören, Diskussionen anregen, Zeit für individuelle Arbeit einräumen, und Hinweise und Tipps für das Lösen von Aufgaben bereitstellen, jedoch keine Antworten vorgeben. Infolge dessen lässt sich konstatieren, dass die Befriedigung des Kompetenzbedürfnisses bzw. die wahrgenommene Kompetenz der Schüler/innen sehr oft indirekt, wie z.B. durch das Geben von Hinweisen für das selbstständige Lösen von Aufgaben, geschieht. Schüler/innen entwickeln auch eher eine intrinsische Motivation, wenn sie sich als kompetent wahrnehmen und sie das Gefühl verspüren, dass sie etwas schaffen können (vgl. Reeve, 2002).

Wie bereits bei Müller & Palekčić (2005) erwähnt, spielt Feedback eine große Rolle bei der Entwicklung und Wahrnehmung von Kompetenz. So untersuchten Hollembeak & Amorose (2005) den Zusammenhang zwischen Trainerverhalten, den psychologischen Grundbedürfnissen und intrinsischer Motivation und legten dabei auch einen Schwerpunkt auf das Feedback. Es zeigte sich, dass sowohl Training als auch die Anweisungen des Trainers / der Trainerin während des Trainings einen positiven Effekt auf die wahrgenommene Kompetenz der Athlet/inn/en hatten. Entgegen den Erwartungen von Hollembeak & Amorose zeigte sich jedoch auch, dass positives Feedback durch den Coach einen negativen Effekt auf die wahrgenommene Kompetenz der Athlet/innen hatte. Viele der Athlet/inn/en erachteten das positive Feedback oft als unangemessen und nicht ihren Leistungen entsprechend und hatten folglich das Gefühl, dass ihr Coach sie als nicht kompetent betrachtet (vgl. Hollembeak & Amorose, 2005). Es sei zu erwähnen, dass die Studie von Hollembeak und Amorose (2005) ausschließlich das verbale Feedback untersuchte. Eine Untersuchung des nonverbalen Feedbacks auf die Auswirkung der wahrgenommen Kompetenz führten Koka & Hagger (2010) durch. Sie machten ihre Studie im Bereich des Sportunterrichts. Die Ergebnisse zeigten, dass negativ wahrgenommenes nonverbales Feedback negative Effekte auf die Befriedigung des Kompetenzbedürfnisses, positiv wahrgenommenes nonverbales Feedback positive Auswirkungen auf die Befriedigung des Kompetenzbedürfnisses hatte. Generell zeigen die Ergebnisse dieser Studie, dass die grundsätzliche Befriedigung des Kompetenzbedürfnisses, sei es durch ein generelles positives Feedback oder durch ein positives nonverbales Feedback, signifikant positive Auswirkungen auf eine selbstbestimmte Motivation haben (vgl. Koka & Hagger, 2010). Dies weist jedoch einen Unterschied zur Studie von Hollembeak & Amorose (2005) auf, deren Ergebnisse einen negativen Effekt von positivem Feedback auf wahrgenommene Kompetenz aufzeigen.

Für die Befriedigung des Kompetenzbedürfnisses spielt aber auch die Kompetenz von Lehrpersonen eine entscheidende Rolle. So konnten Murdock et al. (2007) in ihrer Studie zeigen, dass Student/inn/en die Befriedigung ihres Kompetenzbedürfnisses sowie ihre Erfolgsaussichten im Studium sehr stark von der Kompetenz ihrer Lehrperson abhängig machen. Ein weiteres Resultat dieser Studie war, dass das Fehlen von wahrgenommener eigener sowie auf Lehrpersonen bezogener Kompetenz zu negativem Verhalten führt. Murdock et al. (2007) konnten nachweisen, dass es wahrscheinlicher ist, dass Student/inn/en betrügen, wenn ihre Lehrperson wenig pädagogische Kompetenz aufweist (vgl. Murdock et al., 2007). Ähnliche Ergebnisse zeigen die Studien von Kanat-Maymon et al. (2015). In ihren Studien gingen sie zum einen der Frage nach, inwieweit die Nichterfüllung der Befriedigung der Basic Needs die Wahrscheinlichkeit erhöht, dass Schüler/innen im schulischen Kontext betrügen, und zum anderen, wie selbstbestimmte Motivation durch die Befriedigung der Basic Needs wahrgenommen wird. Die Ergebnisse zeigten, dass, je weniger die Basic Needs und somit auch das Kompetenzbedürfnis befriedigt werden, desto höher ist die Wahrscheinlichkeit, dass Schüler/innen im schulischen Kontext betrügen. Des Weiteren legen Kanat-Maymon et al. (2015) dar, dass die wahrgenommene Bedürfnisbefriedigung der Schüler/innen positive Effekte auf selbstbestimmte Motivation aufweist (vgl. Kanat-Maymon et al., 2015). Müller & Palekčić (2005) konnten in ihrer Longitudinalstudie aber darlegen, dass für die Beibehaltung einer selbstbestimmten Motivation im hochschulischen Kontext die wahrgenommene Unterstützung des Kompetenzbedürfnisses eine geringere Rolle spielt. Die Ergebnisse zeigten nämlich, dass, während die wahrgenommene Unterstützung des Kompetenzbedürfnisses signifikant zurückging, die Qualität der Lernmotivation im Studium ziemlich gleichblieb. Müller & Palekčić (2005) finden eine mögliche Erklärung dieses Ergebnisses im Interesse am Studienfach der Studierenden. Wenn Studierende ein Studium beginnen, so zeigen sie ein hohes Interesse an dem Fach und eine hohe motivationale Orientierung. Es lässt sich also vermuten, dass diese hohe motivationale Orientierung beibehalten wird, auch wenn die Lernumwelten, wie z.B. die Befriedigung des Kompetenzbedürfnisses, nicht als positiv erachtet werden (vgl. Müller & Palekčić, 2005).

4.2 Lernmotivation und Familie (SDT)

Wild & Wild (1997) sehen die schulische Lernmotivation als Teil einer familiären Sozialisation, die Einfluss auf die schulische Entwicklung der Kinder hat. Sie vertreten die Ansicht, dass Komponenten wie z.B. das Familienklima oder die Eltern-Kind-Beziehung essentielle Faktoren für die schulische Laufbahn darstellen und somit auch Einfluss auf die schulische Lernmotivation nehmen. Viele Arbeiten beschäftigen sich mit Modellen, die die Einflussnahme der Eltern auf die schulische Entwicklung der Kinder erklären und darstellen sollen. Wild & Wild (1997) verweisen dabei auf den Ansatz von Marjoribanks (vgl. Wild & Wild, 1997).

Marjoribanks (2002) geht davon aus, dass Kinder ihre Umwelt in einer besonderen Weise wahrnehmen und sie beeinflussen. Auf diese Weise werden sie zu Mitgestaltern ihrer eigenen Entwicklung. Dabei unterscheidet Marjoribanks zwischen *alpha-press* und *beta-press*. Alpha-press definiert die objektive Beschreibung von Einflüssen, während beta-press eine subjektive Beschreibung und Interpretation von Einflüssen zulässt. Marjoribanks (2002) sieht auch drei Faktoren als essentiell für Entwicklungs- und Lernumgebungen an, nämlich das ökonomische Kapital, das soziale Kapital und das intellektuelle Kapital. Das ökonomische Kapital bezieht sich auf die Ressourcen, die den Kindern für die schulische Laufbahn zur Verfügung gestellt werden, das soziale Kapital beschäftigt sich mit den Familienstrukturen, insbesondere mit der Eltern-Kind-Beziehung, und das intellektuelle Kapital bezieht sich auf jene familiären Merkmale, die direkt in Zusammenhang mit der schulischen Entwicklung der Kinder stehen. Besondere Bedeutung für die schulische Entwicklung der Kinder sieht Marjoribanks in den Ambitionen der Eltern (vgl. Marjoribanks, 2002).

Eine Bestätigung dieser Annahme liefern Studien wie z.B. jene von Stamm (2005). Stamm kam in ihrer Studie zum Ergebnis, dass die Bildungsaspirationen der Eltern für ihre Kinder jene der Kinder teilweise übertreffen. Besondere Bedeutung haben dabei auch die Vorbildung und der Bildungsstatus der Eltern. Akademikerfamilien weisen den höchsten Bildungsehrgeiz auf (vgl. Stamm, 2005).

Wird nun die Selbstbestimmungstheorie in diesen Zugang von Marjoribanks einbezogen, so würden nach Wild & Wild (1997) jene Merkmale, die im Sinne der Selbstbestimmungstheorie für die Auseinandersetzung der Kinder mit schulischen Lerninhalten zu betrachten sind, in der Ebene des sozialen Kapitals einzustufen sein. Wild & Wild (1999) gehen dabei auf drei Aspekte elterlichen Erziehungsverhaltens ein: *Autonomieunterstützung*, *Struktur* und *Involviertheit*. Werden alle drei Aspekte erfüllt, sollte eine intrinsische Motivation entstehen, da im Sinne der Selbstbestimmungstheorie die psychologischen Grundbedürfnisse erfüllt werden und der Internalisierungsprozess der elterlichen Einflüsse begünstigt wird (vgl. Wild & Wild, 1997).

Trotz allem sei zu erwähnen, dass im Zentrum der intrinsischen Motivation und in Bezug auf die elterliche Förderung der schulischen Motivation der Kinder die Aspekte *Autonomieunterstützung* und *Kontrolle* stehen.

4.2.1 Elterliche Kontrolle

Lange Zeit wurde die elterliche Kontrolle als bedeutungsvoller Bestandteil in Bezug auf die Sozialisation der Kinder und das Erziehungsverhalten der Eltern betrachtet. Wirft man einen genauen Blick auf diese Thematik, dann erkennt man, dass es nicht nur eine Form von Kontrolle bezüglich des Erziehungsverhaltens gibt. Grolnick & Pomerantz (2009) versuchten mir ihrer Arbeit die verschiedenen Zugänge zu dem Konstrukt Kontrolle aufzuzeigen.

Viele Studien beschäftigten sich damit, Bezeichnungen zur Beschreibung für Kontrolle zu finden. In den meisten Fällen wurde Kontrolle mit Begriffen wie z.B. dominant, fordernd, bestrafend oder auch autoritär in Verbindung gebracht. Aufgrund dieser Fülle an Bezeichnungen gab es immer wieder Verwirrungen in Bezug auf die Rolle, die die elterliche Kontrolle bei der Entwicklung des Kindes einnimmt (vgl. Grolnick & Pomerantz, 2009).

Waren frühere Studien zu dieser Thematik sehr oft durch Begrifflichkeiten wie z.B. Druck charakterisiert, so zeigen Studien aus neuerer Zeit, dass diese Charakteristiken für den Begriff Kontrolle so nicht mehr zutreffen. Vielmehr gibt es mehrere Formen von Kontrolle und diese verschiedenen Zugänge möchte ich nun näher definieren.

Grolnick & Pomerantz (2009) verweisen dabei auf Schaefer (1965), der als Erster mehrere Formen von elterlicher Kontrolle aufzeigte.

In seiner Studie definierte Schaefer (1965) zum einen eine Form, die die Bereiche *psychologische Kontrolle vs. Autonomie* abdeckte, und zum anderen jene, die er als *firm vs. lax control* bezeichnete. Nach Schaefer (1965) beinhaltete die psychologische Kontrolle Aspekte wie Aggression, Dominanz der Eltern oder aber auch Unberechenbarkeit. Jene Form, die er als *firm vs. lax control* bezeichnete, wurde dadurch charakterisiert, dass hier zwei Aspekte zum Tragen kommen: das Fehlen bzw. das Vorhandensein von extremer Freiheit und geringer Disziplin (vgl. Schaefer, 1965).

Eine Weiterführung dieses Gedankens in Bezug auf psychologische Kontrolle machte Barber (1996). Barber sieht psychologische Kontrolle als eine Form an, die die psychologischen Emotionen und Erfahrungen der Kinder manipuliert und für nichtig erklärt. Er kam in seinen Studien zu den Ergebnissen, dass diese Form der Kontrolle die psychische und emotionale Entwicklung stört. Darüber hinaus wurde durch seine Studien die psychologische Kontrolle als Prädiktor für Probleme in der Jugendzeit und darüber hinaus definiert. Diese Probleme könnten interner Natur sein, sprich psychische Probleme wie z.B. Depressionen, könnten sich aber auch external widerspiegeln, z.B. durch Strafauffälligkeiten. Neben der psychologischen Kontrolle definierte Barber (1996) eine weitere Form, nämlich *behavioral control*. Nach Barber versuchen Eltern, die diese Form der Kontrolle in ihrem Erziehungsverhalten verwenden, ihre Kinder auch in deren Abwesenheit zu überwachen. Auch das kann die Ursache für später auftretende Probleme sein. Die Ergebnisse Barbers (1996) legten aber dar, dass diese Probleme vorwiegend externaler Natur waren (vgl. Barber, 1996).

Neben Schaefer (1965) definierte auch Baumrind (1966) mehrere Formen von Kontrolle. Einen besonderen Stellenwert in ihren Studien nimmt dabei der Begriff *autoritativ* ein. Eltern, die diesen Erziehungsstil verfolgen, zeichnen sich dadurch aus, dass sie sowohl die Autonomie als auch die Disziplin wertschätzen. Sie bestehen auf ihre Standpunkte als Erwachsene, geben dem Kind aber auch das Gefühl, dass sie seine Sicht der Dinge verstehen und respektieren. Darüber hinaus legen autoritative Eltern auch ihre Gründe hinter ihren Vorgehensweisen dar. Baumrind kam mit ihren Studien zu dem Ergebnis, dass der autoritative Erziehungsstil für Kinder förderlich und profitabel ist. Dem gegenüber stehen das autoritäre Verhalten, gekennzeichnet durch wenig Autonomie und Individualität, sowie das nachgiebige Verhalten, gekennzeichnet durch wenig Druck und Zwang und einem hohen Grad an Freiheit. Diese Erziehungsmuster der Eltern wurden als eher schädlich eingestuft (vgl. Baumrind, 1966).

Eine weitere Form von Kontrolle, die speziell aus der Perspektive der Selbstbestimmungstheorie betrachtet wird, ist die Struktur. Im Kontext der Familie, oder besser gesagt im Zusammenhang mit dem Erziehungsverhalten, wird Struktur als eine Form bezeichnet, mit deren Hilfe die Kompetenzen der Kinder gefördert und unterstützt werden. Eltern strukturieren die Umwelt ihrer Kinder, indem sie klare und transparente Anweisungen geben, klare Erwartungen an sie setzten und Regeln vorgeben. Struktur als kontrollgebende Form kann aber nicht nur auf die Handlungen der Kinder abzielen, durch Struktur versuchen Eltern den Kindern auch Werte zu verinnerlichen (vgl. Grolnick & Pomerantz, 2009).

4.2.2 Elterliche Kontrolle und Druck

In Bezug auf die elterliche Kontrolle spielt auch der Druck eine entscheidende Rolle. In früheren Studien wurde Kontrolle mit Druck gleichgesetzt oder als solcher verstanden. Druck wird vielmehr als ein Bestandteil für elterliche Kontrolle betrachtet und sehr oft als wichtiger Faktor für die Schwächung der intrinsischen Motivation der Kinder. Dieselbe Funktionsweise kommt diesbezüglich bei den Eltern zum Tragen. Hierbei kommt es aber nicht zu einer Schwächung der intrinsischen Motivation, sondern durch Druck wird die Fähigkeit der Eltern, ein autonomieunterstützendes Erziehungsverhalten anzubieten, geschwächt bzw. untergraben. Grolnick & Apostoleris (2002) definieren diesbezüglich drei Arten von Druck:

- Druck von außen
- Druck von unten
- Druck von innen

Druck von außen

Bei diesem Typ nimmt der Stress eine zentrale Rolle ein. Grolnick & Apostoleris (2002) sind der Ansicht, dass Stress und Druck verantwortlich sind, wenn Eltern wenig bis gar keine Autonomieunterstützung im Erziehungsverhalten aufbringen können. Die Gründe lassen sich dabei leicht aufzeichnen. Eltern, die Stress und Druck ausgesetzt sind, fehlt oft die Zeit und die psychologische Fähigkeit dies zu bewerkstelligen. Zum einen können sie sich unter Druck schwer in die Perspektive ihrer Kinder hineinversetzen und zum anderen erfordert dieses Erziehungsverhalten oft mehr Zeit und Geduld. Eltern sehen in dieser Phase nicht das Kind und dessen Möglichkeit, ein Problem selbst zu lösen, sondern lösen das Problem lieber ihrerseits, da es weniger Zeit und Geduld erfordert.

Ein wichtiger Aspekt bei diesem Typus ist der ökonomische Druck. Eltern, die diesem Druck ausgesetzt sind und sich immer wieder Gedanken machen müssen, wie sie ihre finanziellen Herausforderungen bewältigen können, sind schwer in der Lage, Autonomieunterstützung aufzubringen. Vielmehr liegt der Fokus hierbei auf Kontrolle und Bestrafung (vgl. Grolnick & Apostoleris, 2002).

Eine weitere Ursache für Druck von außen können negative Erlebnisse, wie z.B. Tod oder Krankheit in der Familie, sein. Grolnick et al. (1996) fanden in einer Studie heraus, dass Elternteile, im speziellen aber die Mütter, die mehr stressvolle negative Ereignisse erlebt haben, mehr Kontrolle in ihrem Erziehungsstil aufwiesen. Darüber hinaus gab es auch einen Zusammenhang zwischen negativen Erlebnissen und geringerer Struktur. Zu erwähnen sei aber, dass es keinen signifikanten Zusammenhang zwischen negativen Erlebnissen und dem Kontrollverhalten der Väter gab. Diese Ergebnisse lassen sich vielleicht darauf zurückführen, dass Mütter in den meisten Fällen die ersten und primären Bezugspersonen sind (vgl. Grolnick et al., 1996).

Es zeigt sich also, dass externaler Druck, verursacht durch z.B. ökonomischen Stress oder negative Erlebnisse, die Autonomieunterstützung schwächt bzw. auch hemmt.

Druck von unten

Im Fokus dieses Druckes steht die Annahme, dass nicht nur die Eltern die Kinder beeinflussen, sondern umgekehrt die Kinder auch Einfluss auf die Eltern haben. Diese Betrachtungsweise legt nahe, dass es sich mit der Autonomieunterstützung und der Kontrolle gleich verhält. Kinder, die kooperativ sind und ihre Aufgaben erledigen, sind möglicherweise von einem autonomieunterstützenden Erziehungsverhalten umgeben. Demgegenüber stehen jene Kinder, die z.B. die Geduld der Eltern auf die Probe stellen und über keine Eigenverantwortung für ihren Aufgabenbereich verfügen. Sie sind möglicherweise die Rezipienten eines Erziehungsverhaltens, das auf Kontrolle basiert. Studien zeigten, dass es einen Zusammenhang zwischen elterlicher Kontrolle und den Schwierigkeiten der Kinder gab.

Grolnick & Apostoleris (2002) machten diesbezüglich eine eigene Studie. Sie gingen davon aus, dass die Erfahrungen und Beschreibungen der Eltern in Bezug auf das Verhalten des Kindes Rückschlüsse bzw. Zusammenhänge zu deren Erziehungsverhalten erkennen lassen. Dabei wurden die Eltern gefragt, inwiefern und ob die Kinder Schwierigkeiten aufweisen und welche Haltung sie gegenüber dem Heranwachsen haben. Die Ergebnisse zeigten klar, dass jene Mütter, die von ihrem Kind behaupteten, es sei schwierig, einen stärkeren Fokus auf Kontrolle in ihrer Erziehung legten. Dieses Ergebnis traf aber nur auf die Mütter zu. Väter hingegen, die der Ansicht waren, ihr Kind sei schwierig, haben sich eher aus der Beziehung zu ihrem Kind zurückgezogen als es kontrolliert. Jener Aspekt, bei denen die Ergebnisse sowohl auf Mütter als auch auf Väter zutrafen, war die Haltung gegenüber dem Heranwachsen. Waren die Eltern der Ansicht, dass das Heranwachsen eine schwierige Zeit ist, so zeigten diese eher einen kontrollierenden Erziehungsstil (vgl. Grolnick & Apostoleris, 2002).

Druck von innen

Die dritte Art von Druck bezieht sich auf den inneren Druck, den Eltern verspüren, wenn sie wollen, dass ihre Kinder in einer gewissen Art und Weise handeln. Dieser könnte das erzieherische Verhalten der Eltern ebenso beeinflussen wie externaler Druck oder die Charaktereigenschaften der Kinder. Einer der wichtigsten Aspekte hinsichtlich dieser Form von Druck ist das so genannte *Ego-Involvement.*

Ego-Involvement (Ich-Bezogenheit) zielt sehr stark auf das Selbstwertgefühl ab. Personen, die sehr ichbezogen sind, definieren ihren Selbstwert über die Handlungen, die sie ausführen. Wird eine Handlung gut ausgeführt, fühlen sie sich stolz und gut, gelingt ihnen aber etwas nicht ihren Vorstellungen entsprechend, fühlen sie sie schlecht und gedemütigt.

Welche Rolle nimmt nun also *Ego-Involvement* in Bezug auf das Erziehungsverhalten der Eltern ein? Dieser Frage gingen Grolnick & Apostoleris (2002) in ihrer Studie nach.

Hierbei wurden sechzig Mütter und deren Kinder untersucht. Dabei mussten die Kinder Aufgaben erfüllen und die Mütter standen ihnen dabei zur Seite. Grolnick & Apostoleris (2002) entwickelten Anweisungen für die Mütter, mit deren Hilfe sie eine Orientierung erhielten, auf welche Art und Weise sie ihren Kindern bei der Aufgabenbewältigung helfen sollten. Diese Orientierung war entweder ichbezogen oder nicht ichbezogen. Darüber hinaus wurden Bedingungen geschaffen, die entweder Druck auf

Hochleistung oder geringen Leistungsdruck zum Ziel hatten. Die Instruktionen, die jene Mütter erhielten, die in der Gruppe der Hochleistungen waren, wurden so formuliert, dass der Outcome des Kindes in der kompletten Verantwortung der Mutter lag. Im Gegensatz dazu wurden die Instruktionen in der Gruppe des geringen Leistungsdruckes so formuliert, dass sie auf Unterstützung und Hilfe abzielten.

Die Ergebnisse dieser Studie zeigten, dass sich die Mütter, die sich für den Outcome des Kindes verantwortlich fühlten, sehr ichbezogen agierten und ein kontrollierendes Verhalten zeigten. Sie gaben Anweisungen, übernahmen zum Teil die Arbeit und gaben den Kindern auch teilweise die Antworten vor. Ähnliche Ergebnisse lieferte die Studie von Grolnick et al. (2007). Es zeigte sich, dass jene Eltern, die ihren Selbstwert von den Leistungen der Kinder abhängig machen, eher ein kontrollierendes Verhalten für die Bewältigung einer Aufgabe mit ihren Kindern aufwiesen.

Es lässt sich also erkennen bzw. kann daraus geschlossen werden, dass das *Ego-Involvement* der Eltern in Hinblick auf die Leistung der Kinder zu einem kontrollierenden Erziehungsstil führt (vgl. Grolnick & Apostoleris, 2002).

4.2.3 Eltern und schulische (Lern-)Motivation

Wirft man einen Blick auf die schulische Motivation der Kinder, so erkennt man, dass das Elternhaus immer mehr in den Vordergrund rückt. Viele Studien beschäftigten sich lange Zeit ausschließlich mit der schulischen Lernmotivation mit Blick auf die Schüler-Lehrer-Beziehung. Welchen Einfluss nehmen nun die Eltern und die Familie auf die schulische Motivation der Kinder?

Grolnick & Ryan (1989) versuchten mit ihrer Studie Merkmale von Eltern herauszufiltern, die Einfluss auf die Einstellung und Leistung der Kinder hinsichtlich der Schule nehmen. Sie untersuchten, auf welche Art und Weise Praktiken und Erziehungsstile Einfluss auf die Leistung der Kinder nehmen und welche Praktiken den Kindern helfen sollen, leichter den sozialen und kognitiven Anforderungen der Schule gerecht zu werden. Grolnick & Ryan (1989) sehen zwei zentrale Ziele der Erziehung. Zum einen ist es das Ziel, autonom bzw. selbstreguliert in Bezug auf das Lernen zu sein, und zum anderen den Aufbau von Kompetenz. Kompetenz ist unter anderem deshalb so wichtig, da es ein positives inneres Gefühl vermittelt und den Glauben stärkt, in der Lage zu sein, selbst etwas zu erreichen. Grolnick & Ryan (1989) gingen davon aus, dass die Folgen von Selbstregulierung und Kompetenz in Zusammenhang mit dem Erziehungsstil der Eltern stehen, mit denen sie ihre Kinder in Bezug auf die Schule motivieren und unterstützen.

Aus diesem Grund definierten sie für ihre Studie zwei zentrale Dimensionen von Erziehungsstilen: *Autonomieunterstützung* und *Struktur*. Ersteres wurde verwendet um zu beschreiben, wie Eltern ihre Kinder unterstützen und auch wertschätzen, wenn sie selber Probleme lösen, und ob sie auch bei Entscheidungen Mitsprache haben.

Ein weiterer wichtiger Faktor in Bezug auf die autonome Selbstregulierung ist das *Involvement*, sprich, wie sehr sich die Eltern für das Leben der Kinder interessieren und am selbigen teilnehmen. Grolnick (2015) untersuchte in ihrer Studie das *Involve-*

ment von Müttern im Zusammenhang mit schulischer Lernmotivation und Leistung ihrer Kinder. Dabei kam sie zu dem Ergebnis, dass die Mütter eine identifizierte Motivation bezüglich schulischer Belange ihrer Kinder aufweisen. Des Weiteren wurde durch diese Studie auch aufgezeigt, dass, je mehr die Mütter eine Autonome Motivation in Bezug auf *Involvement* aufweisen, desto höher nehmen die Kinder ihre schulische Kompetenz wahr. Auch die akademischen Leistungen waren bei jenen Kindern höher, deren Eltern ein autonom motiviertes *Involvement* zeigten (vgl. Grolnick, 2015). Im Gegensatz dazu zeichnete sich Struktur durch klare und definierte Anweisungen und Regeln aus, ohne dabei Rücksicht auf den Erziehungsstil zu nehmen. Studien in Bezug auf den Unterrichtsstil der Lehrperson sowie der intrinsischen Motivation legten nahe, dass Autonomieunterstützung der Eltern ebenfalls förderlich für die intrinsische Lernmotivation und für den Ausbau der Kompetenz sei. Die Ergebnisse dieser Studie bestätigten diese Annahmen auch. Sie kamen zu dem Ergebnis, dass Kinder, deren Eltern einen Autonomie unterstützenden Erziehungsstil haben, eine größere autonome Selbstregulierung sowie eine größere Kompetenz in der Klasse aufweisen (vgl. Grolnick & Ryan, 1989).

Bezugnehmend auf diese zwei Dimensionen nennen Wild & Wild (1997) auch vier unterschiedliche Erziehungsstile:

- Autoritativ (beide Dimensionen sind hoch ausgeprägt)
- Autoritär (hohe Kontrolle und wenig Involvement)
- Permissiv (geringe Kontrolle und hohes Involvement)
- Vernachlässigend (geringe Ausprägung auf beiden Dimensionen) (vgl. Wild & Wild, 1997).

Generell betrachtet spielen die Eltern eine zentrale Rolle bei der Entwicklung der Motivation von Kindern, da sie die ersten sozialen Bezugspersonen darstellen. Nimmt man nun Bezug auf die Schule, so können die Eltern die schulische Motivation der Kinder im Sinne der Selbstbestimmungstheorie durch die drei psychologischen Grundbedürfnisse nach Autonomie, Kompetenz und sozialer Einbindung beeinflussen und erleichtern. Hinsichtlich des Autonomiebedürfnisses können die Eltern sich in die Rolle der Kinder versetzen, sie Probleme alleine lösen lassen und ihnen auch bei Entscheidungen Mitsprache gewähren. Darüber hinaus kann auch eine Umwelt geschaffen werden, die das Kompetenzbedürfnis befriedigt. Dabei spielt auch die Struktur eine große Rolle, da durch klare Regeln und Erwartungshaltungen ein Gefühl von Transparenz geschaffen wird. Kinder wissen, was sie zu tun haben und wie sie schulischen Misserfolg vermeiden können. All dies kann zur Steigerung der Motivation beitragen. Zu guter Letzt spielen die Eltern auch noch eine enorme Rolle bei der Befriedigung des Bedürfnisses nach sozialer Einbindung. Eltern können eine anregende Umgebung schaffen, indem sie Interesse zeigen, die Kinder unterstützen, betreuen und aktiv an ihrem Leben teilnehmen (*Involvement*). Es zeigt sich also, dass autonome Selbstregulierung und die schulische Motivation der Kinder auf drei Dimensionen beruhen: *Autonomieunterstützung*, *Struktur* und *Involvement* (vgl. Grolnick, 2009).

Positive Effekte auf die schulische Motivation durch Autonomieunterstützung konnten auch Wild & Wild (1997) in ihrer Studie nachweisen. Dabei gingen sie auf mehrere Faktoren ein: die Lernmotivation der Schüler/innen per se, das Familienklima, die Bildungsaspirationen der Kinder und der Eltern sowie das Erziehungsverhalten der Eltern. Das Erziehungsverhalten der Eltern wurde mit Hilfe zweier Skalen gemessen. Die erste Skala wurde als *autoritatives Erziehungsverhalten* (Autonomie unterstützend) gekennzeichnet, die zweite als autoritäres Erziehungsverhalten (kontrollierend). Darüber hinaus wurde auch noch die Kompetenz der Schüler/innen anhand der Zeugnisnote in Deutsch und Mathematik ermittelt. Die Ergebnisse dieser Studie zeigten, dass die Schüler/innen mehr Motivation für schulische Arbeiten zeigten, wenn sie von ihren Eltern unterstützt wurden und Autonomie gewährleistet war. Im Falle des Erziehungsverhaltens stand der autoritative Erziehungsstil in Zusammenhang mit selbstbestimmtem Lernen (vgl. Wild & Wild, 1997).

In einer weiteren Studie untersuchte Wild (2001) nicht nur mehr das Erziehungsverhalten der Eltern, sondern nahm auch Bezug auf ihr Instruktionsverhalten. Dieses wurde anhand von fünf Dimensionen untersucht: Emotionale Zuwendung, Stimulation der häuslichen Lernumwelt, Autonomieunterstützung, Kontrolle und Struktur. Auch hier zeigten die Ergebnisse, dass die intrinsische Motivation der Schüler/innen höher ausgeprägt war, wenn sie ihre Eltern als Autonomie unterstützend und emotional zugewandt empfanden oder einstuften. Darüber hinaus spielte auch die häusliche Lernumwelt eine wichtige Rolle. Auch hier stieg der Wert der intrinsischen Motivation, wenn diese als stimulierend und gut strukturiert wahrgenommen wurde (vgl. Wild, 2001).

Besonders zu erwähnen ist, dass in den meisten Studien das außerschulische Lernen kaum bis gar nicht berücksichtigt wird. In vielen Fällen übernehmen bei dieser Form des Lernens die Eltern sehr oft die Rolle des Lehrkörpers. Besonders bei der Nachhilfe oder der Hausaufgabenbetreuung ist dies häufig zu beobachten. Aus diesem Grund haben Exeler & Wild (2003) ihr Augenmerk auch auf diesen Bereich gerichtet. Sie gingen in ihrer Studie der Frage nach, inwiefern sich das elterliche Verhalten bei der Hausaufgabenbetreuung auf die Lernmotivation, die Leistung und das Interesse der Kinder auswirkt. Exeler & Wild (2003) definierten die optimale Hilfestellung bei den Hausaufgaben so, dass der Elternteil eine begleitende Funktion einnehmen sollte. Sie fragten die Kinder, ob sie Hilfe benötigten und hielten sich ansonsten im Hintergrund, standen aber zur Verfügung, wenn Hilfe nötig war. Die Ergebnisse dieser Studie zeigten, dass die Kinder, die selbstständig lernen konnten und Autonomie verspürten und deren Eltern auch Anteil am schulischen Geschehen nahmen, ein höheres Interesse sowie eine höher identifizierte Motivation am Fach aufwiesen (vgl. Exeler & Wild, 2003). Auch Ginsburg & Bronstein (1993) konnten mit ihrer Studie darlegen, dass eine begleitende und unterstützende Haltung der Eltern bei den Hausaufgaben als wünschenswert zu erachten ist. Die Ergebnisse zeigten nämlich, dass, wenn Eltern bei den Hausaufgaben ihrer Kinder eher eine Überwachungsfunktion und keine unterstützende Stellung einnehmen, sich eher eine extrinsische Motivation gekoppelt mit schlechteren Schulleistungen entwickelt. Auch Katz et al. (2009) konnten zeigen, wenn von den Eltern die Basic Needs befriedigt werden, so steigert sich bei den Kindern eine auf Autonomie beruhende Motivation für das Erledigen der Hausaufgaben. Auch Wild & Krapp (1995) untersuchten in ihrer Studie, inwieweit sich die elterliche Autonomieunterstützung auf die schulische Lernmotivation der Kinder auswirkt. Im Gegensatz zu den anderen Studien, bei denen die Schüler/innen höhere und weiterführende Schulen besuchten, konzentrierten sich Wild & Krapp (1995) auf Grundschulkinder. Sie wählten diese Altersgruppe, da sie der Ansicht waren, dass sich die elterliche Betreuung und Kontrolle der Kinder in diesem Alter stärker äußert. Es wurde eine Fragenbogenstudie durchgeführt, die die Aspekte elterliche Autonomieunterstützung und Anteilnahme an den Erfahrungen und Interessen der Kinder, die Lernmotivation der Kinder, das Interesse am Fach, die Schulleistungen sowie den Bildungsstatus der Eltern beinhaltete. Ähnlich den Ergebnissen der anderen Studien legten Wild & Krapp (1995) auch bei den Grundschulkindern dar, dass Kinder, deren Eltern Autonomie unterstützend agieren, die Stufen der extrinsischen Regulationen schneller und besser überwinden. Ihnen wird durch die elterliche Autonomieunterstützung die Möglichkeit geboten eine Lernmotivation zu entwickeln, die auf Selbstbestimmung und Interesse basiert und im Idealfall in einer intrinsischen Motivation gipfelt (vgl. Wild & Krapp, 1995).

Im Gegensatz dazu zeigen Kinder, deren Umgebung seitens der Eltern eher kontrollierend ausgerichtet ist, schwächere Leistungen und eine geringere Kreativität. Darüber hinaus gibt es auch einen Zusammenhang zwischen den Erziehungsstilen und dem Fokus der Eltern hinsichtlich der Schule. Eltern, die einen kontrollierenden Erziehungsstil verfolgen, legen mehr Wert auf die Leistung und auf das Ergebnis als auf den Lernprozess. Kinder zeigen auch mehr bzw. einen höheren Level an Perfektionismus, wenn sie aus einem kontrollierenden Erziehungsverhalten kommen (vgl. Grolnick, 2009). *„Je kontrollierter der elterliche Umgang mit schulischen Anforderungen und Problemen wahrgenommen wird, desto stärker neigen Heranwachsende zu einer instrumentellen Lernhaltung“* (Wild, 2001, S. 495).

Ein wichtiger Faktor in Bezug auf die schulische Motivation, der besonders bei den Eltern oft für Verwirrung sorgt, ist die Struktur. Dieser Faktor sorgt deswegen oft für Verwirrung, weil es unterschiedliche Auffassungen gibt. Zum einen wird mit Struktur Kontrolle, Zwang und Störung verstanden, zum anderen aber auch Führung und Richtungsweisung. Farkas & Grolnick (2008) nennen hierbei sechs Aspekte hinsichtlich Struktur, die für die schulische Motivation von Bedeutung sind:
- Klare Regeln und Erwartungen
- Gelegenheiten geben, um Erwartungen zu erfüllen / übertreffen
- Vorhersehbarkeit
- Informatives und konstruktives Feedback
- Bereitstellung von Wissen
- Autorität (vgl. Farkas & Grolnick, 2008)

Es zeigte sich auch, dass die Entwicklung der Motivation nicht erst mit dem Schuleintritt beginnt. Vielmehr spielen die Eltern schon lange bevor Kinder in die Schule kommen eine entscheidende Rolle für die Entwicklung der Motivation. Grolnick et al. (1984) untersuchten diesbezüglich 41 Mütter und deren einjährige Kinder. Dabei mussten die Kinder problemlösende Aufgaben erfüllen und das Verhalten der Mütter wurde dabei untersucht. Grolnick et al. (1984) unterschieden hierbei zwischen unterstützendem und kontrollierendem Verhalten. Das Ergebnis dieser Studie zeigte, dass jene Kinder, deren Mütter als Autonomie unterstützend eingestuft wurden, sich länger mit der Aufgabe beschäftigten und folge dessen auch kompetenter als die anderen Kinder waren (vgl. Grolnick et al., 1984).

Eine ähnliche Studie führten Deci et al. (1993) durch. Hierbei wurden 26 Mütter und deren 6–7 Jahre alte Kinder untersucht. Die Kinder und deren Mütter wurden hierbei während einer Spielsituation gefilmt, in der die Kinder Aufgaben zu erledigen hatten (z.B. etwas aus Lego bauen). Die Spielsituationen unterschieden sich aber hinsichtlich ihrer Instruktionen. Zum einen sollten die Mütter mit ihren Kindern freispielen, so als ob sie zu Hause wären. Die andere Instruktion war mehr direktiv und kontrollierend formuliert, da die Kinder mit den Müttern ein entsprechendes Objekt zu bauen hatten. Das Ergebnis dieser Studie zeigte, dass jene Kinder, deren Mütter mehr Autonomie unterstützend als kontrollierend fungierten, mehr intrinsische Motivation für die Verwirklichung und Verfolgung der Aufgabe aufwiesen (vgl. Deci et al., 1993).

Zusammenfassend kann also gesagt werden, wenn Eltern die Autonomie ihrer Kinder unterstützen, Anteil an ihren schulischen Erfahrungen und Interessen nehmen und ein gewisses Maß an Struktur zur Verfügung stellen, dann stellt sich bei den Kindern mit großer Wahrscheinlichkeit eine autonome Schulmotivation ein, die ganz im Sinne der Selbstbestimmungstheorie zu betrachten ist.

4.3 Lernmotivation und Musik

Jedes Jahr beginnen Schüler/innen mit dem Lernen eines Instrumentes, während zeitgleich auch wieder welche ihre instrumentalistische Musikerlaufbahn beenden. Es stellt sich nun die Frage, welche Faktoren sich dafür verantwortlich zeigen, dass Kinder und Jugendliche motiviert sind, ein Instrument zu erlernen bzw. zu spielen.

Es sei zu erwähnen, dass es nur wenige Studien gibt, die sich mit Musik beschäftigen und explizit die Selbstbestimmungstheorie (SDT) als Basis verwenden. Aus diesem Grund wird zur Erklärung und Beschreibung von motivationalen Prozessen im Kontext Musik auch Anleihe an SDT-verwandten Motivationstheorien genommen.

Einer der essentiellsten Faktoren für die Motivation für das Spielen eines Instrumentes ist die Selbstregulation. Nach Zimmerman (2008) wird unter Selbstregulation ein proaktiver Prozess verstanden, mit dessen Hilfe Lernende Kompetenzen erwerben, eigene Ziele setzen und Strategien zum Kompetenzerwerb aussuchen und entwickeln. Selbstregulation bezieht sich auch auf die „Selbstüberwachung" der eigenen Wirksamkeit, Leistung und Effizienz (vgl. Zimmerman, 2008). McPherson & Zimmerman (2011) betrachten das auf Selbstregulation basierende Lernen als ein enorm wichtiges Paradigma zur Erklärung, wie Lernende ihre Fähigkeiten und Fertigkeiten erwerben, um ihre Gedanken, Handlungen, Gefühle etc. selbst zu regulieren. Dies ist besonders wichtig, damit die Lernenden zu aktiven Teilnehmer/inne/n in ihrem Lernprozess werden. Wie jedes akademische Fach erfordert auch das Erlernen eines Musikinstrumentes ein enormes Maß an Selbstregulation. McPherson & Zimmerman (2011) gehen sogar davon aus, dass das Erlernen eines Musikinstrumentes möglicherweise mehr Selbstregulation erfordert als jedes andere Fach. Kinder, die damit beginnen ein Instrument zu lernen, müssen sich sehr stark konzentrieren können, da die Konzentration und der Fokus auf das Erlernen schnell durch viele Faktoren gestört werden kann. Zu diesen zählen z.B. Umwelteinflüsse, wie Störungen durch die Peers, eine inadäquate Arbeits- und Lernatmosphäre, unpassende Übungsstrategien, veränderte Interessen und Ziele etc. Darüber hinaus sehen sich auch viele Anfänger/innen mit Problemen wie z.B. Unklarheit, Verwirrung aber auch Fehlschlägen konfrontiert. Dass Selbstregulierung aber positiv für die musikalische Entwicklung ist, zeigt z.B. eine Studie von McPherson & McCormick (1999). In dieser Studie untersuchte er 190 Pianisten und kam zu dem Ergebnis, dass jene Pianisten, die ein hohes Maß an Selbstregulierung aufwiesen, härter arbeiteten bzw. mehr übten, erfolgreicher waren und dem Instrument sowie dem Lernen des Instrumentes einen höheren intrinsischen Wert beimaßen (vgl. McPherson & McCormick, 1999).

Um alle Schwierigkeiten zu überwinden, die Konzentration aufrecht zu erhalten sowie den Fokus auf das Erlernen des Instrumentes nicht zu verlieren, erfordert es ein hohes Maß an Selbstregulierung und Selbstmotivation.

McPherson & Zimmerman (2011) betrachten die Selbstregulierung als einen zyklischen Prozess, da Rückmeldungen zu den Leistungen den Lernenden die Möglichkeit bieten, sich mit ihren aktuellen Leistungen zu befassen und Rückschlüsse für die Zukunft zu ziehen. Dies ist von besonderer Bedeutung, da das individuelle Verhalten ständig im Austausch und im Zusammenhang mit den Umweltfaktoren steht (vgl. McPherson & Zimmerman, 2011).

Die Selbstregulation ist auch ein entscheidender Faktor bei der Selbstbestimmungstheorie, da diese sehr oft in Settings, wie z.B. im Sport (Ntoumanis, 2005), verwendet wird, bei denen ein selbstregulierendes Verhalten erforderlich ist. Evans (2015) untersucht die Motivation für Musik aus dem Blickwinkel der Selbstbestimmungstheorie. Er betrachtet diese als besonders geeignet, da sie ein breites Spektrum zur Erklärung der Motivation für das Musiklernen liefert. Darüber hinaus spielen nicht nur die Motivation an sich, sondern auch die Erhaltung sowie der Abbruch der Motivation entscheidende Rollen. Einen Aspekt der Selbstbestimmungstheorie und der Motivation für Musik betrachtet Evans als besonders bedeutend, nämlich die Qualität der Motivation. Die Selbstbestimmungstheorie legt ihren Fokus mehr auf die Qualität als auf die Quantität der Motivation und des Verhaltens. Für den Bereich Musik bedeutet das, dass die Qualität der Übungseinheiten sowie die Qualität der verwendeten Übungsstrategien für die Entwicklung von Musiker/inne/n eine wichtige Rolle spielt (vgl. Evans, 2015).

Einen besonderen Stellenwert räumt Evans (2015) den drei psychologischen Grundbedürfnissen nach *Autonomie, Kompetenz* und *sozialer Eingebundenheit* ein.

Das Gefühl der *Kompetenz* sowie erbrachte Leistungen haben motivierenden Charakter, während Schwierigkeiten und das Gefühl der Unfähigkeit, die Schwierigkeiten zu meistern, dazu führen, dass das Bedürfnis nach Kompetenz nicht befriedigt wird. Besonders beim Lernen von Musik, das in vielen Fällen als freiwillige Aktivität verstanden wird, kann es dazu führen, dass Personen aufgeben, wenn das Bedürfnis nach Kompetenz nicht befriedigt, sondern unterdrückt wird. Ein besonders wichtiger Aspekt in Bezug auf Kompetenz und Musik ist der Glaube an die eigene Kompetenz und der Glaube daran, diese verändern zu können. Personen, die glauben, ihre Kompetenz sei angeboren und unveränderbar, tendieren sehr oft dazu, Herausforderungen zu vermeiden und das Lernen nicht länger zu verfolgen. Dem stehen aber jene Personen gegenüber, die darauf vertrauen, durch Kraft und Aufwand ihre Kompetenz und Leistung zu steigern. Sie verfolgen ihre Ziele weiter und überstehen auch schwierige Phasen des Lernens. Eine Bestätigung dieser Befunde liefert z.B. eine Studie von O'Neill & Sloboda, 1997). In ihren Untersuchungen kamen sie zu dem Ergebnis, dass jene Kinder, die an die Entwicklung ihrer Kompetenz glaubten, mehr Fortschritte zeigten als jene Kinder, die ihre Kompetenz als feststehend definierten. Darüber hinaus zeigte sich auch, dass zweitgenannte Kinder doppelt so viel übten, um auf dasselbe Niveau zu kommen wie die anderen. Hier zeigte sich, dass diese Kinder zwar die Quantität der Übungseinheiten verdoppelten, die Qualität hierbei jedoch nicht gegeben war (vgl. O'Neill & Sloboda, 1997).

Besonders im Bereich der Musik spielt das Soziale eine enorme Rolle, da viele Faktoren darauf Einfluss nehmen. Soziale Beziehungen sind beim Lernen von Musik ein ständiger Begleiter, sei es durch soziale Interaktionen mit den Lehrpersonen, mit der Familie oder auch mit den Peers. Aus diesem Grund betrachtet Evans (2015) die *soziale Eingebundenheit* als einen äußerst bedeutsamen Faktor in Bezug aufs Musiklernen (vgl. Evans, 2015).

Autonomie wird in der Erziehung und beim Unterrichten als sehr wichtig für die Entwicklung der Motivation erachtet. Evans (2015) erkennt aber, dass die Autonomie im Bereich der Musik, vor allem beim Musiklernen, noch keinen wirklich hohen Stellenwert hat. Besonders augenscheinlich wird dies beim Instrumentalunterricht, bei dem die Lehrperson die Entscheidung über die Lernstrategie trifft, Musikstücke aussucht und im Grunde genommen das gesamte Lernen am Instrument vorgibt. Lehrpersonen im Bereich der Instrumentalmusik verfolgen sehr oft einen Unterrichtsstil, der fordernd und kontrollierend ist. In vielen Fällen, wie z.B. bei Lehrpersonen an Konservatorien oder Musikuniversitäten, entwickelt sich der Unterrichtstil in Richtung Perfektionismus. Für Autonomie bleibt in diesem Fall nicht mehr sehr viel Raum. Dass Autonomie aber eine wichtige Rolle spielt, zeigten Renwick & McPherson (2002). In Ihrer Studie untersuchten sie das Übungsverhalten eines Mädchens, das zwei Musikstücke üben musste. Eines wurde von der Lehrperson vorgegeben und das andere konnte sie sich selbst aussuchen. Das Ergebnis dieser Studie zeigte, dass sie viel mehr Zeit damit verbrachte das Stück ihrer Wahl zu üben als jenes Stück, das ihr von der Lehrperson gegeben wurde. Auch ihre Lernstrategien sowie die Qualität des Übungsverhaltens waren beim Wahlstück höher einzustufen (vgl. Renwick & McPherson, 2002).

Es zeigt sich also, dass die drei grundlegenden psychologischen Bedürfnisse auch beim Musiklernen eine essentielle Rolle einnehmen. Besonders verdeutlicht dies eine Studie von Evans et al. (2012). In ihrer Longitudinalstudie, welche sich über 10 Jahre erstreckte, gingen Evans et al. (2012) der Frage nach, welche Bedeutung die psychologischen

Grundbedürfnisse für das Beenden von musikalischen Aktivitäten haben. Insgesamt nahmen 157 Personen an dieser Studie teil, von denen am Ende der Studie 87% angaben, dass sie aufgehört haben ein Instrument zu spielen. Die Ergebnisse dieser Studie zeigten deutlich, dass die Gründe für das Beenden des Instrumentallernens in den psychologischen Grundbedürfnissen zu finden waren. Viele Teilnehmer/innen gaben an, dass ihr Bedürfnis nach *Kompetenz* nicht befriedigt oder unterdrückt wurde. Sie waren der Ansicht, dass ihre musikalischen Kompetenzen im Vergleich zu anderen schlechter waren. Andere wiederum gaben an, dass Familienmitglieder sehr musikalisch waren und sie dadurch ihren eigenen Mangel an Musikalität erkannten. Dem gegenüber standen aber auch jene Teilnehmer/innen, die das Gefühl hatten, dass ihre musikalische Kompetenz nicht gefordert und gefördert wurde.

Neben der Kompetenz spielte auch die *soziale Eingebundenheit* eine wichtige Rolle. Viele Teilnehmer/innen gaben an, dass der Grund für das Beenden bei den Peers lag. Viele begannen ein Instrument zu lernen, weil es als cool erachtet wurde und auch die Freunde ein Instrument zu spielen begannen. Als sie dann später in die High School kamen, veränderte sich diese Sichtweise. Manche gaben an, dass sie so zu Außenseitern wurden und deshalb das Spielen des Instrumentes beendeten. Andere wiederum gaben an, dass sie wegen Problemen mit der Lehrperson oder dem Dirigenten aufgehört hatten.

Zu guter Letzt gaben manche Personen an, dass sie sich in ihrer *Autonomie* eingeschränkt fühlten. Viele spielten z.B. das Instrument nur, weil es ein Elternteil oder eine andere Person von ihnen verlangte. Andere wiederum bekamen Druck in der Form, dass sie eine Führungsstimme zu übernehmen hatten. Dies bedeutete für jene Teilnehmer/innen aber, mehr zu üben, und das führte zu einem Gefühl von Unterdrückung und Eingeschränktheit.

Es zeigt sich also, dass jene Teilnehmer/innen, die aufhörten ein Instrument zu spielen, keine Befriedigung der psychologischen Grundbedürfnisse empfanden (vgl. Evans et al., 2012).

Einen besonderen Aspekt hinsichtlich der psychologischen Grundbedürfnisse hebt Evans (2015) noch hervor. Es sei besonders wichtig darauf zu achten, dass die Befriedigung dieser in einer ausgeglichenen Form stattfinden müsse. Entsteht bei der Erfüllung der Bedürfnisse ein Ungleichgewicht, so kann dies zu einem Konflikt führen. Personen, die z.B. exzessiv üben, haben oft wenig bis gar keine Zeit für Freunde, Familie etc. In diesem Fall würde die Befriedigung des Kompetenzbedürfnisses auf Kosten der sozialen Eingebundenheit stattfinden (vgl. Evans, 2015). Darüber hinaus zeigen die Ergebnisse der Studie von Evans et al. (2012) auch, dass nicht jede musikalische Aktivität als hilfreich und förderlich für Kinder und Jugendliche zu betrachten ist. Durch manche musikalischen Aktivitäten, bei denen die psychologischen Grundbedürfnisse nicht oder nur unzulänglich befriedigt werden, können Personen z.B. zu Außenseitern werden (vgl. Evans et al., 2012).

Erweiternd hinzuzufügen wäre der Aspekt der Identifikation mit Musik, dem Lernen mit Musik sowie den musikalischen Aktivitäten. StGeorge et al. (2013) vertreten die Ansicht, dass für die Motivation für Musik und für das Lernen für Musik die Identifikation eine essentielle Rolle spielt. Dabei wird der Fokus sehr stark auf die Emotionen und Gefühle gelegt. StGeorge et al. (2013) sprechen hierbei von Affinität. Sie gehen davon aus, dass jene Affinität verantwortlich ist, dass Personen für Musik motiviert werden und dies auch bleiben. Affinitäten können unterschiedlichsten Ursprungs sein. Für viele Anfänger/innen war der Ursprung ihrer Affinität der Spaßfaktor. Sie wollten ein neues Instrument spielen oder auch einfach etwas Anderes/Neues machen. Andere wiederum begannen damit, weil ihnen der Klang des Instrumentes gefiel. Sie fühlten sich zum Instrument hingezogen. Ein weiterer Faktor war auch das Bestreben bzw. das Gefühl, irgendwo dazuzugehören, sei es in einem Chor, einer Schulband etc. Dies führte auch dazu, dass diese Personen mitunter länger in der Musik verankert blieben. Besonderen Stellenwert bei der Entwicklung dieser Affinität haben auch die Eltern. Durch ihren Umgang mit Musik, ihren Wertvorstellungen und den Gefühlen, die sie der Musik gegenüber haben, wird den Anfänger/inne/n eine Basis geboten, bei der sie ein Bewusstsein für Musik entwickeln können, das von innen kommt.

Auf diese Weise werden die Gefühle für Musik, für das musikalische Lernen und die musikalischen Aktivitäten in das eigene Selbst integriert, sodass es zu einer Identifikation mit diesen Aspekten kommt. Somit kommt es zu einer höheren und qualitativ stärkeren Affinität, die zur Folge hat, dass Personen für das Lernen eines Instrumentes motiviert werden, sind und auch bleiben (vgl. StGeorge et al., 2013).

Evans & McPherson (2014) gehen sogar noch einen Schritt weiter und sprechen hierbei nicht nur von einer Identifikation mit Musik, sondern vielmehr sprechen sie von *einer musikalischen Identität*. In ihrer Longitudinalstudie (10 Jahre) gingen sie der Frage nach, inwieweit eine musikalische Identität Auswirkung auf die Aufrechterhaltung der Motivation für das Spielen eines Instrumentes hat. Dabei mussten die Teilnehmer/innen zu Beginn der Studie einschätzen, wie lange sie das Instrument spielen würden. Aufgrund der Antworten der Schüler/innen gliederten sie diese in zwei Gruppen und kreierten dabei zwei Identitäten:

- eine kurzfristige Identität mit dem Instrument (bis zum Ende des Jahres oder dem Ende der Grundschule)
- eine langfristige Identität mit dem Instrument (bis in die High School hinein und darüber hinaus).

Die Ergebnisse dieser Studien zeigten, dass jene Teilnehmer/innen, die eine längerfristige Identität aufwiesen und auch in den ersten drei Jahren viel übten, höhere Leistungen erzielten und auch länger im Bereich der Musik zu finden waren als jene, die eine kurzfristige Identität zeigten. Evans & McPherson (2014) kommen somit zu dem Schluss, dass neben Üben und Selbstregulation die individuelle musikalische Identität eine wesentliche Rolle bei der Entwicklung und Aufrechterhaltung der Motivation für das Lernen eines Instrumentes spielt (vgl. Evans & McPherson, 2014).

Es sei zu erwähnen, dass die Erfüllung der grundlegenden psychologischen Bedürfnisse die Entwicklung einer Identität fördert. Werden diese nämlich befriedigt, können Musiker/innen die Werte ihrer sozialen Umgebung sowie die Werte, die durch die Musik an sie herangetragen werden, in ihr persönliches Selbst integrieren. Die Folge davon ist die Entwicklung einer qualitativ hochwertigen und anhaltenden Motivation.

Dabei wird der Fokus besonders auf drei Aspekte gelegt, die die Entwicklung und die Aufrechterhaltung der Motivation beeinflussen:

- die Lehrpersonen
- die Familie
- die Peers

4.3.1 Motivation für Musik und die Bedeutung der Lehrkräfte

Einen bedeutenden Einfluss auf die musikalische Entwicklung der Kinder wird den Lehrpersonen zugeschrieben. Küpers et al. (2013) konzentrieren sich dabei aber besonders auf die Interaktionen zwischen Schüler/inne/n und Lehrpersonen, die während einer Musikstunde entstehen. Es sind genau diese Interaktionen, die den Erwerb von musikalischen Fähigkeiten erleichtern. Küpers et al. (2013) gehen davon aus, dass gute Lehrkräfte in der Lage sind zu erkennen, auf welchem Niveau ihre Schüler/innen sind und welche Anforderungen sie stellen müssen, um ihre Fähigkeiten und Fertigkeiten weiterzuentwickeln. Dabei verweisen sie auf eine Unterrichtsform, die die Interaktionen zwischen Lehrpersonen und Schüler/inne/n in den Vordergrund rücken. Diese Unterrichtsform wird als *Scaffolding* bezeichnet, ... „*a form of teaching where a teacher seeks to promote deeper learning by providing support during the learning process that is tailored to the learner's individual needs*“ (Küpers et al., 2013, S. 19). Durch *Scaffolding* wird der Lehrperson eine Möglichkeit geboten, die Schüler/innen zu aktiven Teilnehmer/inne/n an ihren Lernprozessen werden zu lassen. Die Schüler/innen erkennen, was benötigt wird, um eine Aufgabe zu bewältigen, sodass sie künftig bei der Bewältigung der gleichen Aufgabe mit weniger Unterstützung seitens der Lehrperson auskommen. *Scaffolding* lässt sich anhand von vier Aspekten beschreiben:

- Flexibel sein
- Unterstützung verringern
- Übertragung von Verantwortung
- *Scaffolding* als zyklischer Prozess

Das erste Charakteristikum geht davon aus, dass die Lehrperson ihren Unterricht und die Unterstützung, die sie den Schüler/inne/n zur Verfügung stellt, an das Niveau der Schüler/innen anpassen kann und das zu jedem Zeitpunkt. Damit wird impliziert, dass *Scaffolding* eine gewisse Flexibilität erfordert und nicht immer planbar ist (vgl. Küpers et al., 2013). Weiterführend wird davon ausgegangen, dass *Scaffolding* nicht nur aus der Sicht der Lehrperson zu sehen ist. Van Geert & Steenbeek (2005) gehen davon aus, dass es für *Scaffolding* eine optimale Balance zwischen dem Niveau der Lehrperson und dem/der Schüler/in geben sollte. Ist die Balance zu gering, werden die Schüler/innen nicht mehr viel lernen, ist sie jedoch zu groß, wird es den Schüler/inne/n schwerfallen, weiterführende und aufbauende Sachen zu begreifen und umzusetzen. Damit diese Balance aufrechterhalten bleibt, muss es zu einer ständigen Anpassung zwischen dem aktuellen musikalischen Niveau der Schüler/innen und dem Grad der Unterstützung durch die Lehrperson kommen (vgl. van Geert & Steenbeek, 2005).

Der zweite Aspekt, Unterstützung verringern, bezieht sich darauf, dass sich die Lehrperson selbst und ihre Unterstützung mit der Zeit zurücknimmt. Dies ist natürlich direkt an die musikalische Entwicklung der Schüler/innen gekoppelt. Ein Beispiel dafür wäre das Erlernen eines neuen Musikstückes. Zu Beginn wird die Lehrperson mehr Unterstützung liefern, indem sie Tipps gibt, die für die Bewältigung der Aufgabe wichtig sind. Entwickeln sich die Fähigkeiten, so zieht sich die Lehrperson immer mehr zurück.

Als Folge der ersten zwei Aspekte rückt dann der dritte Aspekt, Übertragung von Verantwortung, in den Vordergrund. Hierbei wird die Verantwortung für das Lernen an die Schüler/innen zurückgegeben. Ziel hierbei ist es, eine Kompetenz zu entwickeln, die auf Autonomie beruht. Ein Beispiel dafür ist die öffentliche Aufführung eines eingeübten Musikstückes. Ergänzend zu den ersten drei Aspekten sind Küpers et al. (2013) der Ansicht, dass *Scaffolding* als ein zyklischer Prozess zu betrachten ist. Sie gehen davon aus, dass für die Bewältigung der Aufgaben, die mit dem Erlernen eines Instrumentes einhergehen, Unterziele essentielle Bestandteile sind um ein größeres Ziel zu erreichen. Realisieren die Schüler/innen diese Unterziele durch *Scaffolding*, so wird durch die Lehrperson wieder ein Unterziel definiert und der Prozess des *Scaffolding* beginnt wieder von vorne. Somit entsteht ein zyklischer Prozess, der zu einer optimalen Entwicklung führen soll und kann (vgl. Küpers et al., 2013).

In ihrem Beitrag verweisen Küpers et al. (2013) auf Meyer & Turner (2002). Diese beiden vertreten nämlich die Ansicht, dass *Scaffolding* auch die Selbstregulation der Schüler/innen begünstigt. Dies geschieht, indem die Lehrperson einerseits die Kompetenz steigert, beim Lernen und während der Interaktionen auch den sozialen Aspekt berücksichtigt, und andererseits aber auch versucht, die Autonomie der Schüler/innen zu stärken. Es zeigt sich also, dass *Scaffolding* die drei grundlegenden psychologischen Bedürfnisse berücksichtigt und somit eng im Zusammenhang mit der Selbstbestimmungstheorie steht (vgl. Meyer & Turner, 2002).

Hinsichtlich der psychologischen Bedürfnisse und der Lehrpersonen sei aber zu berücksichtigen, dass es einen Unterschied zwischen den Musiklehrer/inne/n in der Schule und jenen außerhalb der Schule gibt. Evans et al. (2012) verweisen darauf, dass die Lehrpersonen in der Schule Musik nicht nur als leicht und spaßig erscheinen lassen sollen. Vielmehr sollen sie versuchen, das Interesse für Musik zu wecken und optimale Anforderungen stellen, damit sich die musikalischen Fähigkeiten entwickeln können. Darüber hinaus müssen die Lehrpersonen auch die soziale Komponente berücksichtigen. Gemeinsame Aktivitäten und Peer-Beziehungen sind Aspekte, die für die Lehrpersonen und die Gestaltung des Unterrichts wichtig sind. All diese Dinge sind natürlich auch für Lehrpersonen außerhalb der Schule zutreffend. Die Realität sieht aber sehr oft anders aus. So passiert es häufig, dass Instrumentallehrer/innen nicht unbedingt auf die Bedürfnisse ihrer Schüler/innen eingehen. Sie sind oft zu leistungsorientiert, geben keine Auskunft, warum etwas gemacht werden soll, und legen den Fokus eher auf jene Musikstücke, die sie vorgeben. In diesem Fall ist kein Platz für Autonomie und die Bedürfnisse werden nicht befriedigt bzw. unterdrückt. Die Folge davon ist, dass es den Schüler/inne/n schwerer fällt, ihre Motivation aufrecht zu erhalten und sich längerfristig für das Instrument zu engagieren (vgl. Evans et al., 2012).

Es stellt sich nun die Frage, welche Charaktereigenschaften Lehrpersonen mitbringen sollten. Davidson et al. (1998) sehen beim Erlernen eines Instrumentes als zentrales Element die Lehrer-Schüler-Beziehung an. Sie erwähnen aber auch, dass es Unterschiede zwischen der ersten und, falls vorhanden, weiteren Lehrpersonen gibt. Schüler/innen betrachten ihre ersten Instrumentallehrer/innen als besonders einflussreich für ihren musikalischen Erwerb und sehen den Grund dafür in ihrer persönlichen Beziehung zu diesen. Besonders in den frühen Phasen des Lernens und bei jungen Schüler/inne/n wird die erste Lehrperson als eine elterliche Figur betrachtet. Eine typische Charaktereigenschaft ist z.B. die persönliche Wärme, die eine Lehrperson ausstrahlt. Werden die Schüler/innen jedoch älter, so verändern sich die Sichtweisen in Bezug auf die Charaktereigenschaften. Ältere Kinder sehen in den Lehrpersonen weniger eine elterliche Figur, sondern mehr ein Vorbild. Sie bewundern eher die Fähigkeiten der Lehrperson und sind nicht mehr so stark auf Eigenschaften wie z.B. persönliche Wärme fokussiert. Eine Bestätigung dieser Annahmen liefern die Ergebnisse aus der Studie von Davidson et al. (1998). In dieser Studie interviewten sie 257 Musiker/innen in Bezug auf die Lehrperson und den Unterricht, den sie erhielten. Dabei unterteilten sie die Kinder in fünf Gruppen, von sehr erfolgreichen Musiker/inne/n bis hin zu jenen, die aufhörten ein Musikinstrument zu spielen. Sie kamen zu dem Ergebnis, dass die erfolgreichen Kinder ihre erste Lehrperson als freundlich und entspannt, aber dennoch engagiert erlebten, während die weniger erfolgreichen dies nicht bzw. nicht auf diesem Niveau taten. Ähnliche Ergebnisse lieferte auch die Studie von Moore et al., (2003). Auch hier berichteten die erfolgreichen Kinder, dass ihre erste Lehrperson eher gefühlsbetont agierte. Darüber hinaus bewerteten die erfolgreichen Kinder aus der Studie von Davidson et al. (1998) ihre gegenwärtige Lehrperson eher höher in Bezug auf die Aufgabenorientierung. Es zeigte sich auch, dass die besten Musiker/innen auch mehr Einzelunterricht erhielten, wohingegen jene, die aufhörten ein Musikinstrument zu spielen, viel mehr Gruppenunterricht hatten. Die Ergebnisse dieser Studie brachten aber auch noch einen weiteren wichtigen Aspekt zum Vorschein. Die erfolgreichen Musiker/innen wechselten häufiger die Lehrperson als die weniger erfolgreichen. In den meisten Fällen war der Grund für die Veränderung, dass entweder die Lehrperson oder der/die Schüler/in die Schule oder das persönliche Umfeld wechselte. Nichts desto trotz gaben dennoch 14% der Kinder an, dass sie die Lehrperson wechselten, da sie eine bessere finden wollten (vgl. Davidson et al., 1998). Dies wurde auch schon durch eine Studie von Sloboda & Howe (1992) aufgezeigt. In ihrer Studie, in der sie 42 Musiker/innen, die eine Schule für begabte Musiker/innen besuchten, und deren Eltern interviewten, kamen sie zu dem Ergebnis, dass erfolgreichere Kinder öfter die Lehrperson wechseln, da sie ihren Fokus auf die Weiterentwicklung ihrer Fähigkeiten richten und sicherstellen wollen, dass die Lehrperson auch ihren Bedürfnissen gerecht wird (vgl. Sloboda & Howe, 1992).

Eine weitere Charaktereigenschaft lässt sich im Konstrukt Extraversion vs. Introversion finden. Lehrpersonen, die eher extravertiert sind und sich an ihren Gefühlen und Intuitionen orientieren, neigen eher dazu, positive Rückmeldungen zu geben. Auch gegenseitiger Respekt wird für die musikalische Entwicklung der Kinder als essentiell betrachtet. Darüber hinaus spielt auch der Unterrichtsstil, den die Lehrperson pflegt, eine wichtige Rolle. Wie bereits in vorhergegangen Kapiteln erwähnt, wird in Bezug auf das

Unterrichten der autoritative Stil als besonders effektvoll definiert. Soziale Aspekte sowie Anforderungen an die Schüler/innen stehen dabei im Einklang. Creech & Hallam (2011) verweisen dabei auf ein Modell von van Tartwijk, das in Anlehnung an den autoritativen Stil entwickelt wurde, den Schwerpunkt aber auf *control and responsiveness* legt. Auch hier schätzen Schüler/innen ihre Lehrpersonen mehr, wenn diese an sie optimale Anforderungen stellen, mit Expertisen zur Seite stehen und darüber hinaus auch noch eine enge Beziehung zu ihnen pflegen (vgl. Creech & Hallam, 2011).

Davidson et al. (2001) sind auch der Ansicht, dass es für erfolgreiche Lehrpersonen selbstverständlich ist, den Kindern zu erklären, warum sie etwas üben. Besonders in den frühen Phasen des Instrumentalspiels wollen Kinder wissen, warum es bedeutsam ist, gewisse Dinge zu tun. Kinder, denen der Hintergrund und die Bedeutung ihres Spiels erklärt und nähergebracht wird, sind in der Summe erfolgreicher als jene, die nur simpel erklärt bekommen, wie sie zu spielen haben. Davidson et al. (2001) weisen auch darauf hin, dass Lehrpersonen sich verschieden orientieren. Dabei wird zwischen einer *technischen* und einer *ausdrucksvollen Tradition* unterschieden.

Lehrpersonen orientieren sich sehr oft, vor allem bei Anfänger/inne/n am Instrument, an der technischen Tradition. Das Üben von Skalen und Tonleitern, technische Übungen sowie vorgegebene Musikstücke gehören hierbei zur Tagesordnung. Es scheint offensichtlich, dass diese Dinge als notwendig erachtet werden, da insbesondere Instrumentalanfänger/innen sich oft mit Schwierigkeiten in Bezug auf das Instrument, wie z.B. Tonerzeugung oder auch Finger- und/oder Körperhaltung, konfrontiert sehen. Dies hat aber auch zur Folge, dass hier wenig Spielraum für Ausdruck bleibt. Die Gefahr besteht aber darin, dass Kinder das Erlernen eher als pure und langweilige Routineaufgabe betrachten und weniger als erfreuliche Aktivität. Aus diesem Grund sehen es Davidson et al. (2001) als besonders wichtig an, ihre Schüler/innen hinsichtlich Ausdruck und Interpretation zu unterstützen. Lehrpersonen müssen dabei aber aufpassen, dass sie Interpretation und Ausdruck hinsichtlich eines Musikstückes nicht wie technische Übungen erklären. Es passiert nämlich häufig, dass Interpretationen schon konkret und äußerst genau von den Lehrpersonen vordefiniert werden. Den Kindern sollte Spielraum für Ausdruck und Interpretation gegeben werden. Dies soll aber nicht heißen, dass sich die Lehrpersonen komplett zurückziehen sollen. Lehrpersonen können den Prozess der Interpretation und den Erwerb des Ausdruckes durch z.B. Metaphern oder durch Körpersprache unterstützen. Auf diese Weise wird den Schüler/inne/n die Möglichkeit geboten, die Musik, die sie lernen und spielen, zu verstehen und zu interpretieren (vgl. Davidson et al., 2001).

Studien zeigen auch, dass es genrespezifische Unterschiede hinsichtlich der Lehrpersonen gibt. So kamen z.B. de Bézenac & Swindells (2009) zu dem Ergebnis, dass Musiker/innen, die sich im Metier der Klassik bewegen, die Rolle der Lehrperson viel stärker einschätzen, als jene, die sich nicht der klassischen Musik zuwenden. Darüber hinaus sehen die klassischen Musiker/innen den künstlerischen Erfolg stark in Verbindung mit dem Unterricht bei einem Experten oder einer Expertin am Instrument (vgl. de Bézenac & Swindells, 2009).

4.3.2 Motivation für Musik und die Bedeutung der Familie

Neben den Lehrpersonen wird auch den Familien eine immense Bedeutung beigemessen. Familien nehmen nämlich sowohl bei der Entwicklung der Motivation für Musik als auch bei der Entwicklung von musikalischen Leistungen eine essentielle Rolle ein. Eine solide Familienstruktur wird generell als wichtig für die Entwicklung und Aufrechterhaltung einer musikalischen Motivation erachtet, da diese notwendig ist, um musikalische Kompetenzen zu entwickeln (vgl. Davidson et al., 1996).

Für McPherson (2009) ist die Familienstruktur und häusliche Umgebung als ein sehr dynamisches Konstrukt zu verstehen, das durch komplexe Eltern-Kind-Beziehungen geprägt ist. Aus diesem Grund entwickelte er ein Modell, das die Eltern-Kind-Interaktionen und die Komplexität dieser veranschaulichen und erklären soll.

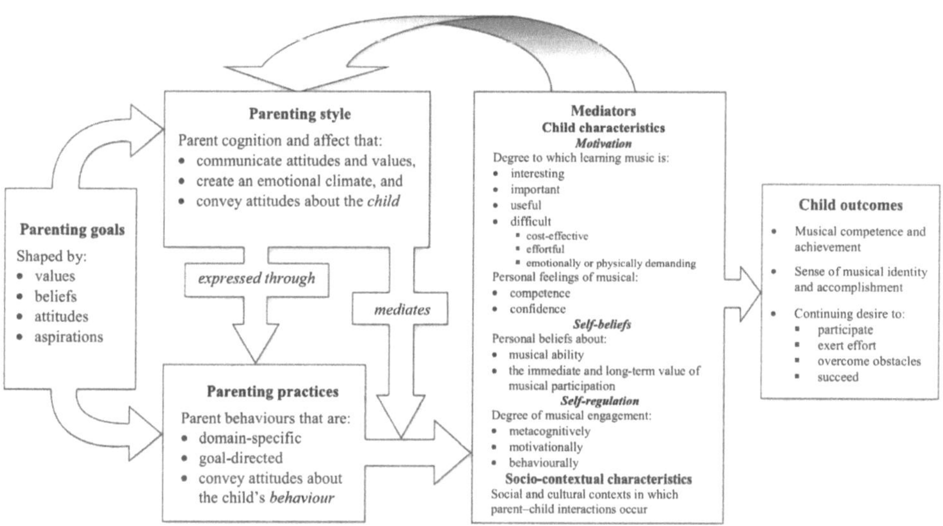

Abbildung 9: Modell der Eltern-Kind-Interaktionen nach McPherson (McPherson, 2009, S. 94)

Eltern haben bestimmte Vorstellungen und Ziele, die ihre Kinder erreichen sollen. Bei der Umsetzung dieser Ziele wirken aber eine Menge Faktoren mit. Zum einen ist es der elterliche Erziehungsstil und die damit in Verbindung stehenden Handlungen und Aktivitäten, zum anderen sind es aber auch Faktoren wie die Motivation des Kindes, der Selbstwert, Aspekte der Selbstregulation sowie soziokulturelle Aspekte, die Einfluss auf die Leistung des Kindes haben (vgl. McPherson, 2009).

McPherson & Zimmerman (2011) erachten die Selbstregulation in Bezug auf die elterliche Unterstützung als wichtig. Kinder lernen in ihren ersten Jahren, dass sie für ihre Handlungen Verantwortung übernehmen müssen und sollen. Natürlich geht dies nur schrittweise, wobei die ersten Schritte diesbezüglich durch die Eltern eingeleitet werden, indem sie Regeln einführen und die Einhaltung dieser auch einfordern, damit dann in späterer Folge ein gewünschtes Verhalten oder eine wünschenswerte Leistung erbracht werden kann. All dies wird auch beim Lernen eines Musikinstrumentes geltend (vgl. McPherson & Zimmerman, 2011).

McPherson (2009) sieht auch die Erwartungen und den Glauben der Eltern an die Leistung der Kinder als bedeutsam an. Es ist schon länger bekannt, dass die Erwartungen und Bestrebungen der Eltern eng mit der Motivation und der Leistung der Kinder in Verbindung stehen (vgl. McPherson, 2009). Auch das Feedback der Eltern an die Kinder wird als entscheidender und wichtiger Faktor betrachtet. Feedback durch die Eltern hat bei den Kindern sehr oft einen höheren Stellenwert als jenes durch die Lehrpersonen. Diese Annahmen werden durch Studien wie z.B. jene von Wigfield et al. (1997) untermauert. Die Ergebnisse dieser Studie zeigten, dass das Feedback der Mütter einen größeren Einfluss auf das Kompetenzgefühl der Kinder hatte als die Evaluation durch die Lehrperson (vgl. Wigfield et al., 1997).

Auch McPherson & Davidson (2002) machten in einer Studie die Vorstellungen und den Glauben der Mütter an die Leistungsfähigkeit ihrer Kinder zum Thema. Durch Interviews wurden die Mütter nach ihren Einschätzungen gefragt, inwieweit ihre Kinder Unterstützung bei den Übungseinheiten brauchen würden. Es zeigte sich, dass jene Kinder, deren Mütter etwaige Bedenken in Bezug auf das Übungsverhalten hatten, auch schneller mit dem Instrumentalspiel aufhörten. Auch das Engagement der Mütter nahm bei den nicht so erfolgreichen Kindern ab, da sie weniger an das musikalische Potential ihre Kinder glaubten (vgl. McPherson & Davidson, 2002).

Neben den Gefühlen, Erwartungen und Vorstellungen der Eltern spielt, so wie bei der schulischen Lernmotivation auch, das *Involvement* im Bereich der Musik eine wesentliche Rolle. *Involvement* bezieht sich darauf, wie stark Eltern am Leben ihrer Kinder teilhaben (vgl. Grolnick & Ryan, 1989). Im Kontext Musik versteht McPherson (2009) unter *Involvement*, dass Eltern mit dem Kind am Instrument üben, an der Unterrichtsstunde teilnehmen, sich über den Lernfortschritt auf dem Laufenden halten, an den Erfolgen der Kinder teilhaben oder sich einfach nur über Musik unterhalten. Darüber hinaus bezieht *Involvement* auch Aktivitäten wie z.B. Konzertbesuche mit ein (vgl. McPherson, 2009). Studien wie z.B. jene von Davidson et al. (1996) zeigen, welche Bedeutung das *Involvement* für das Lernen eines Instrumentes hat. Davidson et al. (1996) untersuchten das *Involvement* der Eltern anhand verschiedener Gesichtspunkte. Sie nahmen an, dass erfolgreiche Lerner/innen eines Musikinstrumentes Eltern haben, die sowohl in den Unterrichtsstunden als auch im Übungsprozess zu Hause involviert waren. Die Resultate dieser Studie zeigten ein eindeutiges Bild. Jene Kinder, die als die erfolgreichsten eingestuft wurden, hatten Eltern, die in den frühen Phasen des Instrumentallernens sowohl in den Musikunterricht als auch in die Übungseinheiten besonders involviert waren. Darüber hinaus zeigten diese Eltern auch ein generelles *Involvement* an Musik (vgl. Davidson et al., 1996). Ähnliche Ergebnisse zeigte die Studie von Zdzinski (1996). Auch er untersuchte das *Involvement* der Eltern von 406 Kindern, die in einer Schulband spielten. Hier zeigte sich ebenso, dass besonders in den frühen Phasen des Lernens dem *Involvement* für die Entwicklung von Motivation und musikalischer Leistung eine wesentliche Rolle zukommt (vgl. Zdzinski, 1996). Einen Schritt weiter gingen Barnes et al. (2015). Sie untersuchten nun nicht nur das *Involvement* der Eltern, sondern versuchten auch Unterschiede zwischen Nationalitäten zu erkennen. Dabei untersuchten sie 171 Teilnehmer/innen aus Brasilien und den USA, die ausschließlich Saiteninstrumente in ausgewählten Musikprogrammen spielten. Es zeigte sich, dass die meisten Unterschiede bezüglich des *Involvements* in der persönlichen musikalischen Umwelt sowie an der Teilnahme an Musik zu erkennen waren. So zeigten die US-Teilnehmer/innen höhere Werte bei Umweltfaktoren wie z.B., ob ein Instrument zu Hause ist oder ob ein Elternteil ein Instrument spielt. Barnes et al. (2015) sind hier der Ansicht, dass die Erklärung dieser Werte eventuell als Folge einer längeren Entwicklung der musikalischen Erziehung in den USA zu verstehen ist oder aber auch der stärkeren Wirtschaft zu schulden ist. Demgegenüber aber steht die Teilnahme an Musik bzw. am musikalischen Geschehen der Kinder. Hier zeigte sich, dass die brasilianischen Eltern mehr Anteil am musikalischen Geschehen der Kinder zeigten als die amerikanischen (vgl. Barnes et al., 2015).

Es ist zu berücksichtigen, dass Elternteile sehr wohl *Involvement* zeigen würden, dies aber oft nicht schaffen, da sie sich sehr unsicher auf dem Gebiet der Musik fühlen. Sie wissen oft nicht, wie sie mit den Anforderungen, die die Musik an sie und an ihre Kinder stellt, umgehen sollen. McPherson & Davidson (2002) machten durch ihre Studie die Erfahrung, dass sich bei manchen Müttern und ihren Kindern, die den Anforderungen nicht gewachsen waren, ein Gefühl der Frustration einstellte. Die Folge davon war, dass die Mütter das Gefühl hatten, ihr Kind würde nicht über die Fähigkeiten für ein Musikinstrument verfügen, und da sie selbst keine Hilfestellung geben konnten, versuchten sie, ihr Kind auf eine andere Aktivität aufmerksam zu machen bzw. sie dahingehend zu lenken (vgl. McPherson & Davidson, 2002).

Neben all diesen Faktoren gibt es aber noch einen weiteren wichtigen Faktor. Dieser ist die Bedeutung bzw. der Wert, den die Eltern der Musik geben. Viele Eltern betrachten Musik als einen Gegenstand, der sehr hohen intrinsischen Wert aufweist, jedoch nur wenig Nutzen mit sich bringt. Darüber hinaus signalisieren viele Eltern ihren Kindern, dass ihr Arbeitsaufwand für Musik nicht gleich hoch sein müsse wie jener für die anderen Schulfächer. Sie betrachten Musik im Vergleich mit den anderen Schulfächern als weniger wichtig (vgl. McPherson, 2009). Eine Falsifikation dieser Annahme liefern die Ergebnisse einer Studie von McPherson & O'Neill (2010). Dabei untersuchten sie mittels Fragebögen Musik im Vergleich mit fünf anderen Schulfächern. Es muss hier erwähnt werden, dass hierbei nicht Instrumentalmusik untersucht wurde, sondern Musik als Schulfach. Bei dieser Studie nahmen über 24.000 Personen teil und sie erstreckte sich über acht Länder. Die Befunde lieferten ein sehr interessantes Ergebnis. Obwohl Musik von allen weniger wertgeschätzt wurde, erzielten die Musiker/innen in anderen Fächern durchgehend bessere Werte als die Nicht-Musiker/innen. Darüber hinaus fanden sie auch noch einen positiven Zusammenhang zwischen Musiker/innen und dem Anstieg der Motivation auch in anderen Schulfächern (vgl. McPherson & O'Neill, 2010). Ähnliche Ergebnisse in Bezug auf die Motivation der Schüler/innen erzielten McPherson & und Hendricks (2010) in ihrer Studie. Darüber hinaus kamen sie auch noch zu dem Ergebnis, dass das Interesse für Musik außerhalb der Schule mit den Jahren zunahm, während das Interesse an Musik innerhalb der Schule abnahm (vgl. McPherson & Hendricks, 2010).

Geht man von der Annahme aus, dass Eltern Musik im Generellen weniger wertschätzen, so zeigt eine Studie von Leung & McPherson (2010) das Gegenteil, bzw. tut sie dies bis zu einem gewissen Grad, da es Unterschiede zwischen der Grundschule und den weiterführenden Schulen gibt. Wird der Fokus auf die Grundschule gelegt, so zeigen Eltern ein besonderes Interesse an Musik und an der Entwicklung der musikalischen Kompetenzen ihrer Kinder. Der Grund dafür ist in der späteren Schulauswahl zu finden. Haben Kinder hohe musikalische Fähigkeiten, so kann dies als hilfreich bei der Aufnahme in gewisse weiterführende Schulen (auch Eliteschulen genannt) sein. Es sind nämlich genau diese Eliteschulen, die als Garantie für eine Aufnahme in ein Studium verstanden werden. Aus diesem Grund legen die Eltern in der Grundschule sehr viel Wert auf die musikalische Entwicklung ihrer Kinder. Ein ganz anderes Bild zeigt sich aber dann an den anderen weiterführenden Schulen, wo es zu einer deutlichen Stellenwertreduktion der Musik kommt. Der Fokus wird auf die akademischen Fächer wie z.B. Mathematik gelegt. Kinder werden angehalten, Musik eher zu vernachlässigen, da Musik als Beruf keinerlei Garantie für ein hohes Einkommen und einen hohen sozialen Status liefert. Es zeigt sich also, dass die Bedeutung, die die Eltern der Musik zukommen lassen und deren Einfluss auf ihre Kinder, sehr stark durch eine *Mittel-zum-Zweck-Einstellung* geprägt ist (vgl. Leung & McPherson, 2010).

Weitere Aspekte, die Einfluss auf die musikalische Entwicklung der Kinder haben, sind der sozioökonomische Status der Eltern sowie soziokulturelle Aspekte. Familien mit geringem Einkommen tendieren eher nicht dazu, finanzielle Möglichkeiten für die musikalische Entwicklung ihrer Kinder zu schaffen, es sei denn, die Eltern erkennen, dass das Kind trotz geringer zur Verfügung stehender Mittel in der Musik erfolgreich ist. Hinsichtlich der soziokulturellen Aspekte zeigt sich, dass es z.B. Unterschiede zwischen dem Einfluss amerikanischer Eltern und asiatischer Eltern gibt. Asiatische Kinder sehen ihre Ziele und Handlungen sehr oft im Einklang mit denen ihrer Eltern. Auf diese Weise bekommen sie auch nicht das Gefühl, dass sie in ihrer Autonomie eingeschränkt sind, da sie sich mit den Zielen und Werten der Eltern identifizieren können. Im Gegensatz dazu stehen viele amerikanische Kinder. Geben die Eltern etwas vor, so empfinden sie die Vorgehensweise der Eltern eher als kontrollierend und nicht als Autonomie fördernd (vgl. McPherson, 2009). Ghazali & McPherson (2009) fanden auch Unterschiede im Hinblick auf ethnische Gruppen. Mithilfe von Fragebögen untersuchten sie die Motivation für Musik in der Schule von fünf ethnischen Gruppen. Zu diesen zählten malaysische Muslime, chinesische Buddhisten, chinesische Christen, indische Hindus sowie indische Christen. Die Ergebnisse dieser Studien zeigten, dass im Ganzen betrachtet chinesische und indische Christen die höchsten Werte für die Motivation fürs Musiklernen erzielten (vgl. Ghazali & McPherson, 2009).

Wird der Fokus bei der Erklärung für die Motivation für Musik auf die Familie gelenkt, so stehen in den meisten Fällen die Eltern im Vordergrund. Es sei aber zu berücksichtigen, dass eine weitere Gruppe entscheidenden Einfluss auf die musikalische Entwicklung von Kindern hat, nämlich die Geschwister. Die Forschung bzw. die Forschung in Hinblick auf Musik hat den Geschwistern sehr wenig Beachtung geschenkt (vgl. McPherson & Zimmerman, 2011). Geschwister können verschiedene Rollen einnehmen. Sie können als Lehrperson, als Vorbild oder auch als Identifikationsfigur betrachtet werden. Vereinzelt gibt es Studien, die bei der Untersuchung des familiären Einflusses auch die Geschwister berücksichtigen. Eine dieser Studien ist jene von Davidson et al. (1996). Sie untersuchten den Einfluss der Geschwister auf die musikalische Entwicklung. Die Ergebnisse zeigten ein deutliches Bild. Die Mehrheit der Kinder gab an, dass die Geschwister einen positiven oder zumindest neutralen Einfluss auf ihre musikalische Entwicklung hatten. In den meisten Fällen wurden sie von den Geschwistern inspiriert oder wollten ihnen nacheifern. Von 209 Kindern, die an dieser Studie teilnahmen, gaben lediglich vier an, dass deren ältester oder einziger Geschwisterteil einen negativen Einfluss hatte (vgl. Davidson et al., 1996). Es zeigt sich also, dass die Geschwister eine entscheidende Rolle bei der musikalischen Entwicklung einnehmen, wobei es hierbei noch zu einer verstärkten Forschung kommen sollte.

4.3.3 Motivation für Musik und die Bedeutung der Peers

Neben der Familie und den Lehrpersonen gibt es noch eine dritte Gruppe, die Einfluss auf die musikalische Entwicklung und Motivation hat, nämlich die Peers. Ähnlich der Forschung in Bezug auf die Geschwister wurde auch den Peers im Vergleich zu den Eltern und Lehrpersonen weniger Beachtung geschenkt (vgl. McPherson & Zimmerman, 2011). Peers können aber einen enormen Stellenwert einnehmen. Im Laufe der Zeit, insbesondere während der Zeit des Erwachsenwerdens, verbringen Jugendliche immer mehr Zeit mit den Peers und weniger mit der Familie, was ein umgekehrtes Bild dessen liefert, was vor der Pubertät geschieht. Ein besonderer Aspekt hinsichtlich der Peers ist ihre Begabung oder ihr Talent. Teenager, die als besonders talentiert gelten, verbringen oft mehr Zeit mit der Verbesserung und Entwicklung ihres Talentes als mit der Pflege von Freundschaften. Dies kann sich aber auch in eine andere Richtung entwickeln, sodass begabte Jugendliche mehr Zeit mit Freunden verbringen und somit weniger Zeit in ihre Begabungsförderung investieren. Es zeigt sich also, dass in dieser Phase eine Spannung zwischen Talententwicklung und der Aufrechterhaltung und Entwicklung von Freundschaften entstehen kann. Ergebnisse hinsichtlich dieses Aspektes liefert die Studie von Patrick et al. (1999). Dabei untersuchten sie 41 begabte Jugendliche und deren Eltern. Es zeigte sich, dass ihr Engagement für ihr Talent und die Aufrechterhaltung der Motivation sehr stark durch die Peers beeinflusst wurde. Viele der Jugendlichen gaben an, dass sie durch ihr Engagement für ihr Talent die Möglichkeit bekommen, Freundschaften zu schließen und ihre sozialen Kompetenzen zu entwickeln. Sie lernen neue Leute kennen und kommen auch in Kontakt mit älteren Peers. Viele Jugendliche gaben auch an, dass sie Tätigkeiten gerne ausführen, weil sie dabei Zeit in ihrem Freundeskreis verbringen können. Nichtsdestotrotz gab es aber auch Jugendliche, die eine eher negative Einstellung hatten. Ihrer Meinung nach schränkt die Entwicklung ihrer Begabung die Zeit mit ihren Freunden ein. Grundsätzlich zeigen die sozialen Beziehungen zu den Peers eine positive Wirkung, wenn es um das Engagement, die Teilnahme und die Motivation für eine Aktivität geht, in der die Jugendlichen eine Begabung bzw. ein Talent zeigen (vgl. Patrick et al., 1999). Ähnliche Ergebnisse liefert die Studie von Cope et al. (2013). Sie gingen dabei der Frage nach, welche Faktoren als bedeutend für die Teilnahme an sportlichen Aktivitäten betrachtet werden. Auch hier nahmen die Peers eine zentrale Rolle ein. Gemeinsames Arbeiten an einem Ziel, Zeit mit Freunden verbringen sowie neue Freundschaften schließen wurden als besonders positiv für die Teilnahme erachtet (vgl. Cope et al., 2013).

Auch der Erfolg im Leben ist sehr stark durch Freundschaften, Peers und soziale Beziehungen geprägt. Im Hinblick auf Musik gingen Moore et al. (2003) der Frage nach, welche sozialen Faktoren in der Kindheit entscheidend für die musikalische Entwicklung sind. Dabei interviewten sie 257 Kinder und Jugendliche im Alter zwischen 9 und 19 Jahren. Die Teilnehmer/innen wurden in drei Gruppen eingeteilt:

- erfolgreiche Musiker/innen, die eine spezielle Musikschule besuchen
- Musiker/innen, die ebenfalls kompetent sind, keinen Platz an dieser Schule bekamen, dennoch weiter Musik machen
- Musiker/innen, die aufhörten ein Instrument zu spielen

Acht Jahre nach Datenerhebung fragten sie dann 20 Personen aus der ehemals ersten Gruppe, welche Faktoren in der Kindheit entscheidend für ihren musikalischen Erfolg waren. Die Ergebnisse zeigten, dass für die späteren Berufsmusiker/innen in dieser Phase die Peers bzw. deren Unterstützung eine wichtige Rolle für den Erhalt ihrer Motivation darstellten. Die Nicht-Berufsmusiker/innen waren eher auf sich konzentriert und fokussierten sich während der ersten Jahre des Lernens am Instrument stärker auf individuelle Übungseinheiten. Dieser Unterschied hielt zwar nicht an, jedoch zeigt es, dass das Vernachlässigen von sozialen Kontakten wie jene zu den Peers, gepaart mit exzessivem und isoliertem Üben, eine demotivierende Wirkung auf Kinder und Jugendliche haben kann. Demzufolge sind Moore et al. (2003) der Ansicht, dass in den frühen Phasen des Instrumentalspiels die Motivation durch das individuelle Üben auf einem moderaten Niveau sowie durch die Teilnahme an Gruppenaktivitäten eine höhere und bessere Qualität erreicht (vgl. Moore et al., 2003).

Motivation kann auch sehr stark durch die Wertschätzung, die die Peers erteilen, beeinflusst werden. In der Studie von Patrick et al. (1999) berichtete eine junge Violinistin, dass ihre Leistungen am Instrument nicht wertgeschätzt wurden, was für sie sehr demotivierend war. In späterer Folge konnte sie dann aber ein Jugendorchester finden, in dem die Peers ihre Leistungen würdigten und somit steigerte sich ihre Motivation für das Lernen am Instrument. Für Jugendliche und deren Motivation ist es wichtig, dass Peers oder, generell betrachtet, soziale Bezugsgruppen die erbrachten Leistungen wertschätzen. Eine Bestätigung dieser Annahme liefert Sichivitsa (2007). Sie kam in ihrer Studie, die Teilnahme an einem Chor betreffend, zu dem Ergebnis, dass die Studierenden sich in der Chorgemeinschaft wohler und motivierter fühlten, wenn sie der Ansicht waren, dass die Peers ihre Mitgliedschaft im Chor akzeptierten, unterstützten und wertschätzten. Sichivitsa (2007) erwähnt aber auch, dass sich der Einfluss der Peers nicht nur positiv äußern muss. Durch Nichtwertschätzung oder durch eine ablehnende Haltung gegenüber der Person oder deren Tätigkeit können Peers Druck ausüben, sodass Fehlschläge, Unbehagen, Misserfolg und Verringerung der Motivation die Folgen sind (vgl. Sichivitsa, 2007). Auch Finnäs (1989) konnte nachweisen, dass der Druck von Peers das Verhalten verändert bzw. beeinflusst. In dieser Studie sollten die

Schüler/innen ihre Vorliebe für klassische und nicht-klassische Musik beurteilen und danach bekannt geben. Die Ergebnisse zeigten, dass die Schüler/innen ihre Beurteilung für klassische Musik, wenn sie sie vor ihren Peers bekanntgaben, niedriger einstuften, als wenn sie dies im privaten Kontext taten (vgl. Finnäs, 1989).

All diese Aspekte zeigen, dass die Peers und die sozialen Bezugsgruppen für die Erklärung der musikalischen Entwicklung und der Motivation keinesfalls zu vernachlässigen sind.

4.4 Resümee zum Forschungsstand

In diesem Kapitel wird zusammenfassend dargelegt, welche Bereiche relativ gut erforscht sind bzw. welche Bereiche die Forschung nur marginal oder gar nicht berücksichtigt hat.

In Bezug auf die Selbstbestimmungstheorie wurde der Fokus besonders auf zwei Bedingungsaspekte gelegt. Zum einen sind es die Lehrpersonen, zum anderen die Familie. Hinsichtlich der Lehrpersonen kann resümiert werden, dass ein autonomieunterstützender Unterricht für die selbstbestimmte Motivation der Schüler/innen am förderlichsten ist. Dieser Lehrstil ist dadurch gekennzeichnet, dass er Autonomie und Strukturaspekte miteinander verbindet. Studien (z.B. Jang et al., 2010) zeigten, dass Lehrstile sehr oft durch zwei Dimensionen gekennzeichnet sind, *Autonomieunterstützung vs. Kontrolle* und *Struktur vs. Chaos*. Werden sowohl die Autonomieunterunterstützung (1. Dimension) als auch die Struktur (2. Dimension) vereint bzw. erfüllt, so entsteht ein Lehrstil, der für die Leistung und Motivation der Schüler/innen als optimal eingestuft wird. Sie profitieren davon, da sie durch diesen Lehrstil, trotz Struktur, ein Gefühl von freiem Willen und Wahlmöglichkeit verspüren. Ergebnisse zeigten, dass diese Schüler/innen zumeist bessere Resultate erreichen, ein höheres Engagement aufweisen sowie eher intrinsisch motiviert sind. Die Forschung zeigt auch auf, dass die Befriedigung des Kompetenzbedürfnisses durch die Lehrperson sehr stark von Autonomie bzw. Kontrolle beeinflusst wird und darüber hinaus auch noch eng in Verbindung mit selbstbestimmter Motivation steht (z.B. Reeve, 2002; Hollembeak & Amorose, 2005; Koka & Hagger, 2010). Die Forschung beschäftigte sich aber nicht nur mit den Auswirkungen eines autonomieunterstützenden Lehrstils, sondern konzentrierte sich auch auf die Umsetzung von Autonomie im Unterricht (z.B. Reeve & Jang, 2006; Reeve & Halusic, 2009). So wurden Rahmenmodelle entwickelt, um Lehrpersonen die Umsetzung und Implementierung der Konzepte eines autonomieunterstützenden Lehrstils zu erleichtern. Autonomieunterstützung hat aber nicht nur Auswirkungen auf die psychische Ebene. Studien zeigten (z.B. Reeve & Tseng, 2011; Lee et al., 2012), dass Autonomie bzw. das Erfahren von Autonomie auch physische Konsequenzen mit sich bringt.

Auch die soziale Komponente (z.B. Nie & Lau, 2009; Goudas & Biddle, 1994) in Bezug auf die Lehrpersonen wurde berücksichtigt. So zeigte sich, dass Lehrer/innenfürsorglichkeit positiv mit intrinsischer Motivation korreliert.

Ähnlich den Lehrpersonen spielt auch bei der „unabhängigen Variable" Eltern der Grad der *Autonomie* bzw. der *Kontrolle* eine entscheidende Rolle. Ergebnisse aus Studien zeigten, dass Schüler/innen, die von ihren Eltern ein Gefühl von Autonomie vermittelt bekommen, eine größere Selbstregulierung aufweisen, höhere Kompetenz in der Klasse zeigen und generell mehr Motivation für schulische Arbeiten haben (z.B. Wild & Wild, 1997, 1999; Exeler & Wild, 2003; Wild & Krapp, 1995; Grolnick & Pomerantz, 2009). Darüber hinaus wurde dargelegt, dass Schüler/innen mit einer generell höheren Autonomieorientierung eher dazu tendieren, ihre extrinsische Motivation hin zu selbstbestimmten Formen der Motivation zu entwickeln. Im Gegensatz dazu zeigen Schüler/innen, die verstärkt elterlicher Kontrolle ausgesetzt sind, schwächere Leistungen in der Schule, weniger Kreativität sowie geringeres Durchhaltevermögen. Entscheidend für Autonomie oder Kontrolle ist der Erziehungsstil. Aus Studien geht hervor, dass der autoritative Erziehungsstil sowohl für die Leistung als auch für die Motivation am besten für die Schüler/innen ist. In diesem Fall sind die Eltern sowohl an Autonomie als auch an Disziplin interessiert. Dem gegenüber steht der autoritäre Erziehungsstil. Dieser wird für die Schüler/innen und für deren Motivation als hemmend eingestuft. Ein wichtiger Aspekt in Bezug auf Kontrolle ist auch der erlebte Druck (z.B. Grolnick & Apostoleris, 2002). Studien wiesen nach, dass Eltern, die selbst Druck ausgesetzt sind, auch Druck ausüben. Dies hat zur Folge, dass einerseits die intrinsische Motivation der Schüler/innen geschwächt wird, andererseits wird durch Druck den Eltern die Fähigkeit genommen einen autonomieunterstützenden Erziehungsstil zur Verfügung zu stellen. Die Forschung richtete ihren Fokus auch auf das *Involvement* (z.B. Grolnick & Ryan, 1989) der Eltern. Je mehr Eltern Interesse am Lernen der Kinder haben, desto höher entwickelt sich die selbstbestimmte Motivation der Kinder in einem Schulfach.

Auch im Bereich der Musik kristallisierten sich die Bereiche Lehrpersonen und Eltern zur Erklärung für Formen der Motivation heraus. Für die Erklärung motivationalen Verhaltens in Musik wurde vordergründig die Erwartungs-mal-Wert-Theorie nach Eccles & Wigfield verwendet. Die SDT wurde für die Erklärung eher kaum verwendet. Wurde die SDT verwendet, so zeigten Studien (z.B. Evans et al. 2012; Evans, 2015), dass die Befriedigung der Basic Needs als essentiell betrachtet wurde. In Bezug auf die Lehrpersonen wurde vor allem die soziale Beziehung als bedeutsam identifiziert. Ergebnisse von Untersuchungen (z.B. Davidson et al., 1998) zeigten, dass die erfolgreichen Musiker/innen in den frühen Phasen des Lernens Lehrpersonen hatten, die persönliche Wärme ausstrahlten, freundlich und entspannt waren. In weiterer Folge des Lernprozesses verlagerte sich der Fokus aber, sodass die weiterführenden Lehrpersonen eher aufgabenorientierter agierten, was wiederum das Bedürfnis nach Kompetenz befriedigte. Auch genrespezifisch (z.B. de Bèzenac & Swindells, 2009) zeigte sich, dass klassische Musiker/innen ihren Erfolg und ihre Kompetenz viel mehr vom Experten/von der Expertin am Instrument abhängig machen als andere. Erfolgreiche Musiker/innen erhielten ferner auch mehr Einzelunterricht als die weniger erfolgreichen. Weniger Beachtung in der Musik, insbesondere im Feld der Instrumentalmusik, wird der Autonomie geschenkt, denn in vielen Fällen geben die Lehrpersonen vor, was und wie die Schüler/innen zu lernen haben. Dabei zeigte sich (z.B. Renwick & McPherson,

2002), dass Schüler/innen, die auch in der Instrumentalmusik mehr Autonomie erfahren, quantitativ mehr und qualitativ hochwertiger üben.

Wie bereits erwähnt, nehmen neben den Lehrpersonen die Eltern eine zentrale Rolle bei der Entwicklung von Lernmotivation ein (McPherson, 2009). Besonders in den frühen Phasen des Lernens eines Instrumentes haben die Rückmeldungen der Eltern sogar eine höhere Bedeutsamkeit für die Motivation als jene der Lehrpersonen. So konnten z.B. Davidson et al. (1996) zeigen, dass Rückmeldungen durch die Eltern positive Auswirkungen auf das musikalische Kompetenzgefühl ihrer Kinder haben. Darüber hinaus haben Eltern auch eine fixe Vorstellung vom musikalischen Potenzial ihrer Kinder (McPherson & Davidson, 2002). Je mehr Eltern der Ansicht sind, dass ihre Kinder musikalisch erfolgreich sind bzw. sein werden, desto mehr engagieren sie sich. Das geht auch aus Studien, die den sozioökonomischen Status der Eltern berücksichtigten, hervor. Auch wenn es vielen Eltern schwerfällt, mit ihren finanziellen Ressourcen auszukommen, so zeigte sich dennoch, wenn Eltern an das musikalische Potenzial ihrer Kinder glauben, so versuchen sie mit allen Mitteln den Kindern eine Unterstützung zu geben. Ist diese Überzeugung jedoch nicht vorhanden, dann werden die verbleibenden finanziellen Ressourcen auch nicht in die musikalische Entwicklung der Kinder investiert. Auch das Interesse der Eltern an Musik ist ein bedeutsamer Faktor für die Leistung und die Motivation der Kinder. Erfolgreiche Musiker/innen hatten bzw. haben Eltern, die der Musik einen hohen Wert beimessen und Interesse am musikalischen Leben ihrer Kinder zeigen (z.B. McPherson & O'Neill, 2010). Hinsichtlich der Motivation, ein Instrument zu lernen, spielen nicht nur die Eltern eine Rolle, sondern auch die Geschwister. Für die Motivation und die Leistung in Musik haben Geschwister durchweg positive Effekte. In den meisten Fällen werden sie als Vorbild oder als Identifikationsfigur betrachtet. Erwähnenswert hierbei ist, dass die Forschung dem Aspekt der Geschwister nur marginale Bedeutung beigemessen hat.

Neben den Lehrpersonen und den Eltern wird im Bereich der Musik noch eine weitere Gruppe untersucht, nämlich die Peers. Diese wurden bislang, obwohl Studien (z.B. Patrick et al., 1999; Sichivitsa, 2007) darlegten, dass Musiker/innen, auch spätere Berufsmusiker/innen, mehr Motivation für ihr Instrument aufbrachten, wenn die Peers das Musizieren befürworteten und unterstützen, wenig bis gar nicht berücksichtigt.

Es lässt sich also resümieren, dass die „unabhängigen Variablen", Lehrpersonen und Eltern, bezüglich der Lernmotivation sowohl in der Schule als auch hinsichtlich Musik gut erforscht sind. Darüber hinaus zeigt sich, dass es nur sehr wenige Studien gibt, die die selbstbestimmte Motivation in Musik behandeln und dabei die SDT als Grundlage verwenden. In den meisten Fällen behandeln Studien zur SDT die sogenannten Hauptfächer wie z.B. Mathematik, Deutsch etc. Gibt es Studien zur Musik, so sind diese in den meisten Fällen mit der Erwartungs-mal-Wert-Theorie durchgeführt worden. Besonders zu erwähnen ist, dass die Forschung den Faktor Peers kaum bis gar nicht berücksichtigt. Im Bereich der SDT gibt es überhaupt keine Studie, die sich mit Peers beschäftigt, im Bereich Musik liegt der Fokus nur marginal auf diesem Aspekt.

Das bedeutet, dass es keine Studie gibt, die als Basis die Selbstbestimmungstheorie hat, sich mit Instrumentalmusik beschäftigt und insbesondere auch den Bereich der Peers abdeckt. Diese Forschungslücke soll durch diese Arbeit geschlossen werden.

5. Forschungsdesign

Dem empirischen Teil dieser Arbeit wird ein quantitatives Forschungsdesign zu Grunde gelegt, indem eine Fragebogenstudie (Survey-Studie) mit Querschnittscharakter durchgeführt wird. Das Forschungsdesign ist dadurch gekennzeichnet, dass es eine elaborierte Theorie (SDT) gibt, die die Qualitäten der Motivation beschreibt und erklärt, wie die Genese der Motivation funktioniert. Aufgrund guter theoretischer Annahmen werden Modelle konstruiert, die dies überprüfen.

5.1 Forschungsfrage und Hypothesen

Im Zentrum dieser Arbeit steht die Frage, wie ausgeprägt die Formen der Motivation, ein Musikinstrument zu lernen und zu spielen, sind (Stärke und Qualität) und von welchen Faktoren die Formen selbstbestimmter Motivation abhängen. Als theoretische Konzeption wird die SDT herangezogen. Wie bereits im Kapitel zur Selbstbestimmungstheorie näher erläutert, bilden die Basic Needs die Grundlage für die Aufrechterhaltung und Entwicklung der Motivation. In dieser Arbeit geht es um die Bedingungsfaktoren Eltern, *Peers* und den *Musikunterricht (Lehrperson).*

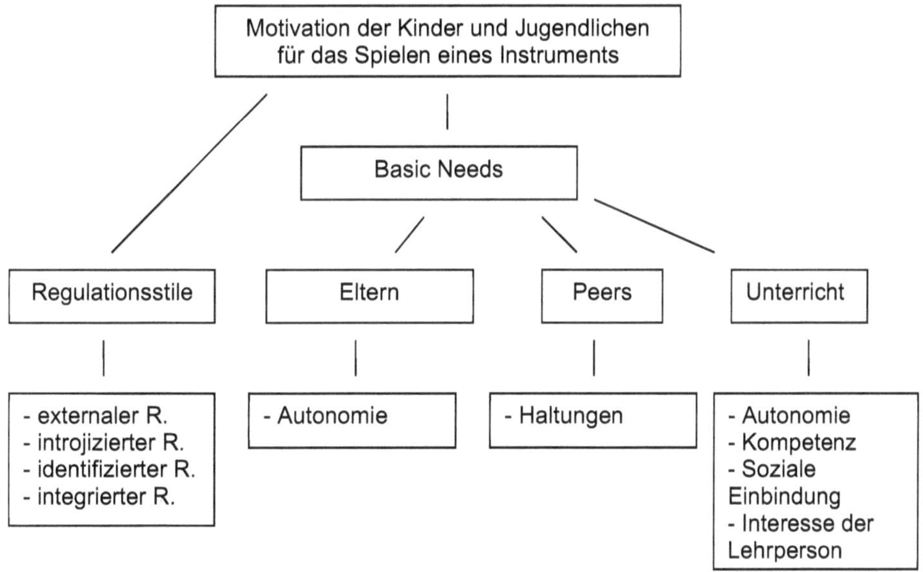

Abbildung 10: Forschungsdesign

Dieser Arbeit liegen folgende Forschungsfragen zu Grunde:

1. Wie kann man die Motivation der Kinder und Jugendlichen für das Spielen eines Musikinstrumentes unter Berücksichtigung der Aspekte – Basic Needs auf der Ebene des Unterrichts, autonomiefördernder Erziehungsstil der Eltern, Einstellungen der Peers zum Lernen und Spielen eines Musikinstrumentes – erklären?

2. Wie ist die Motivation, ein Musikinstrument zu lernen, bezüglich der Regulationsstile der SDT ausgeprägt?

3. Welche Tätigkeiten bezüglich des Lernens und Spielens eines Musikinstrumentes interessieren die Schüler/innen, welche weniger?

4. Lassen sich bei den Kindern und Jugendlichen unter der Berücksichtigung der Aspekte – Basic Needs auf der Ebene des Unterrichts, autonomiefördernder Erziehungsstil der Eltern, Einstellungen der Peers zum Lernen und Spielen eines Musikinstrumentes – Flow-Zustände erkennen?

5. Welche Bedeutung für die motivationale Regulation der Kinder und Jugendlichen hat das Interesse der Lehrpersonen (sowohl pädagogisch-didaktisches Interesse als auch Interesse am Instrument)?

6. Wie lassen sich in einem Strukturgleichungsmodell die Formen motivationaler Regulationen beim Spielen eines Musikinstrumentes unter Berücksichtigung der Aspekte – Basic Needs auf der Ebene des Unterrichts, autonomiefördernder Erziehungsstil der Eltern, Einstellungen der Peers zum Lernen und Spielen eines Musikinstrumentes – modellieren?

7. Finden sich Typen der motivationalen Regulation bei den Schüler/inne/n (Clusteranalyse)? Wie unterscheiden sich diese Typen qualitativ und quantitativ?

8. Welche theoretischen Erkenntnisse bezüglich eines funktionalen Modells der Motivationsgenese lassen sich finden?

9. Welche praktischen Konsequenzen lassen sich für den Musikunterricht ableiten?

Diesen Forschungsfragen liegen folgende Hypothesen zu Grunde:

- Je mehr ein autonomiefördernder Erziehungsstil der Eltern stattfindet, desto mehr intrinsische Motivation entwickelt sich bei den Musikschüler/inne/n.
- Je positiver die Haltung der Peers gegenüber dem Lernen und Spielen eines Musikinstrumentes ist, desto mehr intrinsische Motivation entwickelt sich bei den Musikschüler/inne/n.
- Je mehr die Basic Needs auf der Ebene des Musikunterrichts erfüllt werden, desto mehr intrinsische Motivation entwickelt sich bei den Musikschüler/inne/n.
- Es lassen sich qualitativ und quantitativ unterschiedliche Motivationstypen finden.
- Peers haben auf die Entwicklung einer selbstbestimmten Motivation mehr Einfluss als die Eltern.
- Lehrpersonen haben auf die Entwicklung einer kontrollierten Motivation mehr Einfluss als die Eltern.

5.2 Forschungsinstrument

Als Forschungsinstrument diente ein Fragebogen, der in Anlehnung an die Self-Regulation-Questionaires (SRQ) von Deci & Ryan entwickelt wurde (vgl. Thomas & Müller, 2015; Müller et al., 2007). Der Fragebogen wurde so modifiziert und konzipiert, dass er für die Musikschule anwendbar wurde. Insgesamt gliedert sich der Fragebogen in sieben große Bereiche:

- Demographische Daten
- Bevorzugte Tätigkeiten am Instrument (angelehnt an die Interessentheorie von Krapp, 1992)
- Motivationale Regulation der Kinder und Jugendlichen (vgl. Thomas & Müller, 2015; Müller et al., 2007)
- Autonomie fördernder Erziehungsstil der Eltern (vgl. Thomas & Müller, 2015)
- Lehrpersonen (Items für Basic Needs, vgl. Thomas & Müller, 2015; 2 Items für Interesse, siehe auch Prenzel et al., 2002)
- Haltungen der Peers (selbst entwickelt)
- Allgemeiner Teil (Musikalische Aktivitäten im Familienverband; selbst entwickelt)

5.2.1 Demographische Daten

Die demographischen Daten beinhalteten Fragen zum Geschlecht, Alter, Instrument, Musiknote im letzten Schulzeugnis, den Beruf der Mutter und des Vaters, Prüfungsaktivität am Instrument und ob der/die Befragte in einer Formation wie z.B. Orchester oder Ensemble spielt.

Geschlecht: *männlich* ☐ *weiblich* ☐

*Alter:*______

*Instrument:*______________

*Musiknote in der Schule (letztes Zeugnis):*____________

*Beruf der Mutter:*______________________

*Beruf des Vaters:*______________________

Welche Prüfungen hast du auf deinem Instrument schon abgelegt?

Elementarprüfung ☐ *1. Übertrittsprüfung* ☐ *2. Übertrittsprüfung* ☐
Abschlussprüfung ☐ *Keine* ☐

In welcher der folgenden Gruppen spielst du?

Blaskapelle ☐ *Orchester* ☐ *Ensemble* ☐ *Big Band* ☐ *Sonstiges* ☐ *Keiner* ☐

5.2.2 Bevorzugte Tätigkeiten am Instrument

Dieser Bereich befasste sich mit Tätigkeiten (vgl. Interessentheorie nach Krapp, 1992), die die Kinder und Jugendlichen am Instrument gerne bzw. weniger gerne durchführen. Insgesamt gab es 12 Tätigkeiten zum Auswählen und zu bewerten:
- *In den Musikunterricht gehen*
- *Tonleiter üben*
- *Ein Solo spielen*
- *Alleine spielen / üben*
- *Den Theorieunterricht besuchen*
- *Mit Freunden gemeinsam spielen*
- *Neue Stücke üben*
- *Bei Vorspielstunden auftreten*
- *Etüden spielen / üben*
- *Vortragsstücke spielen / üben*
- *Prüfungen am Instrument ablegen*
- *Instrument putzen und pflegen*

Zur Bewertung der Tätigkeiten diente eine Skala von 1–5
(1 = sehr gern, 2 = gern, 3 = teils, teils, 4 = ungern, 5 = überhaupt nicht gern)[1].

5.2.3 Motivationale Regulation beim Lernen eines Musikinstrumentes

Mit Hilfe dieses Bereiches wurde untersucht, warum Kinder und Jugendliche ein Instrument spielen und üben bzw. welche motivationalen Aspekte sich dafür verantwortlich zeigen. Für dieses Vorhaben standen 22 Items zur Verfügung, wobei die Items, ganz im Sinne der Selbstbestimmungstheorie, ein motivationales Konstrukt messen sollten. Hierbei wurde zwischen
- extrinsisch motiviert
- introjiziert motiviert
- identifiziert motiviert
- intrinsisch motiviert und
- amotiviert

unterschieden.

Es wurde eine Skalierung von 1–5 (1 = stimmt voll, 2 = stimmt eher, 3 = teils, teils, 4 = stimmt eher nicht, 5 = stimmt nicht)[2] gewählt.

Zur Messung der extrinsischen Regulation dienten 6 Items (angelehnt an Müller et al., 2007; Ryan & Connell, 1989):

---

1 Hier wurde zur besseren Lesbarkeit der Ergebnisse eine Umpolung der Skala vorgenommen. (1 = überhaupt nicht gern, 2 = ungern, 3 = teils, teils, 4 = gern, 5 = sehr gern)

2 Auch hier wurde zur besseren Lesbarkeit der Ergebnisse eine Umpolung der Skala vorgenommen. (1 = stimmt nicht, 2 = stimmt eher nicht, 3 = teils, teils, 4 = stimmt eher, 5 = stimmt voll)

Ich lerne und übe dieses Instrument ...

- *... weil ich von meinem Musiklehrer ein Lob bekommen möchte.*
- *... weil ich sonst zu Hause Ärger bekomme* [3].
- *... weil ich sonst Ärger mit meinem Musiklehrer bekomme.*
- *... weil es meine Eltern von mir verlangen.*
- *... weil ich es einfach lernen muss.*
- *... weil ich die Prüfungen am Instrument schaffen muss.*

Zur Messung der introjizierten Motivation dienten 4 Items (angelehnt an Ryan & Connell, 1989):

Ich lerne und übe dieses Instrument ...

- *... weil ich sonst ein schlechtes Gewissen hätte.*
- *... weil ich möchte, dass mein Musiklehrer denkt, ich bin ein guter Schüler.*
- *... weil ich möchte, dass die anderen Musikschüler von mir denken, dass ich ziemlich gut bin.*
- *... weil es mir peinlich wäre, wenn ich im Unterricht nichts kann.*

Zur Messung der identifizierten Motivation dienten 6 Items (4 dieser Items wurden selbst entwickelt; jene Items, die mit einem * gekennzeichnet sind, sind in Anlehnung an Ryan & Connell, 1989):
Ich lerne und übe dieses Instrument ...

- *... weil ich auftreten will.*
- *... damit ich in einer Gruppe (Blaskapelle, Orchester, Ensemble oder Big Band) spielen kann.*
- *... weil ich es im Leben gut gebrauchen kann*.*
- *... weil ich dann einen Job, der mit Musik zu tun hat, bekommen kann*.*
- *... weil es für mich wichtig ist, ein Instrument zu spielen.*

Zur Messung der intrinsischen Motivation dienten 3 Items (in Ahnlehnung an Ryan & Connell, 1989):

Ich lerne und übe dieses Instrument ...

- *... weil es mir Spaß macht.*
- *... weil ich gerne musiziere.*
- *... weil ich es cool finde.*

Auch die Amotivation wurde mit Hilfe eines Items gemessen:

Ich lerne und übe dieses Instrument ...

- *... überhaupt nicht. Am liebsten würde ich aufhören.*

3 Dieses Item wurde zur Generierung eines besseren Modellfits bei den Strukturgleichungsmodellen ausgeschlossen.

Darüber hinaus gab es auch noch 2 Items (wurden selbst konzipiert), die sich dem Aspekt Flow (vgl. Csikszentmihalyi, 2008) widmeten:

Ich lerne und übe dieses Instrument …
- *… weil ich dann die Zeit vergesse.*
- *… weil ich um mich herum alles vergesse.*

5.2.4 Eltern

Zur Erhebung der Autonomieförderung der Eltern standen 6 Items zur Verfügung, die die allgemeine Autonomieunterstützung vs. Kontrolle im Erziehungsverhalten sowie die Autonomieunterstützung vs. Kontrolle bezüglich des Lernens eines Musikinstrumentes ihrer Kinder erheben.

Zur Messung des allgemeinen Erziehungsverhaltens aus der Sicht der Kinder dienten 2 Items (vgl. Thomas & Müller, 2015):
- *Meine Eltern lassen mich im Allgemeinen sehr viel selbst entscheiden.*
- *Meine Eltern setzen mich oft unter Druck*[4].

Zur Messung der Autonomieunterstützung vs. Kontrolle der Eltern aus der Sicht der Kinder hinsichtlich des Instrumentes dienten 3 Items:
- *Meine Eltern kontrollieren ständig, ob ich übe*[5] (in Anlehnung an Thomas & Müller, 2015).
- *Ich kann selbst entscheiden, wann ich übe.*
- *Meine Eltern würden es akzeptieren, wenn ich aufhöre das Instrument zu spielen.*

Neben diesen Items stand noch ein weiteres Item zur Verfügung, um das Bildungsniveau der Eltern zu messen:
- *Meine Eltern lesen viele Bücher.*

5.2.5 Lehrpersonen

Zur Erhebung der Basic Needs der Lehrpersonen standen 11 Items (in Anlehnung an Thomas & Müller, 2015) zur Verfügung. Dabei fielen auf jedes Basic Need drei Items.

Zur Messung der durch die Schüler/innen wahrgenommenen *Autonomie* der Lehrpersonen dienten folgende 3 Items:
- *Mein Lehrer / meine Lehrerin lässt mich Musikstücke selber aussuchen.*
- *Mein Lehrer / meine Lehrerin setzt mich oft unter Druck.*
- *Im Unterricht kann ich nichts mitbestimmen*[6].

---

4 Dieses Item wurde umgepolt, da es den Druck und nicht die Autonomie misst.
5 Dieses Item wurde umgepolt, da es den Druck und nicht die Autonomie misst.
6 Dieses Item wurde umgepolt, da es den Druck und nicht die Autonomie misst.

Zur Messung der durch die Schüler/innen wahrgenommenen *Kompetenz* der Lehrpersonen dienten folgende 3 Items:

- *Wenn mir mein Lehrer / meine Lehrerin etwas zeigt, kann ich es hinterher viel besser.*
- *Mein Lehrer / meine Lehrerin zeigt mir, was ich noch besser machen kann.*
- *Wenn ich einmal nicht mehr weiterweiß, hilft mir mein Lehrer/ meine Lehrerin.*

Zur Messung der durch die Schüler/innen wahrgenommenen *Sozialen Einbindung* durch die Lehrperson dienten folgende 3 Items:

- *Ich fühle mich von meinem Lehrer / meiner Lehrerin gut verstanden.*
- *Ich habe einen guten Kontakt zu meinem Lehrer / meiner Lehrerin.*
- *Ich fühle mich im Unterricht im Allgemeinen sehr wohl.*

Zusätzlich wurde das durch die Schüler/innen wahrgenommene Interesse der Lehrperson anhand von 2 Items gemessen:

- *Ich glaube, meinem Lehrer /meiner Lehrerin macht es großen Spaß, mir etwas beizubringen.*
- *Ich habe den Eindruck, dass mein Lehrer / meine Lehrerin von seinem / ihrem Instrument begeistert ist.*

5.2.6 Peers

Zur Erhebung der Haltung der Peers wurden 4 Items konzipiert. Alle hier verwendeten Items wurden selbst konzipiert. Der Fokus bei diesen Items wurde auf die soziale Komponente gelegt. Es wird nach der Unterstützung sowie nach der Akzeptanz hinsichtlich des Musizierens durch die Peers gefragt. Darüber hinaus wird auch noch nach der Zugehörigkeit zu einer Gruppe gefragt.

- *Meine Freunde finden es richtig gut, dass ich ein Instrument spiele.*
- *Meine Freunde beschweren sich oft, dass ich zu wenig Zeit für sie habe, weil ich musiziere*[7].
- *Mir ist es wichtig, dass meine Freunde es unterstützen, dass ich musiziere.*
- *Musizierst du mit deinen Freunden in einer Gruppe?*

5.2.7 Allgemeiner Teil

Hier wird die Familie bzw. der familiäre Hintergrund in Bezug auf das Spielen eines Instrumentes erhoben. Es wurde gefragt, wer in der Familie ein Instrument spielt und ob mit Familienmitgliedern gemeinsam in einem Verein oder einer Formation musiziert wird. Ziel dieses Teils ist es, eventuelle Vorbildwirkungen erkennen zu können. Des Weiteren wird auch der Frage nachgegangen, ob die Motivation für das Spielen eines Instrumentes höher ist, wenn ein bzw. mehrere Familienmitglieder bereits ein Instrument spielen.

---

7 Dieses Item wurde aufgrund der negativeren Formulierung umgepolt.

5.3 Sample und Erhebungssituation

Die Basis für die empirische Untersuchung bildet eine Stichprobe von 856 Personen im Alter zwischen 6 und 68 Jahren. Die Erhebung wurde in fünf Musikschulen des Landes Kärnten durchgeführt. Zu Beginn der Studie wurden die Direktoren bzw. Direktorinnen der Musikschulen kontaktiert und es wurde eine Anfrage gestellt, ob es möglich wäre, die Studie an ihren Musikschulen durchzuführen. Nachdem mir die Erlaubnis dafür erteilt worden ist, brachte ich die Fragebögen persönlich zu den Musikschulen. Dort wurden diese durch die Direktor/inn/en an die Lehrpersonen mit dem Auftrag, sie sollen die Schüler/innen anhalten die Fragebögen auszufüllen, weitergegeben. Insgesamt hatten die Schüler/innen einen Monat Zeit, den Fragebogen ausgefüllt zu retournieren. Nach diesem Monat holte ich die ausgefüllten Fragebögen ab. Insgesamt wurden 2200 Fragebögen ausgegeben, von denen 856 retourniert wurden. Somit beträgt die Rücklaufquote ca. 39 Prozent.

Tabelle 1: Retournierte Fragebögen insgesamt

	Häufigkeit	Gültige Prozent
Musikschule A	307	35,6
Musikschule B	244	28,5
Musikschule C	159	18,6
Musikschule D	86	10,0
Musikschule E	60	7,0
Gesamt	856	100,0

Betrachtet man nun aber die Anzahl der Fragebögen, die jede Musikschule einzeln bekam und retournierte, ändert sich dies. Hierbei führt die Musikschule B das „Ranking“ mit einer Rücklaufquote von 61 Prozent an, gefolgt von Musikschule D, Musikschule C, Musikschule A und Musikschule E.

Tabelle 2: Quote Retournierte Fragebögen der MS einzeln

	Häufigkeit	Gültige Prozent
Musikschule B	244	61
Musikschule D	86	43
Musikschule C	159	39,75
Musikschule A	307	38,37
Musikschule E	60	15
Gesamt	856	

Das Durchschnittsalter der Personen beträgt ca. 16 Jahre. In Hinblick auf die Geschlechterverteilung lässt sich ein höherer Anteil des weiblichen Geschlechts mit 67,2% (574 Personen) gegenüber dem männlichen Geschlecht mit 32,8% (280 Personen) ausmachen.

In Bezug auf die Instrumentenwahl wurde eine Einteilung in 7 Kategorien vorgenommen. Diese Kategorien sind:

- Tasteninstrumente (z.B. Klavier)
- Blasinstrumente (z.B. Trompete)
- Saiteninstrumente (z.B. Geige)
- Zuginstrumente (z.B. Harmonika)
- Schlaginstrumente (z.B. Schlagzeug)
- Kombination mehrerer Instrumente
- Gesang

Dabei stellte sich heraus, dass die beliebteste Instrumentengruppe die Gruppe der Blasinstrumente (35,2%) ist, gefolgt von Saiten- und Tasteninstrumenten.

Tabelle 3: Instrumentengruppe

	Häufigkeit	Gültige Prozent
Blasinstrumente	300	35,2
Saiteninstrumente	237	27,8
Tasteninstrumente	178	20,9
Zuginstrumente	52	6,1
Kombination mehrerer Instrumente	44	5,2
Schlaginstrumente	28	3,3
Gesang	14	1,6
fehlend	3	
Gesamt	856	100,0

Wird aber jedes Instrument einzeln betrachtet, so ist das meist gewählte und beliebteste Instrument das Klavier mit 17,5% (150 Personen). Hinter dem Klavier rangieren die Gitarre mit 11% (94 Personen) und die Querflöte mit 10,5% (90 Personen).

Die Stichprobe lässt sich auch bezüglich des sozioökonomischen Status der Befragten differenziert beschreiben. Fragt man nach dem Beruf der Eltern, so zeigt sich, dass die häufigste Berufsgruppe die Lehrer/innen sind. Bei den Müttern haben 13,7% (117 Personen), bei den Vätern 7,4% (63 Personen) den Beruf der Lehrerin / des Lehrers inne.

Tabelle 4: Beruf Mutter

Beruf der Mutter	Häufigkeit	Gültige Prozent
Lehrerin	117	13,7
Hausfrau	85	9,9
Angestellte	67	7,8
Krankenschwester	42	4,9
Verkäuferin	27	3,2
Sekretärin	24	2,8

Tabelle 5: Beruf Vater

Beruf des Vaters	Häufigkeit	Gültige Prozent
Lehrer	63	7,4
Angestellter	55	6,4
Beamter	30	3,5
Selbstständig	27	3,2
Pensionist	26	3,0
Tischler	21	2,6

Es wurde auch ermittelt, welche Prüfungen die Befragten auf ihrem Instrument bereits abgelegt hatten. Zur Auswahl standen die Elementarprüfung, die 1. Übertrittsprüfung, die 2. Übertrittsprüfung, die Abschlussprüfung sowie keine Prüfung. Dabei zeigte sich, dass die Elementarprüfung am häufigsten abgelegt wurde (58% der Befragten = 485 Personen). Weiterführende Prüfungen mit höherem Niveau werden weniger oft absolviert. So haben die 1. Übertrittsprüfung nur noch 26% (217 Personen) und die 2. Übertrittsprüfung nur noch 5,5% (46 Personen) der Befragten abgelegt. Die Abschlussprüfung wurde überhaupt nur noch von 1% (8 Personen) gemacht. Insgesamt wurde die Elementarprüfung von mehr männlichen (60,4%) als weiblichen (56,8%) Befragten absolviert. Diese Tendenz ändert sich aber mit der Erhöhung des Niveaus bzw. mit dem Schwierigkeitsgrad der Prüfungen. Bei Zunahme des Schwierigkeitsgrades werden die Prüfungen von mehr weiblichen Befragten absolviert. Lediglich bei der Abschlussprüfung gibt es mit je 4 abgelegten Prüfungen einen Gleichstand.

Zu erwähnen ist noch, dass 34,6% (289 Personen) der Befragten keine Prüfung abgelegt haben.

Tabelle 6: Abgelegte Prüfungen

Prüfungen		Geschlecht männlich	Geschlecht weiblich	Gesamt
Elementarprüfung	Anzahl	165	320	485
	% in Geschlecht	60,4	56,8	
	% des Gesamtergebnisses	19,7	38,3	58,0
1. Übertrittsprüfung	Anzahl	65	152	217
	% in Geschlecht	23,8	27,0	
	% des Gesamtergebnisses	7,8	18,2	26,0
2. Übertrittsprüfung	Anzahl	9	37	46
	% in Geschlecht	3,3	6,6	
	% des Gesamtergebnisses	1,1	4,4	5,5
Abschlussprüfung	Anzahl	4	4	8
	% in Geschlecht	1,5	0,7	
	% des Gesamtergebnisses	0,5	0,5	1,0
keine Prüfung	Anzahl	96	193	289
	% in Geschlecht	35,2	34,3	
	% des Gesamtergebnisses	11,5	23,1	34,6
Gesamt	Anzahl	273	563	836
	% des Gesamtergebnisses	32,7	67,3	100,0

Neben den Prüfungen wurde auch eruiert, ob die Personen in einer Gruppe oder Formation (sei es innerhalb oder außerhalb der Musikschule) spielen. Hierbei kam es zu dem Ergebnis, dass mit 61,4% der Großteil der Befragten in einer Gruppe bzw. Formation spielt. Federführend hierbei ist der Bereich Ensemble mit 25,4%, gefolgt vom Orchester mit 13,4% und der Blaskapelle mit 13%.

5.4 Auswertungsverfahren

Grundsätzlich sei erwähnt, dass alle Daten mit Hilfe der Programme SPSS sowie SPSS Amos berechnet und dargestellt wurden. Zur Auswertung der Daten bediente ich mich mehrerer statistischer Verfahren.

Zu diesen zählten Berechnen von Mittelwerten und Standardabweichungen, Korrelationen, Reliabilitätsanalysen, Faktorenanalysen, Regressionsanalysen sowie das Erstellen von Strukturgleichungsmodellen. Die für die Arbeit relevanten Konstrukte wurden mit mehreren Items gemessen und zu Skalen zusammengefasst.

Anfangs sei zu erwähnen, dass der ursprüngliche Datensatz 856 Personen umfasste. Da die Altersspanne bei den Fragebögen zwischen 6 und 68 Jahren lag, wurde ein Filter über den Datensatz gelegt. Der neue Datensatz, mit dem alle Berechnungen und Auswertungen durchgeführt wurden, umfasste somit 627 Personen im Alter zwischen 10 und 23 Jahren.

Besonders wichtig bei Fragebogenstudien und bei der Bildung von Skalen sind die Reliabilitätsanalyse und die Faktorenanalyse. Die Reliabilitätsanalyse zielt darauf ab, einzelne Items anhand von Kriterien zu prüfen, ob sie für ein Gesamtkonstrukt als brauchbar oder nicht brauchbar einzustufen sind. Darüber hinaus werden durch die Faktorenanalyse jene Variablen zu einem Faktor zusammengefasst, die untereinander stark korrelieren (vgl. Bühl, 2012).

Auch für diese Arbeit wurden beide Analysen durchgeführt. Zunächst wurde mittels Reliabilitätsanalyse überprüft, ob sich die Items im Fragebogen als brauchbar erweisen. Die Analysen zeigten, dass sich einige Items sehr gut eigneten, während andere entfernt oder überarbeitet werden mussten. Das Ergebnis der Itemselektion stellt sich wie folgt dar:

Bei der identifizierten Motivation reduzierte sich die Itemanzahl von 5 auf 4 (*Cronbachs α: .582*). Darüber hinaus muss ich anführen, dass die identifizierte Motivation und die intrinsische Motivation für weiterführende Berechnungen zu einer Skala (Autonome Motivation) zusammengefasst wurden.

Ich lerne und übe dieses Instrument ...

- *... weil ich auftreten will.*
- *... damit ich in einer Gruppe (Blaskapelle, Orchester, Ensemble oder Big Band) spielen kann.*
- *... weil ich dann einen Job, der mit Musik zu tun hat, bekommen kann.*
- *... weil es für mich wichtig ist, ein Instrument zu spielen.*

Bei der introjizierten Motivation kam es zu einer Reduzierung auf 3 Items (*Cronbachs α: .685*). Auch hier wurden introjizierte und extrinsische Motivation für spätere Berechnungen zu einer Skala (Kontrollierte Motivation) zusammengefasst.

Ich lerne und übe dieses Instrument ...

- *... weil ich möchte, dass mein Musiklehrer denkt, ich bin ein guter Schüler.*
- *... weil ich möchte, dass die anderen Musikschüler von mir denken, dass ich ziemlich gut bin.*
- *... weil es mir peinlich wäre, wenn ich im Unterricht nichts kann.*

Bei der extrinsischen Motivation kam es zu einer Reduzierung auf 5 Items (*Cronbachs α: .593*):

- *... weil ich von meinem Musiklehrer ein Lob bekommen möchte.*
- *... weil ich sonst Ärger mit meinem Musiklehrer bekomme.*
- *... weil es meine Eltern von mir verlangen.*
- *... weil ich es einfach lernen muss.*
- *... weil ich die Prüfungen am Instrument schaffen muss.*

Auch im Bereich der Eltern und der Lehrpersonen kam es zu Änderungen hinsichtlich der Items.

Beim Erziehungsverhalten der Eltern hinsichtlich des Instrumentes kam es zu einer Reduktion auf 2 Items (*Cronbachs α: .639*):

- *Meine Eltern kontrollieren ständig, ob ich übe (ump.).*
- *Ich kann selbst entscheiden, wann ich übe.*

Auch bei der Lehrperson hinsichtlich der Autonomie kam es zu einer Itemreduktion (*Cronbachs α: .547*):

- *Mein Lehrer / meine Lehrerin lässt mich Musikstücke selber aussuchen.*
- *Im Unterricht kann ich nichts mitbestimmen (ump.).*

Keine Änderungen der Items hingegen gab es bei der intrinsischen Motivation, beim Flow, bei der Amotivation und bei der Lehrperson hinsichtlich Kompetenz, sozialer Einbindung sowie hinsichtlich des Aspektes Interesse.

Nach der Reliabilitätsanalyse wurde auch eine Faktorenanalyse durchgeführt, um zu überprüfen, ob die einzelnen Items sich einerseits voneinander trennen und ob sie andererseits nicht auf mehrere Faktoren laden. Das Ergebnis der Faktorenanalyse legte dann nahe, Konstrukte zusammenzufassen und zu einer Skala zu bilden. Dies sah dann folgendermaßen aus:

- Intrinsische Motivation + Identifizierte Motivation → Autonome_Motivation
- Extrinsische Motivation + Introjizierte Motivation → Kontrollierte_Motivation
- 2 Items zu Flow → Flow
- 1 Item zur Amotivation → Amotivation
- 2 Items zum allgemeinen Erziehungsverhalten der Eltern → Eltern_Autonomie-allgemein
- 2 Items zum Erziehungsverhalten der Eltern am Instrument → Eltern_Autonomie-Instrument
- 2 Items hinsichtlich Lehrperson und Autonomie →Lehrperson_Autonomie
- 3 Items hinsichtlich Lehrperson und Kompetenz → Lehrperson_Kompetenz
- 3 Items hinsichtlich Lehrperson und sozialer Einbindung → Lehrperson_soziale Einbindung
- 4 Einzelitems hinsichtlich Peers → Peers_Unterstützung-Emotionen; Peers_Kritik; Peers_Wichtigkeit-Unterstützung; Peers_Gemeinsames Spielen
- 2 Einzelitems hinsichtlich Lehrperson und Interesse → Lehrperson_pädagogisch-didaktisches Interesse; Lehrperson_Interesse am Instrument

Im nachfolgenden Kapitel werden zunächst die deskriptiven Ergebnisse der Datenauswertung präsentiert.

6. Ergebnisse

6.1 Deskriptive Darstellung der Ergebnisse

Kurzzusammenfassung:
Die Ergebnisse der deskriptiven Untersuchung zeigen, dass die Kinder und Jugendlichen für das Spielen eines Musikinstrumentes eine sehr hohe intrinsische Motivation (M=4,62) und hohe identifizierte Motivation (M=3,20) aufweisen. Dem gegenüber steht eine eher geringer ausgeprägte introjizierte Motivation (M=2,34) und eine wenig ausgeprägte extrinsische Motivation (M=1,82). Eine Faktorenanalyse zeigte, dass sich zwei Faktoren voneinander unterscheiden lassen. Aus diesem Grund wurden intrinsische und identifizierte Motivation zu einer Skala (Autonome Motivation) und introjizierte und extrinsische Motivation zu einer Skala (Kontrollierte Motivation) zusammengefasst. Als grundlegendes Ergebnis kann festgehalten werden, dass die Kinder und Jugendlichen für das Spielen eines Musikinstrumentes autonom (M=3,81) und kaum kontrolliert (M=1,92) motiviert sind.

Wesentlicher Bestandteil dieser Studie war auch das Erziehungsverhalten der Eltern. Hier zeigte sich, dass die Befragten ihre Eltern im Durchschnitt als eher autonomieunterstützend wahrnehmen, sowohl im allgemeinen Erziehungsverhalten als auch in Bezug auf das Lernen eines Instrumentes.

Zudem wurde auch die Unterstützung der Basic Needs im Musikunterricht durch die Lehrpersonen erhoben. Die Ergebnisse zeigen, dass die Lehrpersonen dieser Unterstützung zumeist voll und ganz nachkommen. So schätzen die Kinder und Jugendlichen ihre wahrgenommene Autonomie (M=4,14), die Kompetenzunterstützung (M=4,69) sowie die soziale Einbindung (M=4,56) durch die Lehrperson im Durchschnitt als sehr hoch ein. Darüber hinaus zeigen die Ergebnisse, dass die Kinder und Jugendlichen auch das Interesse der Lehrperson als hoch einstufen (M=4,60). Sie sind besonders davon überzeugt, dass ihre Lehrperson vom Instrument begeistert ist (M=4,88).

Neben den Eltern und den Lehrpersonen lag ein Augenmerk auch auf den Peers. Besondere Bedeutung erlangt dabei die Unterstützung der Emotionen durch die Peers (M=4,11).

Hinsichtlich des Interesses wurde auch nach den Tätigkeiten, die Kinder und Jugendlichen im musikalischen Kontext am liebsten ausüben, gefragt. Es zeigt sich, dass im Durchschnitt keine einzige Tätigkeit ungern oder überhaupt nicht gern durchgeführt wird. Weniger gern durchgeführt werden Tätigkeiten, die Leistungsaspekte betonen sowie Routinetätigkeiten.

In diesem Kapitel kommt es nun zu einer detaillierten Darstellung der deskriptiven Ergebnisse.

Tabelle 7: Ergebnis der Faktorenanalyse

	Faktorenladungen	
	1 (kontrollierend)	2 (autonom)
Ich lerne und übe dieses Instrument ...		
... weil ich möchte, dass mein Musiklehrer denkt, ich bin ein guter Schüler.	.765	.076
... weil ich von meinem Musiklehrer ein Lob bekommen möchte.	.740	.155
... weil ich möchte, dass die anderen Musikschüler denken, dass ich ziemlich gut bin.	.698	.187
... weil es mir peinlich ist, wenn ich im Unterricht nichts kann.	.598	.082
... weil ich die Prüfungen am Instrument schaffen muss.	.588	.165
... weil ich sonst Ärger mit meinem Musiklehrer bekomme.	.584	-.204
... weil ich es einfach lernen muss.	.420	-.226
... weil es mir Spaß macht.	-.172	.755
... weil ich gerne musiziere.	-.083	.749
... weil ich es cool finde.	.002	.639
... weil es meine Eltern von mir verlangen.	.384	-.579
... weil es für mich wichtig ist, ein Instrument zu spielen.	.216	.553
... weil ich auftreten will.	.362	.519
... damit ich in einer Gruppe (Blaskapelle, Orchester, Ensemble oder Big Band) spielen kann.	.263	.453
... weil ich dann einen Job, der mit Musik zu tun hat, bekommen kann.	.235	.350

Hauptkomponentenanalyse mit Varimax Rotation

Eine Hauptkomponentenanalyse mit Varimax Rotation zeigte, dass sich zwei Faktoren (Faktor 1: Kontrollierte Motivation; Faktor 2: Autonome Motivation) voneinander unterscheiden lassen (Eigenwertverlauf: 3.52 (Faktor 1), 2.77 (Faktor 2), 1.18 (Faktor 3)). Die zwei-faktorielle Lösung kann 41.9% der Gesamtvarianz aufklären. Es zeigte sich auch, dass einige Items auch Ladungen auf den anderen Faktor aufwiesen. Diese könnten für weitere Arbeiten herausgenommen bzw. überarbeitet werden. Eine mögliche Erklärung für die Mehrfachladungen lässt sich in den teilweise niedrigeren Cronbachs-Alpha-Werten sowie in der inhaltlichen Ausrichtung der Items finden. Zu erwähnen ist hier z.B. das Item „*... weil ich dann einen Job, der mit Musik zu tun hat, bekommen kann.*“ Dieses Item weist eine Mehrfachladung auf, kann aber nicht ausgeschlossen werden, da die Jobperspektive ein wichtiges Merkmal der identifizierten Regulation darstellt.

6.1.1 Motivation der Kinder und Jugendlichen

In den nachstehenden Tabellen werden die Mittelwerte, die Standardabweichungen sowie die Cronbachs-Alpha-Werte für die Motivationsskalen berichtet.

Tabelle 8: Mittelwerte – Autonome Motivation

	M	SD	Cronbachs Alpha
Intrinsische Motivation (IN)			
... weil es mir Spaß macht.	4,78	0,55	
... weil ich gerne musiziere.	4,73	0,59	
... weil ich es cool finde.	4,36	0,90	
	4,62	0,68	0,680
Identifizierte Motivation (ID)			
... weil ich auftreten will.	2,90	1,29	
... damit ich in einer Gruppe (Blaskapelle, (Orchester, Ensemble oder Big Band) spielen kann.	3,05	1,48	
... weil es für mich wichtig ist, ein Instrument zu spielen.	4,11	1,07	
... weil ich dann einen Job, der mit Musik zu tun hat, bekommen kann.	2,77	1,40	
	3,20	1,31	0,582
IN + ID -->Autonome Motivation	3,81	0,63	0,717

Skala: 1 = stimmt nicht, 2 = stimmt eher nicht, 3 = teils, teils, 4 = stimmt eher, 5 = stimmt voll[8]

Es zeigt sich, dass die Befragten für das Spielen eines Instrumentes eine hohe intrinsische Motivation (M=4,62) aufweisen. Darüber hinaus gibt es eine geringe Variation bei der Skala der intrinsischen Motivation (SD=0,68). Eine mögliche Erklärung dieser hohen Werte könnte eventuell in einem Deckeneffekt zu finden sein. Das Spielen eines Musikinstrumentes bzw. das Besuchen des Musikunterrichtes basiert in den meisten Fällen auf freiwilliger Basis. Somit ist auch schon eine Grundmotivation vorhanden. Auch der Cronbachs-Alpha-Wert gestaltet sich mit 0,68 als passabel.

Etwas differenzierter gestaltet sich das Bild bei der identifizierten Motivation. Auch hier ist die Motivation (M=3,20) als höher einzustufen, liegt aber deutlich unter dem Wert der intrinsischen Motivation. Auch zeigt sich hier eine höhere Standardabweichung (SD=1,31). Die Ergebnisse zeigen auch auf, dass es eine Variation hinsichtlich der Items gibt. So wird der persönliche Bezug „*... weil es für mich wichtig ist, ein Instrument zu spielen*" als hoch eingestuft (M=4,11), während Items mit instrumentellen Charakter „*... weil ich auftreten will*" (M=2,90) und „*... weil ich dann einen Job, der mit Musik zu tun hat, bekommen kann*" (M=2,77) weniger Bedeutung haben. Der Cronbachs-Alpha-Wert gestaltet sich mit 0,58 nicht besonders hoch, kann aber aufgrund der inhaltlichen Perspektive der Items verwendet werden.

8 Es wird die umgepolte Skala verwendet.

Werden beide Skalen zu einer gemeinsamen Skala (Autonome Motivation) zusammengefügt, so wird eine hohe autonome Motivation (M=3,81) mit geringer Standardabweichung (SD=0,63) sichtbar. Durch das Zusammenfügen der Skalen erhöht sich auch der der Cronbachs-Alpha-Wert und wird mit 0,71 als zufriedenstellend eingestuft.

Tabelle 9: Mittelwerte – Kontrollierte Motivation

	M	SD	Cronbachs Alpha
Introjizierte Motivation (IJ)			
… weil ich möchte, dass mein Musiklehrer denkt, ich bin ein guter Schüler.	2,25	1,34	
… weil ich möchte, dass die anderen Musikschüler von mir denken, dass ich ziemlich gut bin.	2,23	1,27	
… weil es mir peinlich ist, wenn ich im Unterricht nichts kann.	2,54	1,38	
	2,34	1,33	0,685
Extrinsische Motivation (EX)			
… weil ich von meinem Musiklehrer ein Lob bekommen möchte.	2,52	1,35	
… weil sich sonst Ärger mit meinem Musiklehrer bekomme.	1,38	0,78	
… weil es meine Eltern von mir verlangen.	1,32	0,80	
… weil ich es einfach lernen muss.	1,55	1,04	
… weil ich die Prüfungen am Instrument schaffen muss.	2,33	1,27	
	1,82	1,04	0,593
IJ + EX -->Kontrollierte Motivation	2,01	1,15	0,754

Skala: 1 = stimmt nicht, 2 = stimmt eher nicht, 3 = teils, teils, 4 = stimmt eher, 5 = stimmt voll

Hinsichtlich der introjizierten Motivation zeigen die Ergebnisse, dass die Kinder und Jugendlichen eher weniger introjiziert motiviert sind (M=2,34). Darüber hinaus ergibt sich eine höhere Standardabweichung (SD=1,33). Der Cronbachs-Alpha-Wert wird mit 0,68 als passabel eingestuft.

Ein eindeutiges Bild lässt sich bei der extrinsischen Motivation erkennen. Die Kinder und Jugendlichen sind wenig extrinsisch motiviert (M=1,82; SD=1,04)). Dennoch zeigten sich zwei Items, „… *weil ich von meinem Musiklehrer ein Lob bekommen möchte*" (M=2,52; SD=1,35) und „… *weil ich die Prüfungen am Instrument schaffen muss*" (M=2,33; SD=1,27), bei denen die extrinsische Motivation anstieg und eine höhere Standardabweichung festzustellen war. Der Cronbachs-Alpha-Wert beträgt bei der extrinsischen Motivation 0,59.

Werden beide Skalen zu einer gemeinsamen Skala (Kontrollierte Motivation) zusammengefügt, so wird eine geringe kontrollierte Motivation (M=1,92) mit geringer Standardabweichung (SD=0,67) sichtbar. Durch das Zusammenfügen der Skalen erhöht sich auch der der Cronbachs-Alpha-Wert und wird mit 0,75 als zufriedenstellend eingestuft.

Somit zeigt sich, dass sich die Kinder und Jugendlichen in ihrer motivationalen Orientierung beim Spielen und Lernen eines Musikinstrumentes eher autonom bzw. selbstbestimmt denn als kontrolliert wahrnehmen.

Die Ergebnisse im Bereich *Flow* (M=2,91; SD=1,24) lassen erkennen, dass hier eine größere Variation bei der Skala vorherrscht. Viele der Befragten kommen während des Spielens des Instrumentes in einen Flow-Zustand, während andere wiederum keinerlei Flow verspüren. Der Cronbachs-Alpha-Wert dieser Skala wird mit 0,74 als zufriedenstellend eingestuft.

Tabelle 10: Mittelwerte – Flow

	M	SD	Cronbachs Alpha
... weil ich dann die Zeit vergesse.	2,89	1,40	
... weil ich um mich herum alles vergesse.	2,93	1,39	
Flow	2,91	1,24	0,747

Skala: 1 = stimmt nicht, 2 = stimmt eher nicht, 3 = teils, teils, 4 = stimmt eher, 5 = stimmt voll

Besonders eindeutig fällt das Ergebnis in Bezug auf die Amotivation aus.

Tabelle 11: Mittelwert – Amotivation

	M	SD
... überhaupt nicht. Am liebsten würde ich aufhören.	1,18	0,63
Amotivation	1,18	0,63

Skala: 1 = stimmt nicht, 2 = stimmt eher nicht, 3 = teils, teils, 4 = stimmt eher, 5 = stimmt voll

Hier zeigt sich, dass bei den Kindern und Jugendlichen fast keine Amotivation zu erkennen ist.

6.1.2 Eltern

Bei der Datenerhebung in Bezug auf die Eltern stand vor allem die allgemeine Autonomieunterstützung vs. Kontrolle im Erziehungsverhalten sowie die Autonomieunterstützung vs. Kontrolle bezüglich des Lernens eines Musikinstrumentes im Vordergrund.

Die Ergebnisse in Bezug auf das allgemeine Erziehungsverhalten zeigen, dass die Kinder ihre Eltern im Durchschnitt (M=4,40) als eher Autonomie unterstützend wahrnehmen denn als kontrollierend. Dies wird auch durch eine geringe Standardabweichung (SD=0,74) bekräftigt. Der Cronbachs-Alpha-Wert wird mit 0,65 als passabel eingestuft.

Tabelle 12: Mittelwerte – Autonomie Eltern allgemein

	M	SD	Cronbachs Alpha
Meine Eltern lassen mich im Allgemeinen sehr viel selbst entscheiden.	4,31	0,87	
Meine Eltern setzen mich oft unter Druck.(ump)	4,49	0,84	
Autonomie Eltern allgemein	4,40	0,74	0,659

Skala: 1 = stimmt nicht, 2 = stimmt eher nicht, 3 = teils, teils, 4 = stimmt eher, 5 = stimmt voll

Auch die Ergebnisse der Autonomieunterstützung bezüglich des Lernens eines Musikinstrumentes zeigen, dass die Kinder und Jugendlichen ihre Eltern als eher Autonomie unterstützend wahrnehmen (M=3,95; SD=0,89). Zwar gibt es im Vergleich zum allgemeinen Erziehungsverhalten einen Rückgang der wahrgenommenen Autonomieunterstützung, dennoch fällt die wahrgenommene Autonomieunterstützung bezüglich des Lernens eines Musikinstrumentes deutlich positiv aus. Der Cronbachs-Alpha-Wert wird mit 0,64 als passabel eingestuft.

Tabelle 13: Mittelwerte – Autonomie_Eltern-Instrument

	M	SD	Cronbachs Alpha
Meine Eltern kontrollieren ständig, ob ich übe. (ump)	3,84	1,23	
Ich kann selbst entscheiden, wann ich übe.	4,37	1,02	
Autonomie_Eltern-Instrument	3,95	0,89	0,647

Skala: 1 = stimmt nicht, 2 = stimmt eher nicht, 3 = teils, teils, 4 = stimmt eher, 5 = stimmt voll

Somit zeigt sich insgesamt, dass die Autonomie im allgemeinen Erziehungsverhalten der Eltern stärker ausgeprägt ist. Hinsichtlich des Instrumentes gibt es mehr Kontrolle.

6.1.3 Lehrpersonen

Die Items zu den Lehrpersonen messen die wahrgenommene Unterstützung der Basic Needs im Musikunterricht.

Tabelle 14: Mittelwerte – Lehrperson_Autonomie

	M	SD	Cronbachs Alpha
Mein Lehrer lässt mich Musikstücke selbst aussuchen.	3,78	1,10	
Im Unterricht kann ich nichts mitbestimmen. (ump.)	4,51	0,84	
Lehrperson_Autonomie	4,14	0,81	0,562

Skala: 1 = stimmt nicht, 2 = stimmt eher nicht, 3 = teils, teils, 4 = stimmt eher, 5 = stimmt voll

Hinsichtlich der Autonomieunterstützung zeigen die Ergebnisse, dass die Kinder und Jugendlichen im Durchschnitt ihre wahrgenommene Autonomie durch die Lehrpersonen hoch einschätzen (M=4,14). Auch die Standardabweichung gestaltet sich mit 0,81 gering. Es zeigt sich aber, dass die Lehrpersonen als weniger Autonomie unterstützend wahrgenommen werden (M=3,78), wenn es darum geht, die Musikliteratur auszusuchen. Auch die Standardabweichung (SD=1,10) erhöht sich in diesem Fall. Der Cronbachs-Alpha-Wert gestaltet sich mit 0,56 nicht besonders hoch, kann aber aufgrund der inhaltlichen Perspektive der Items verwendet werden.

Tabelle 15: Mittelwerte – Lehrperson_Kompetenz

	M	SD	Cronbachs Alpha
Wenn mir mein Lehrer etwas zeigt, kann ich es hinterher viel besser.	4,39	0,85	
Mein Lehrer zeigt mir, was ich noch besser machen kann.	4,85	0,40	
Wenn ich einmal nicht mehr weiterweiß, hilft mir mein Lehrer.	4,83	0,42	
Lehrperson_Kompetenz	4,69	0,41	0,562

Skala: 1 = stimmt nicht, 2 = stimmt eher nicht, 3 = teils, teils, 4 = stimmt eher, 5 = stimmt voll

Ein eindeutiges Bild zeigt sich auch bei der Kompetenzunterstützung durch die Lehrperson. Hierbei schätzen die Kinder und Jugendlichen ihre Lehrpersonen im Durchschnitt sehr hoch ein (M=4,69). Es zeigt sich auch eine geringe Standardabweichung (SD = 0,41). Besonders hoch ist die Einschätzung in Bezug auf die Kompetenzentwicklung. Die Musikschüler/innen sind stark davon überzeugt (M=4,85; SD=0,40), dass die Lehrperson ihre musikalischen Kompetenzen erweitern kann. Der Cronbachs-Alpha-Wert gestaltet sich mit 0,56 nicht besonders hoch, kann aber aufgrund der inhaltlichen Perspektive der Items verwendet werden.

Tabelle 16: Mittelwerte – soziale Einbindung

	M	SD	Cronbachs Alpha
Ich fühle mich von meinem Lehrer gut verstanden.	4,65	0,66	
Ich habe einen guten Kontakt zu meinem Lehrer.	4,38	0,91	
Ich fühle mich im Unterricht im Allgemeinen sehr wohl.	4,66	0,64	
Lehrperson_soziale Einbindung	4,56	0,61	0,783

Skala: 1 = stimmt nicht, 2 = stimmt eher nicht, 3 = teils, teils, 4 = stimmt eher, 5 = stimmt voll

Auch die soziale Komponente im Musikunterricht wird von den Kindern und Jugendlichen im Durchschnitt als hoch eingestuft (M=4,56; SD=0,61). Am höchsten wird hierbei das allgemeine Wohlbefinden im Unterricht bewertet (M=4,66; SD=0,64). Der Cronbachs-Alpha-Wert dieser Skala wird mit 0,78 als zufriedenstellend eingestuft.

Neben den Basic Needs wurde noch ein weiterer Aspekt bei den Lehrpersonen untersucht, nämlich das Interesse. Die Ergebnisse zeigen, dass die Kinder und Jugendlichen das Interesse der Lehrperson im Durchschnitt als hoch einstufen (M=4,60). Die geringe Standardabweichung (SD=0,48) untermauert dies. Obwohl beide Items äußerst positiv bewertet werden, zeigt sich dennoch, dass die Musikschüler/innen besonders davon überzeugt sind, dass ihre Lehrperson vom Instrument begeistert ist (M=4,88, SD=0,48). Der Cronbachs-Alpha-Wert ist mit 0,43 als niedrig zu betrachten. Diesem Wert kommt in diesem Fall aber eine eher untergeordnete Rolle zu, da die Items für die weiteren Berechnungen als Einzelitems verwendet werden. Dies wird auch als sinnvoller betrachtet, da die zwei Items unterschiedliche Aspekte untersuchen, zum einen das pädagogisch-didaktische Interesse und zum anderen das Interesse der Lehrperson am Instrument.

Tabelle 17: Mittelwerte – Interesse der Lehrperson

	M	SD	Cronbachs Alpha
Ich glaube, meinem Lehrer macht es großen Spaß, mir etwas beizubringen.	4,32	0,80	
Ich habe den Eindruck, dass mein Lehrer von seinem Instrument begeistert ist.	4,88	0,36	
Lehrperson_Interesse Lehrender	4,60	0,48	0,439

Skala: 1 = stimmt nicht, 2 = stimmt eher nicht, 3 = teils, teils, 4 = stimmt eher, 5 = stimmt voll

6.1.4 Peers

Die Ergebnisse zeigen, dass auch die Haltungen der Peers eine wesentliche Rolle spielen (M=2,87; SD=1,13). Besondere Bedeutung erlangt dabei die Unterstützung der Emotionen durch die Peers (M=4,11). Hier ist die Standardabweichung (SD=0,94) als eher gering zu betrachten. Ein anderes Bild zeigt sich bei den Items „*Mir ist es wichtig, dass meine Freunde es unterstützen, dass ich musiziere*" (M=3,05) und „*Musizierst du mit deinen Freunden in einer Gruppe?*" (M=2,81). Diese werden zwar immer noch positiv bewertet, weisen aber wesentliche Unterschiede zu den anderen Items auf. Auch die Standardabweichungen dieser beiden Items (SD=1,34; 1,32) zeigen, dass hier eine höhere Variation vorliegt. Keinerlei bzw. geringe Bedeutung erlangt der Punkt der Kritik „*Meine Freunde beschweren sich oft, dass ich zu wenig Zeit für sie habe, weil ich musiziere*" (M=1,46; SD=0,94).

Für die weiteren Berechnungen werden die Items als Einzelitems verwendet. Eine Berechnung des Cronbachs-Alpha-Wertes macht hier keinen Sinn, da die Items eine unterschiedliche inhaltliche Ausrichtung aufweisen. Es wird nach Unterstützung, Akzeptanz, Kritik und dem gemeinsamen Spielen gefragt.

Tabelle 18: Mittelwerte - Peers

	M	SD
Meine Freunde finden es richtig gut, dass ich ein Instrument spiele.	4,11	0,94
Meine Freunde beschweren sich oft, dass ich zu wenig Zeit für sie habe, weil ich musiziere. (ump)	1,46	0,94
Mir ist es wichtig, dass meine Freunde es unterstützen, dass ich musiziere.	3,05	1,34
Musizierst du mit deinen Freunden in einer Gruppe?	2,81	1,32
Peers	2,87	1,13

6.1.5 Bevorzugte Tätigkeiten

Hinsichtlich der Motivation wurde auch gefragt, welche Tätigkeiten die Kinder und Jugendlichen im musikalischen Kontext am liebsten ausüben.

Tabelle 19: Tätigkeitspräferenzen

Tätigkeiten	M	SD
In den Musikunterricht gehen	4,56	0,65
Mit Freunden gemeinsam spielen	4,54	0,80
Neue Stücke üben	4,30	0,83
Alleine üben / spielen	4,08	0,88
Vortragsstücke üben / spielen	4,00	0,93
Ein Solo spielen	3,89	1,09
Instrument putzen und pflegen	3,70	1,05
Etüden üben / spielen	3,54	1,01
Bei Vorspielstunden auftreten	3,48	1,23
Tonleiter üben	3,21	0,95
Prüfungen am Instrument ablegen	3,21	1,14
Den Theorieunterricht besuchen	3,14	1,20

Skala: 1 = überhaupt nicht gern, 2 = ungern, 3 = teils, teils, 4 = gern, 5 = sehr gern

Es zeigt sich, dass im Durchschnitt keine einzige Tätigkeit ungern oder überhaupt nicht gern durchgeführt wird. Jedoch sind „*In den Musikunterricht gehen*“ (M=4,56; SD=0,65) und „*Mit Freunden gemeinsam musizieren*“ (M=4,54; SD=0,80) jene Tätigkeiten, die von den Befragten besonders gerne durchgeführt werden. Dies deutet auf zwei Bereiche hin, die für die Motivation von Bedeutung sind. Zum einen sind es die Lehrpersonen, zum anderen die Gruppe der Peers. Es zeigt sich interessanterweise, dass Tätigkeiten weniger gern durchgeführt werden, wenn der Aspekt der Leistung bzw. die Performance in den Vordergrund rückt oder Tätigkeiten, die nicht direkt mit dem Spielen eines Instrumentes verbunden werden. Die Ergebnisse – „*Ein Solo spielen*“ (M=3,89; SD=1,09), „*Bei Vorspielstunden auftreten*“ (M=3,48; SD=1,23), „*Prüfun-*

gen am Instrument ablegen" (M=3,21; SD=1,14) und „*Den Theorieunterricht besuchen*" (M=3,14, SD=1,20) bestätigen dies.

6.2 Korrelative Untersuchungen

Kurzzusammenfassung:
Die Korrelationsanalysen zeigen, dass es einen Zusammenhang zwischen Autonomer Motivation, den Lehrpersonen bzw. dem Unterricht und den Einstellungen der Peers gibt. Die höchsten Korrelationen sind dabei bei der Unterstützung durch die Peers sowie beim pädagogisch-didaktischem Interesse der Lehrpersonen zu finden. Im Gegensatz zur Autonomen Motivation, lassen sich bei der Kontrollierten Motivation bedeutsame Zusammenhänge bei den Eltern finden. So zeigt sich eine negative Korrelation zwischen Kontrollierter Motivation beim Lernen eines Instruments und dem allgemeinen Erziehungsstil der Eltern (Autonomie vs. Kontrolle). Zudem nehmen – plausiblerweise – ältere Kinder und Jugendliche mehr Autonomie hinsichtlich des Erziehungsverhaltens in Bezug auf das Instrument wahr.

Tabelle 20 zeigt einen Überblick über die Korrelationen der einzelnen Variablen.

		1	2	3	4	5	6	7	8	9	10	11	12	13	14	15	16
1	Autonome Motivation	.															
2	Kontrollierte Motivation	,196**	.														
3	Flow	**,348****	,096*	.													
4	Amotivation	**-,371****	,120**	-,161**	.												
5	Eltern_Autonomie allgemein	,161**	-,269**	,104**	**-,319****	.											
6	Eltern_Autonomie Instrument	,095*	-,071	,174**	-,184**	,283**	.										
7	Lehrperson_Autonomie	,160**	-,062	,251**	-,225**	,184**	,211**	.									
8	Lehrperson_Kompetenz	,275**	-,025	,177**	-,179**	,110**	,101*	,214**	.								
9	Lehrperson_soziale Einbindung	**,317****	-,082*	,125**	**-,346****	,208**	,177**	**,338****	**,406****	.							
10	Lehrperson_pädagogisch-didaktisches Interesse	**,345****	-,071	,153**	-,294**	,237**	,134**	,284**	,287**	**,461****	.						
11	Lehrperson_Interesse am Instrument	,161**	,012	,058	-,121**	,106**	,071	,066	,215**	,189**	,281**	.					
12	Peers_Unterstüzung-Emotionen	**,414****	,081*	,256**	-,243**	,173**	,098*	,135**	,213**	,237**	,228**	,142**	.				
13	Peers_Kritik	-,049	-,104*	-,006	-,123**	,108**	,062	,118**	,072	,090*	,072	,048	,034	.			
14	Peers_Wichtigkeit-Unterstützung	**,353****	,141**	,167**	-,073	,032	-,024	,028	,070	,122**	,084*	,045	**,369****	-,143**	.		
15	Peers_Gemeinsames Spielen	**,320****	-,020	,173**	-,074	,104**	,059	,050	,044	,121**	,130**	,053	,224**	-,118**	,245**	.	
16	Alter	,124**	-,106**	,199**	-,147**	,142**	**,460****	,194**	,145**	,173**	,137**	,107**	,148**	-,050	,027	,125**	.

Note. * $p<.05$; $^{**}p<.01$; relevant correlations above .30 are printed bold

Tabelle 20: Pearson – Korrelationen der einzelnen Variablen

An dieser Stelle wird auf die wichtigsten Korrelationen eingegangen. Aus Tabelle 20 lässt sich erkennen, dass die Autonome Motivation mit Flow (r=.34) positiv korreliert. Darüber hinaus zeigt sich auch eine negative Korrelation der Autonomen Motivation mit der Amotivation (r= -.37). Besonders hervorzuheben ist die positive Korrelation zwischen Autonomer Motivation und Kontrollierter Motivation (r=.19). Hier kommt es zu einer Replikation der Simplexstruktur. Die Simplexstruktur geht davon aus, dass näher aneinander liegende Konstrukte höher korrelieren als weiter voneinander entfernte. Es zeigt sich also, dass Kinder und Jugendliche sowohl extrinsisch als auch intrinsisch für das Spielen eines Musikinstrumentes motiviert sein können. Infolgedessen können Autonome und Kontrollierte Motivation nicht zwingend als Antipole verstanden werden. Positive Korrelationen in Bezug auf die Autonome Motivation ließen sich auch noch bei den Lehrpersonen und den Peers finden. Bei den Lehrpersonen kommen vor allem den Variablen *Lehrperson_pädagogisch-didaktisches Interesse* (r=.34) sowie *Lehrperson_soziale Einbindung* (r=.31) eine Bedeutung zu. In Bezug zu den Haltungen der Peers steht vor allem die Variable *Peers-Unterstützung-Emotionen* mit der höchsten Korrelation zur Autonomen Motivation im Vordergrund(r=.41). Somit zeigt sich ein Zusammenhang zwischen Autonomer Motivation, Lehrperson und Peers.

Dem gegenüber steht die Kontrollierte Motivation. Hier lassen sich nur wenige bzw. geringe Korrelationen zwischen Lehrperson, Peers und Kontrollierter Motivation feststellen. Vielmehr kommt hier der Erziehungsstil der Eltern zum Tragen. Die entscheidende Variable ist dabei *Eltern_Autonomie allgemein*. Diese beiden weisen eine negative Korrelation (r= -.26) auf.

Ähnlich der Kontrollierten Motivation spielt auch bei der Amotivation das von den Schüler/inne/n wahrgenommene Erziehungsverhalten der Eltern eine Rolle. Hier weist die Variable *Eltern_Autonomie allgemein* eine negative Korrelation auf (r= -.31). Zusätzlich zu den Eltern lassen sich auch noch bedeutsame Korrelationen zwischen Lehrperson und Amotivation finden. Im Vordergrund steht dabei die Variable *Lehrperson_soziale Einbindung* (r= -.34), d.h., fühlen sich Schüler/innen im Musikunterricht nicht sozial eingebunden, neigen sie dazu, die Motivation zu verlieren.

Zu erwähnen ist auch die Korrelation zwischen dem *Alter* und *Eltern_Autonomie Instrument*. Hier zeigt sich eine positive Korrelation (r=.46). Demzufolge nehmen ältere Kinder und Jugendliche mehr Autonomie hinsichtlich des Erziehungsverhaltens in Bezug auf das Instrument wahr, was auch damit zusammenhängen kann, dass das Erziehungsverhalten der Eltern retrospektiv positiv eingeschätzt wird bzw. die Motivation mit zunehmenden Alter unabhängiger von den Eltern konstruiert wird.

Die Ergebnisse der korrelativen Untersuchungen geben zwar keine Auskunft über Ursache und Wirkung, jedoch zeigen sie eine Tendenz, welche Faktoren sich für die Motivation der Kinder und Jugendlichen verantwortlich zeigen könnten. So wird auf der Basis der bisherigen Untersuchungen und Ergebnisse vermutet, dass für die Autonome Motivation die Lehrpersonen und die Haltung der Peers eine entscheidende Rolle spielen, während bei der Kontrollierten Motivation die Bedeutung eines autonomiefördernden Erziehungsstils der Eltern im Vordergrund steht.

Eine Bestätigung dieser Vermutung sollte nun anhand von Regressionsanalysen und Strukturgleichungsmodellen gegeben werden.

Im Gegensatz zu Korrelationsanalysen, die es lediglich ermöglichen, die Existenz und Stärke von Zusammenhängen aufzuzeigen, können mit Regressionsanalysen auch die Art der Zusammenhänge erklärt werden (vgl. Rudolf & Müller, 2012).

6.3 Regressionsanalysen

Kurzzusammenfassung:
Insgesamt lässt sich die Autonome Motivation durch die erhobenen Variablen zu 33,2% erklären. Als bedeutsame Faktoren erwiesen sich hierbei die Lehrpersonen (im Speziellen das Befriedigen des Kompetenzbedürfnisses, die soziale Einbindung sowie das pädagogisch-didaktische Interesse) und die Haltungen der Peers. Das wahrgenommene Erziehungsverhalten der Eltern kann die Autonome Motivation insgesamt wenig erklären.

Ein anderes Bild zeigt sich bei der Kontrollierten Motivation. Diese kann zu 8,4% erklärt werden, wobei, im Gegensatz zur Autonomen Motivation, der autonomiefördernde Erziehungsstil der Eltern eine entscheidende Rolle spielt.

Das Flowerleben kann zu 13,6% erklärt werden. Dabei weisen alle Prädiktoren signifikante Variablen zur Erklärung des Flowerlebens auf, wobei die Lehrpersonen und die Peers eine zentrale Rolle einnehmen.

Bei der Amotivation können 20,8% der Varianz erklärt werden. In diesem Fall haben die Einstellungen der Peers den geringsten Erklärungsbeitrag. Als bedeutsam können hierbei das autonomiefördernde Erziehungsverhalten der Eltern sowie die Lehrpersonen bzw. der Unterricht betrachtet werden.

Bei den Regressionsanalysen wurden zunächst lineare Regressionen mit der Methode „Einschluss“ und im Anschluss daran hierarchisch multiple Regressionen durchgeführt. Als abhängige Variable fungierten die Autonome Motivation, die Kontrollierte Motivation, Flow und die Amotivation. Als Prädiktoren kamen die wahrgenommene Needsbefriedigung durch die Lehrpersonen, der wahrgenommene autonomiefördernde Erziehungsstil der Eltern sowie die wahrgenommenen Haltungen der Peers zum Tragen.

6.3.1 Lineare Regressionen (Einschluss)

Im folgenden Kapitel werden die Ergebnisse aus den linearen Regressionen präsentiert.

Tabelle 21: Regression (a) – Autonomieunterstützung der Eltern (AV: Autonome Motivation)

Modell	Prädiktoren	R^2	*angepasstes* R^2	*df1*	*df2*	*Sig. Änderung in F*
	Eltern_allgemein	,033	,029	2	600	,000
	Eltern_Instrument					

Abhängige Variable: Autonome Motivation

Tabelle 22: Regression (b) – Autonomieunterstützung der Eltern (AV: Autonome Motivation)

	Variablen	beta	*t*	*p*
Modell	(Konstante)		18,62	,000
	Eltern_allgemein	,159	3,79	,000
	Eltern_Instrument	,052	1,23	,219

Abhängige Variable: Autonome Motivation

Tabelle 21 zeigt, dass die Variation der Autonomen Motivation nur zu rund 3% (R^2=,029) durch die Prädiktoren allgemeine Autonomieunterstützung der Eltern sowie instrumentenbezogene Autonomieunterstützung erklärt werden kann. Den höheren Erklärungsbeitrag liefert, wie aus Tabelle 22 ersichtlich, die Variable *Eltern_allgemein* (β=,159), die auch eine hohe Signifikanz (p=,000) aufweist. Keine Bedeutung für die Erklärung der Autonomen Motivation erlangt die Variable *Eltern_Instrument* mit einem Beta-Gewicht nahe Null (β=,052). Darüber hinaus weist diese Variable auch keine Signifikanz auf (p=,21).

Tabelle 23: Regression (a) – Autonomieunterstützung der Eltern (AV: Kontrollierte Motivation)

Modell	Prädiktoren	R^2	*angepasstes* R^2	*df1*	*df2*	*Sig. Änderung in F*
	Eltern_allgemein	,065	,062	2	599	,000
	Eltern_Instrument					

Abhängige Variable: Kontrollierte Motivation

Tabelle 24: Regression (b) – Autonomieunterstützung der Eltern (AV: Kontrollierte Motivation)

	Variablen	beta	*t*	*p*
Modell	(Konstante)		16,61	,000
	Eltern_allgemein	-,255	-6,19	,000
	Eltern_Instrument	,003	,076	,939

Abhängige Variable: Kontrollierte Motivation

Besser lässt sich die Kontrollierte Motivation durch die wahrgenommene Autonomieunterstützung der Eltern erklären. Hier liegt der Erklärungsbeitrag bei 6% (R^2=,062), wobei auch hier wieder *Eltern_allgemein* als entscheidender Faktor zu betrachten ist (β= -,288; p=,000). Ähnlich der Autonomen Motivation liefert die Variable *Eltern_Instrument* keinen Erklärungsbeitrag (β= ,003).

Tabelle 25: Regression (a) – Autonomieunterstützung der Eltern (AV: Flow)

Modell	Prädiktoren	R^2	*angepasstes R^2*	*df1*	*df2*	*Sig. Änderung in F*
	Eltern_allgemein	,034	,030	2	607	,000
	Eltern_Instrument					

Abhängige Variable: Flow

Tabelle 26: Regression (b) – Autonomieunterstützung der Eltern (AV: Flow)

	Variablen	beta	*t*	*p*
Modell	(Konstante)		5,19	,000
	Eltern_allgemein	,051	1,23	,218
	Eltern_Instrument	,162	3,89	,000

Abhängige Variable: Flow

Einen geringen Erklärungsbeitrag liefert die Autonomieunterstützung der Eltern in Bezug auf das Flowerleben beim Spielen eines Musikinstrumentes. Diese kann 3% (R^2=,030) der Varianz erklären. Im Gegensatz zur Autonomen und Kontrollierten Motivation liefert bei Flowerleben die instrumentenbezogene Autonomieunterstützung der Eltern den größten Erklärungsbeitrag (β=,162; p=,000). Keinen signifikanten Erklärungsbeitrag liefert die Allgemeine Autonomieunterstützung der Eltern (β=,051; p=,218).

Tabelle 27: Regression (a) – Autonomieunterstützung der Eltern (AV: Amotivation)

Modell	Prädiktoren	R^2	*angepasstes R^2*	*df1*	*df2*	*Sig. Änderung in F*
	Eltern_allgemein	,114	,111	2	615	,000
	Eltern_Instrument					

Abhängige Variable: Amotivation

Tabelle 28: Regression (b) – Autonomieunterstützung der Eltern (AV: Amotivation)

	Variablen	beta	*t*	*p*
Modell	(Konstante)		16,57	,000
	Eltern_allgemein	-,293	-7,41	,000
	Eltern_instrument	-,104	-2,63	,009

Abhängige Variable: Amotivation

Betrachtet man nun die AV Amotivation, so zeigt sich die Autonomieunterstützung der Eltern als varianzstark (R^2=,111). Tabelle 28 zeigt, dass beide Prädiktoren einen signifikanten Erklärungsbeitrag liefern. Den höchsten Erklärungsbeitrag liefert die allgemeine Autonomieunterstützung der Eltern (β= -,293).

Tabelle 29: Regression (a) – Needsunterstützung der Lehrperson (AV: Autonome Motivation)

Modell	Prädiktoren	R^2	*angepasstes R^2*	*df1*	*df2*	*Sig. Änderung in F*
	Lehrperson	,173	,166	5	590	,000

Abhängige Variable: Autonome Motivation

Tabelle 30: Regression (b) – Needsunterstützung der Lehrperson (AV: Autonome Motivation)

	Variablen	beta	*t*	*p*
Modell	(Konstante)		2,29	,022
	Lehrperson_Autonomie	,015	0,38	,701
	Lehrperson_Kompetenz	,146	3,53	,000
	Lehrperson_soziale Einbindung	,145	3,22	,001
	Lehrperson_pädagogisch-didaktisches Interesse	,223	5,10	,000
	Lehrperson_Interesse am Instrument	,047	1,20	,229

Abhängige Variable: Autonome Motivation

Wie Tabelle 29 und 30 zeigen, liefert die Lernumwelt Musikunterricht im Gegensatz zu den Eltern einen höheren Beitrag zur Erklärung der Autonomen Motivation (R^2=,166). Den höchsten Erklärungsbeitrag liefert dabei die Variable *Lehrperson_pädagogisch-didaktisches Interesse* (β=,223). Keinen signifikanten Erklärungsbeitrag für die Autonome Motivation liefern die Autonomieunterstützung durch die Lehrperson (β=,015; p=,701) sowie das Interesse der Lehrperson am Instrument (β=,047; p=,229).

Tabelle 31: Regression (a) – Needsunterstützung der Lehrperson (AV: Kontrollierte Motivation)

Modell	Prädiktoren	R^2	*angepasstes R^2*	*df1*	*df2*	*Sig. Änderung in F*
1	Lehrperson	,011	,003	5	588	,253

Abhängige Variable: Kontrollierte Motivation

Tabelle 32: Regression (b) – Needsunterstützung der Lehrperson (AV: Kontrollierte Motivation)

	Variablen	beta	*t*	*p*
Modell	(Konstante)		4,47	,000
	Lehrperson_Autonomie	-,040	-0,90	,367
	Lehrperson_Kompetenz	,016	0,35	,723
	Lehrperson_soziale Einbindung	-,061	-1,24	,213
	Lehrperson_pädagogisch-didaktisches Interesse	-,046	-0,96	,337
	Lehrperson_Interesse am Instrument	,037	0,85	,393

Abhängige Variable: Kontrollierte Motivation

Keinen oder kaum einen Erklärungsbeitrag liefern die Lehrpersonen in Bezug auf die Kontrollierte Motivation (R^2=,003). Keine dieser Variablen weist eine Signifikanz auf.

Tabelle 33: Regression (a) – Needsunterstützung der Lehrperson (AV: Flow)

Modell	Prädiktoren	R^2	*angepasstes R^2*	*df1*	*df2*	*Sig. Änderung in F*
	Lehrperson	,084	,076	5	596	,000

Abhängige Variable: Flow

Tabelle 34: Regression (b) – Needsunterstützung der Lehrperson (AV: Flow)

	Variablen	beta	*t*	*p*
Modell	(Konstante)		-,54	,590
	Lehrperson_Autonomie	,209	4,96	,000
	Lehrperson_Kompetenz	,124	2,83	,005
	Lehrperson_soziale Einbindung	-,033	-,70	,484
	Lehrperson_pädagogisch-didaktisches Interesse	,081	1,76	,079
	Lehrperson_Interesse am Instrument	,003	,08	,935

Abhängige Variable: Flow

Einen im Vergleich zur Kontrollierten Motivation höheren Erklärungsbeitrag liefern die Lehrpersonen in Bezug auf das Flowerleben beim Spielen eines Musikinstrumentes. Dieser liegt bei rund 8% (R^2=,076). Hierbei liefern die zwei Variablen *Lehrperson_Autonomie* (β=,209) sowie *Lehrperson_Kompetenz* (β=,124) einen signifikanten Erklärungsbeitrag.

Tabelle 35: Regression (a) – Needsunterstützung der Lehrperson (AV: Amotivation)

Modell	Prädiktoren	R^2	*angepasstes R^2*	*df1*	*df2*	*Sig. Änderung in F*
	Lehrperson	,154	,147	5	603	,000

Abhängige Variable: Amotivation

Tabelle 36: Regression (b) – Needsunterstützung der Lehrperson (AV: Amotivation)

	Variablen	beta	*t*	*p*
Modell	(Konstante)		9,15	,000
	Lehrperson_Autonomie	-,092	-2,28	,023
	Lehrperson_Kompetenz	-,016	-0,39	,700
	Lehrperson_soziale Einbindung	-,230	-5,04	,000
	Lehrperson_pädagogisch-didaktisches Interesse	-,158	-3,60	,000
	Lehrperson_Interesse am Instrument	-,025	-0,64	,521

Abhängige Variable: Amotivation

Die Amotivation kann mit rund 15% (R^2=,147) durch die Lehrperson erklärt werden. Den höchsten signifikanten Erklärungsbeitrag liefert dabei die Variable *Lehrerperson_soziale Einbindung* (β= -,230). Darüber hinaus spielt auch noch das pädagogisch-didaktische Interesse der Lehrperson eine Rolle bei der Erklärung der Amotivation (β= -,158).

Tabelle 37: Regression (a) – Einstellung der Peers (AV: Autonome Motivation)

Modell	Prädiktoren	R^2	*angepasstes* R^2	*df1*	*df2*	*Sig. Änderung in F*
	Peers	,259	,254	4	590	,000

Abhängige Variable: Autonome Motivation

Tabelle 38: Regression (b) – Einstellung der Peers (AV: Autonome Motivation)

	Variablen	beta	*t*	*p*
Modell	(Konstante)		16,25	,000
	Peers_Unterstützung-Emotionen	,294	7,56	,000
	Peers_Kritik	-,005	-0,15	,885
	Peers_Wichtigkeit-Unterstützung	,187	4,76	,000
	Peers_Gemeinsames Spielen	,218	5,89	,000

Abhängige Variable: Autonome Motivation

Die höchste Erklärung in Bezug auf die Autonome Motivation liefern die wahrgenommenen Einstellungen der Peers in Bezug auf das Lernen und Spielen eines Instrumentes. Diesbezüglich können 25% (R^2=,254) der Varianz erklärt werden. Dabei liefern drei Variablen einen signifikanten Erklärungsbeitrag. Der höchste Erklärungswert (β=,294) liegt darin, wenn die Peers es gut finden, dass ein Instrument gespielt wird. Darüber hinaus zeigt sich auch, dass es für die Erklärung der Autonomen Motivation wichtig ist, dass mit den Peers gemeinsam musiziert wird (β=,218) und dass die Peers das Lernen und Spielen eines Instrumentes unterstützen (β=,187). Keine Bedeutung kommt der Variablen *Peers_Kritik* zu (β= -,005), sie ist die einzige Variable, die keine Signifikanz aufweist (p=,885)

Tabelle 39: Regression (a) – Einstellung der Peers (AV: Kontrollierte Motivation)

Modell	Prädiktoren	R^2	*angepasstes* R^2	*df1*	*df2*	*Sig. Änderung in F*
	Peers	,028	,021	4	589	,002

Abhängige Variable: Kontrollierte Motivation

Tabelle 40: Regression (a) – Einstellung der Peers (AV: Kontrollierte Motivation)

	Variablen	beta	*t*	*p*
Modell	(Konstante)		10,61	,000
	Peers_Unterstützung-Emotionen	,044	0,99	,320
	Peers_Kritik	-,089	-2,14	,032
	Peers_Wichtigkeit-Unterstützung	,110	2,59	,010
	Peers_Gemeinsames Spielen	-,060	-1,42	,155

Abhängige Variable: Kontrollierte Motivation

Die Kontrollierte Motivation lässt sich anhand der Einstellungen der Peers nur marginal erklären. Diese liegt bei lediglich 2% (R^2=,021). Im Vergleich zur Autonomen Motivation liefert hier die Variable *Peers_Unterstützung-Emotionen* keinen signifikanten Erklärungsbeitrag (β=,035; p=,433). Den höchsten signifikanten Erklärungsbeitrag liefet hierbei die *Variable Pees_Wichtigkeit Unterstüzung* (β= ,110).

Tabelle 41: Regression (a) – Einstellung der Peers (AV: Flow)

Modell	Prädiktoren	R^2	*angepasstes* R^2	*df1*	*df2*	*Sig. Änderung in F*
	Peers	,083	,077	4	596	,000

Abhängige Variable: Flow

Tabelle 42: Regression (b) – Einstellung der Peers (AV: Flow)

	Variablen	beta	*t*	*p*
Modell	(Konstante)		3,96	,000
	Peers_Unterstützung-Emotionen	,210	4,90	,000
	Peers_Kritik	,003	0,06	,948
	Peers_Wichtigkeit-Unterstützung	,064	1,48	,140
	Peers_Gemeinsames Spielen	,106	2,58	,010

Abhängige Variable: Flow

Hinsichtlich des Flowerlebens beim Spielen eines Musikinstrumentes können die wahrgenommenen Einstellungen der Peers rund 8% (R^2=,077) der Varianz erklären. Ähnlich der Autonomen Motivation liefert auch hier die Variable *Peers_Unterstützung-Emotionen* den höchsten Erklärungsbeitrag (β=,210; p=,000). Darüber hinaus kommt dem gemeinsamen Spielen mit den Peers (β=,106) ebenfalls eine signifikante Bedeutung zu.

Tabelle 43: Regression (a) – Einstellung der Peers (AV: Amotivation)

Modell	Prädiktoren	R^2	*angepasstes* R^2	*df1*	*df2*	*Sig. Änderung in F*
	Peers	,073	,067	4	604	,000

Abhängige Variable: Amotivation

Tabelle 44: Regression (b) – Einstellung der Peers (AV: Amotivation)

	Variablen	beta	*t*	*p*
Modell	(Konstante)		13,44	,000
	Peers_Unterstützung-Emotionen	-,232	-5,41	,000
	Peers_Kritik	-,120	-3,00	,003
	Peers_Wichtigkeit-Unterstützung	,009	0,20	,839
	Peers_Gemeinsames Spielen	-,039	-0,95	,341

Abhängige Variable: Amotivation

Die wahrgenommenen Einstellungen der Peers können die Amotivation mit rund 7% (R^2=,067) erklären. Wie bei Flow ist auch hier die entscheidende Variable *Peers_Unterstützung-Emotionen* (β= -,232; p=,000). Des Weiteren liefert auch die Variable Peers-Kritik (β= -,120; p=,000) einen signifikanten Erklärungsbeitrag zur Amotivation. Keine signifikante Bedeutung erlangen die *Variablen Peers_Wichtigkeit-Unterstützung* (p=,839) sowie *Peers_Gemeinsames Spielen* (p=,341).

6.3.2 Hierarchisch multiple Regression

Die hierarchische multiple Regression bietet die Möglichkeit, Variablen blockweise zu analysieren. Dadurch kann festgestellt werden, wie sich die Resultate aus den Regressionsanalysen blockweise verändern. Dabei wird die Reihenfolge der Blöcke selbst bestimmt. Man orientiert sich bei der Festlegung der Blockreihenfolge an theoretischen oder plausiblen Annahmen (vgl. Bühl, 2012). In diesem Fall wurde die Reihe der Eingabe anhand der Reihenfolge der Bezugsgruppen definiert, d.h. die Eltern bilden als erste Bezugsgruppe der Kinder und Jugendlichen den ersten Block, gefolgt von den Lehrpersonen und den Peers.

Die Resultate der hierarchischen Regressionen gaben folgenden Aufschluss:

Tabelle 45: Ergebnis der hierarchischen Regressionsanalyse (1a) für Autonome Motivation

	Variablen	beta	*t*	*p*
Modell 1	(Konstante)		17,95	,000
	Eltern_allgemein	,168	3,97	,000
	Eltern_Instrument	,048	1,14	,254
Modell 2	(Konstante)		1,80	,072
	Eltern_allgemein	,075	1,84	,066
Eltern_Instrument		,008	0,20	,845
	Lehrperson_Autonomie	-,003	-0,08	,940
	Lehrperson_Kompetenz	,144	3,47	,001
	Lehrperson_soziale Einbindung	,153	3,33	,001
	Lehrperson_pädagogisch-didaktisches Interesse	,202	4,52	,000
	Lehrperson_Interesse am Instrument	,048	1,20	,229
Modell 3	(Konstante)		1,60	,109
	Eltern_allgemein	,044	1,20	,232
	Eltern_Instrument	,008	0,21	,831
	Lehrperson_Autonomie	-,001	-0,03	,978
	Lehrperson_Kompetenz	,122	3,26	,001
	Lehrperson_soziale Einbindung	,095	2,30	,022
	Lehrperson_pädagogisch-didaktisches Interesse	,160	3,96	,000
	Lehrperson_Interesse am Instrument	,034	0,94	,346
	Peers_Unterstüzung-Emotionen	,202	5,21	,000
	Peers_Kritik	-,046	-1,31	,192
	Peers_Wichtigkeit-Unterstützung	,183	4,84	,000
	Peers_Gemeinsames Spielen	,187	5,24	,000

Abhängige Variable: Autonome Motivation

Tabelle 46: Ergebnis der hierarchischen Regressionsanalyse (1b) für Autonome Motivation

Modell	Prädiktoren	R^2	*angepasstes* R^2	*df1*	*df2*	*Sig. Änderung in F*
1	block 1	,035	,032	2	583	,000
2	block 1, block 2	,181	,171	5	578	,000
3	block1, block 2, block 3	,345	,332	4	574	,000

Abhängige Variable: Autonome Motivation

Es zeigte sich, dass sich die Autonome Motivation auf der Basis der Prädiktoren *Eltern*, *Lehrperson* und *Peers* durch 33,2% (R^2=,332) erklären lässt. Die Lehrpersonen und die Haltungen der Peers liefern hierbei den größten Erklärungsbeitrag. Die standardisierten Beta-Koeffizienten in Tabelle 44 für das Model 2 zeigen, dass in Bezug auf die Lehrperson die Variablen *Lehrperson_Kompetenz* (β=.144), *Lehrperson_soziale Einbindung* (β=.153) und *Lehrperson_pädagogisch-didaktisches Interesse* (β=.202) signifikante Faktoren zur Erklärung der Autonomen Motivation sind. Darüber hinaus zeigt

Modell 3 aus Tabelle 44 die entscheidenden Peers-Variablen zur Erklärung der Autonomen Motivation: *Peers_Unterstützung-Emotionen* (β=.202), *Peers_Wichtigkeit-Unterstützung* (β=.183) und *Peers_Gemeinsames Spielen* (β=.187).

Somit kann festgehalten werden, dass die Lehrpersonen und die Einstellungen der Peers als entscheidende Faktoren für die Erklärung der Autonomen Motivation zu betrachten sind. Das wahrgenommene Erziehungsverhalten der Eltern kann mit 3% (R^2=,032) bei der Autonomen Motivation insgesamt wenig erklären.

Tabelle 47: Ergebnis der hierarchischen Regressionsanalyse (2a) für Kontrollierte Motivation

	Variablen	beta	*t*	*p*
Modell 1	(Konstante)		16,40	,000
	Eltern_allgemein	-,253	-6,04	,000
	Eltern_Instrument	-,010	-0,24	,806
Modell 2	(Konstante)		5,79	,000
	Eltern_allgemein	-,247	-5,69	,000
	Eltern_Instrument	-,004	-0,83	,934
	Lehrperson_Autonomie	-,030	-0,68	,496
	Lehrperson_Kompetenz	,028	0,62	,534
	Lehrperson_soziale Einbindung	-,040	-0,81	,416
	Lehrperson_pädagogisch-didaktisches Interesse	-,013	-0,27	,784
	Lehrperson_Interesse am Instrument	,049	1,15	,250
Modell 3	(Konstante)		5,86	,000
	Eltern_allgemein	-,249	-5,78	,000
	Eltern_Instrument	-,002	-0,05	,955
	Lehrperson_Autonomie	-,023	-0,54	,589
	Lehrperson_Kompetenz	,015	0,33	,741
	Lehrperson_soziale Einbindung	-,060	-1,22	,221
	Lehrperson_pädagogisch-didaktisches Interesse	-,021	-0,44	,655
	Lehrperson_Interesse am Instrument	,042	1,01	,311
	Peers_Unterstüzung-Emotionen	,091	2,00	,045
	Peers_Kritik	-,054	-1,30	,192
	Peers_Wichtigkeit-Unterstützung	,118	2,66	,008
	Peers_Gemeinsames Spielen	-,040	-0,95	,339

Abhängige Variable: Kontrollierte Motivation

Tabelle 48: Ergebnis der hierarchischen Regressionsanalyse (2b) für Kontrollierte Motivation

Modell	Prädiktoren	R^2	*angepasstes* R^2	*df1*	*df2*	*Sig. Änderung in F*
1	block 1	,066	,062	2	581	,000
2	block 1, block 2	,071	,059	5	576	,652
3	block1, block 2, block 3	,101	,084	4	572	,001

Abhängige Variable: Kontrollierte Motivation

Tabelle 48 zeigt, dass sich die Kontrollierte Motivation mit 8,4% (R^2=,084) erklären lässt. Im Gegensatz zur Autonomen Motivation spielt hierbei der Autonomie fördernde Erziehungsstil der Eltern eine entscheidende Rolle. Die standardisierten Beta-Koeffizienten in Tabelle 47 für das Modell 1 zeigen, dass die Variable *Eltern_allgemein* (β= -.253) den signifikantesten Erklärungsbeitrag liefert (p= .000). Einen marginal signifikanten Erklärungsbeitrag liefert auch die Haltung der Peers. Dabei zeigt sich, wie aus Tabelle 47 für das Modell 3 ersichtlich, dass die Variablen *Peers_Wichtigkeit-Unterstützung* (β= .118; p= ,008) sowie *Peers_Unterstützung-Emotionen* (β= .091; p= ,045) den signifikantesten Erklärungsbeitrag in Bezug auf die Peers liefern. Keine Bedeutung bei der Erklärung der Kontrollierten Motivation erlangen die Lehrpersonen. Keine Variable in Bezug auf die Lehrperson weist einen signifikanten Erklärungsbeitrag auf.

Somit kann festgestellt werden, dass für die Erklärung der Kontrollierten Motivation insgesamt vor allem das Erziehungsverhalten der Eltern und die Haltungen der Peers als entscheidend zu betrachten sind.

Tabelle 49: Ergebnis der hierarchischen Regressionsanalyse (3a) für Flow

	Variablen	beta	*t*	*p*
Modell 1	(Konstante)		5,12	,000
	Eltern_allgemein	,059	1,39	,164
	Eltern_Instrument	,146	3,46	,001
Modell 2	(Konstante)		-0,97	,334
	Eltern_allgemein	,009	0,21	,835
	Eltern_instrument	,104	2,48	,013
	Lehrperson_Autonomie	,191	4,43	,000
	Lehrperson_Kompetenz	,119	2,68	,007
	Lehrperson_soziale_Einbindung	-,030	-0,61	,543
	Lehrperson_pädagogisch-didaktisches Interesse	,071	1,51	,131
	Lehrperson_Interesse am Instrument	,003	0,07	,946
Modell 3	(Konstante)		-1,10	,273
	Eltern_allgemein	-,010	-0,23	,817
	Eltern_Instrument	,101	2,48	,013
	Lehrperson_Autonomie	,196	4,66	,000
	Lehrperson_Kompetenz	,100	2,32	,021
	Lehrperson_soziale Einbindung	-,061	-1,28	,202
	Lehrperson_pädagogisch-didaktisches Interesse	,046	0,99	,320
	Lehrperson_Interesse am Instrument	-,008	-0,21	,834
	Peers_Unterstüzung-Emotionen	,157	3,58	,000
	Peers_Kritik	-,035	1,45	,384
	Peers_Wichtigkeit-Unterstützung	,085	1,97	,049
	Peers_Gemeinsames Spielen	,087	2,14	,033

Abhängige Variable: Flow

Tabelle 50: Ergebnis der hierarchischen Regressionsanalyse (3b) für Flow

Modell	Prädiktoren	*R^2*	*angepasstes R^2*	*df1*	*df2*	*Sig. Änderung in F*
1	block 1	,030	,026	2	588	,000
2	block 1, block 2	,095	,084	5	583	,000
3	block1, block 2, block 3	,152	,136	4	579	,000

Abhängige Variable: Flow

Das Ergebnis der hierarchischen Regression für Flow zeigt, dass das Flowerleben beim Spielen eines Musikinstrumentes zu 13,6% (R^2=,136) durch die Prädiktoren Eltern, Lehrperson und Peers erklärt werden kann. Die Beta-Koeffizienten in Tabelle 49 für das Modell 3 zeigen, dass alle Prädiktoren signifikante Variablen zur Erklärung des Flowerlebens aufweisen. In Bezug auf die Lehrpersonen liefern die Variablen *Lehrperson_Autonomie* (β=.196, p= .000) sowie *Lehrperson_Kompetenz* (β=.100; p= .021) den signifikantesten Erklärungsbeitrag. Bei den Peers sind die Variablen *Peers_Unterstützung-Emotionen* (β=.157), *Peers_Gemeinsames Spielen* (β = .087) sowie *Peers_Wichtigkeit-Unterstützung* (β=.085) als signifikante Variablen für die Erklärung des Flowerlebens zu betrachten. In Bezug auf die Eltern liefert das instrumentenbezogene Autonomieverhalten (β=.101) einen signfikanten Erklärungsbeitrag (p= .013).

Es lässt sich also festhalten, dass alle Prädiktoren einen signifikanten Erklärungsbeitrag für das Flowerleben liefern, wobei die Lehrpersonen und die Peers eine zentrale Rolle einnehmen.

Tabelle 51: Ergebnis der hierarchischen Regressionsanalyse (4a) für Amotivation

	Variablen	beta	*t*	*p*
Modell 1	(Konstante)		16,00	,000
	Eltern_allgemein	-,286	-7,08	,000
	Eltern_Instrument	-,106	-2,63	,009
Modell 2	(Konstante)		10,59	,000
	Eltern_allgemein	-,209	-5,29	,000
	Eltern_Instrument	-,059	-1,51	,132
	Lehrperson_Autonomie	-,061	-1,52	,129
	Lehrperson_Kompetenz	-,011	-0,28	,783
	Lehrperson_soziale Einbindung	-,216	-4,78	,000
	Lehrperson_pädagogisch-didaktisches Interesse	-,115	-2,63	,009
	Lehrperson_Interesse am Instrument	-,019	-0,48	,632
Modell 3	(Konstante)		10,83	,000
	Eltern_allgemein	-,194	-4,90	,000
	Eltern_Instrument	-,057	-1,46	,144
	Lehrperson_Autonomie	-,053	-1,33	,183
	Lehrperson_Kompetenz	,003	0,09	,932
	Lehrperson_soziale Einbindung	-,202	-4,47	,000
	Lehrperson_pädagogisch-didaktisches Interesse	-,106	-2,43	,015
	Lehrperson_Interesse am Instrument	-,010	-0,27	,789
	Peers_Unterstüzung-Emotionen	-,109	-2,60	,009
	Peers_Kritik	-,072	-1,91	,056
	Peers_Wichtigkeit-Unterstützung	-,015	-0,37	,709
	Peers_Gemeinsames Spielen	,024	0,61	,540

Abhängige Variable: Amotivation

Tabelle 52: Ergebnis der hierarchischen Regressionsanalyse (4b) für Amotivation

Modell	Prädiktoren	R^2	*angepasstes* R^2	*df1*	*df2*	*Sig. Änderung in F*
1	block 1	,110	,107	2	595	,000
2	block 1, block 2	,206	,197	5	590	,000
3	block1, block 2, block 3	,223	,208	4	586	,014

Abhängige Variable: Amotivation

Bei der Amotivation können 20,8% (R^2=,208) der Varianz erklärt werden. In diesem Fall haben die Einstellungen der Peers den geringsten Erklärungsbeitrag. Entscheidend sind hierbei das Autonomie fördernde Erziehungsverhalten der Eltern und die Lehrpersonen. Model 1 aus Tabelle 50 zeigt klar, dass *Eltern_allgemein* (β= -.286) und *Eltern_Instrument* (β= -.106) einen signifikanten Erklärungsbeitrag zur Varianz liefern.

Darüber hinaus wird aus Model 2 in Tabelle 50 auch ersichtlich, dass neben den Variablen zu den Eltern, die Variablen *Lehrperson_soziale Einbindung* (β= -.216) und *Lehrperson_pädagogisch-didaktisches Interesse* (β= -.115) als entscheidende Faktoren für die Erklärung der Amotivation zu betrachten sind.

Des Weiteren konnte, wie aus Modell 3 ersichtlich, im Bereich der Peers die Variable *Peers_Unterstützung-Emotionen* (β= -.109) als einzige Variable mit signifikantem Erklärungsbeitrag (p= .009) für die Amotivation identifiziert werden.

Es zeigt sich also, dass für die Erklärung der Amotivation vor allem das Erziehungsverhalten der Eltern und die Lehrpersonen entscheidend sind.

6.4 Strukturgleichungsmodelle

Kurzzusammenfassung:
Neben Regressionsanalysen wurden auch Strukturgleichungsmodelle überprüft. Diese konnten die Ergebnisse aus den Regressionen bestätigen und bekräftigen. Zur Erklärung der Autonomen Motivation liefern die Bereiche Lehrperson und Peers einen wesentlichen Erklärungsbeitrag. Besonders zu erwähnen ist hierbei das pädagogisch-didaktische Interesse der Lehrperson, die soziale Beziehung zur Lehrperson, als auch die wahrgenommene Kompetenz der Lehrperson. Darüber hinaus wird auch die Unterstützung durch die Peers als sehr bedeutsam für die Autonome Motivation erachtet.

Im Gegensatz zur Autonomen Motivation liefern bei der Kontrollierten Motivation die Eltern bzw. das wahrgenommene Erziehungsverhalten der Eltern den höchsten Erklärungsbeitrag. Hierbei ist vor allem die allgemeine Autonomieunterstützung der Eltern maßgebend. Einen geringeren, aber dennoch signifikanten Erklärungsbeitrag liefern die Haltungen der Peers. Bei den Lehrpersonen spielt lediglich die soziale Einbindung eine signifikante Rolle. Fühlen sich Kinder im Unterricht nicht wohl, so entwickeln sie beim Spielen eines Musikinstrumentes eher eine Kontrollierte Motivation. In Bezug auf die Kontrollierte Motivation liefert auch das Alter eine signifikante Erklärung: Je jünger Kinder und Jugendliche sind, desto eher fühlen sie sich kontrolliert motiviert.

Zur Erklärung des Flowerlebens können signifikante Erklärungsbeiträge aus allen drei Bereichen (Lehrperson, Eltern und Peers) gefunden werden. So liefern z.B. die Unterstützung der Peers sowie das gemeinsame Musizieren signifikante Erklärungsbeiträge. Im Bereich der Lehrpersonen zeigt sich, dass das Befriedigen des Autonomiebedürfnisses der Kinder und Jugendlichen im Unterricht einen signifikanten Erklärungsbeitrag liefert. Im Gegensatz zur Autonomen und Kontrollierten Motivation zeigt sich beim Flowerlebens nicht die allgemeine Autonomieunterstützung, sondern die instrumentenbezogene Autonomieunterstützung der Eltern als signifikante Erklärungsvariable.

Ähnlich dem Flowerleben weisen auch in Bezug auf die Amotivation alle Bereiche einen signifikanten Erklärungsbeitrag auf. Im Bereich der Peers ist dies die Unterstützung durch die Peers, bei den Lehrpersonen die soziale Komponente sowie das pädagogisch-didaktische Interesse und bei den Eltern das wahrgenommen allgemeine Erziehungsverhalten.

Eine Bestätigung der Ergebnisse aus den Regressionsanalysen liefern die Strukturgleichungsmodelle. Strukturgleichungsmodelle werden als Hilfsmittel für die Berechnung von Kausalanalysen betrachtet. Mit Hilfe dieser kann überprüft werden, ob die aufgestellten theoretischen Konzepte und Hypothesen mit den gewonnenen empirischen Daten übereinstimmen. Besonderes Merkmal von Strukturgleichungsmodellen ist, dass auch Beziehungen zwischen latenten, sprich nicht direkt beobachtbaren Variablen, untersucht werden können (vgl. Backhaus et al., 2003).

Zunächst werden die Bereiche Eltern, Lehrpersonen sowie Peers einzeln gemessen und im Anschluss werden alle Bereiche in einem gesamten Modell zusammengefasst. Es werden nach der Reihe die Ergebnisse der verschiedenen Motivationsformen wie Autonome Motivation, Kontrollierte Motivation, Flow sowie Amotivation präsentiert. Zu berücksichtigen ist, dass es bei Flow und Amotivation lediglich zu einer Darstellung des Gesamtmodells kommt.

Es sei zu erwähnen, dass alle hier angeführten Strukturgleichungsmodelle einen explorativen Charakter aufweisen. Die Messgenauigkeit ist bei diesen Modellen eher eingeschränkt, da hier vorwiegend Kurzskalen zum Einsatz kamen. Manche Konstrukte wurden aus rein pragmatischen Gründen nur mittels zwei oder überhaupt nur einem Item gemessen.

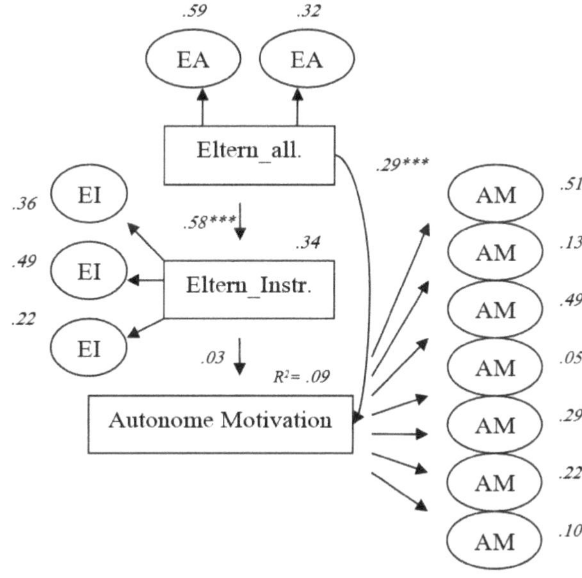

χ^2	CFI	CMIN/DF	RMSEA
345.911	.819	6.783	.082

Abbildung 11: Strukturgleichungsmodell – Autonome Motivation (1a)

Die Autonome Motivation lässt sich mit 9% (R^2=,09) durch das Autonomie fördernde Erziehungsverhalten der Eltern erklären. Besonderen Stellenwert erlangt dabei die allgemeine Autonomieunterstützung der Eltern. Diese weist nämlich sowohl eine direkte (β=.29) als auch eine indirekte Beziehung zur Autonomen Motivation auf. Hinsichtlich der indirekten Beziehung beeinflusst die allgemeine Autonomieunterstützung (β=.58) die instrumentenbezogene Autonomie-unterstützung (R^2=,34). Diese wiederum weist einen geringen Beeinflussungseffekt (β=.03) auf die Autonome Motivation auf. Es sei aber zu berücksichtigen, dass das vorliegende Model keinen guten Datenfit (χ^2=345.911; CFI=.819; CMIN/DF=6.783; RMSEA=.082) aufweist (vgl. Browne & Cudeck, 1993).

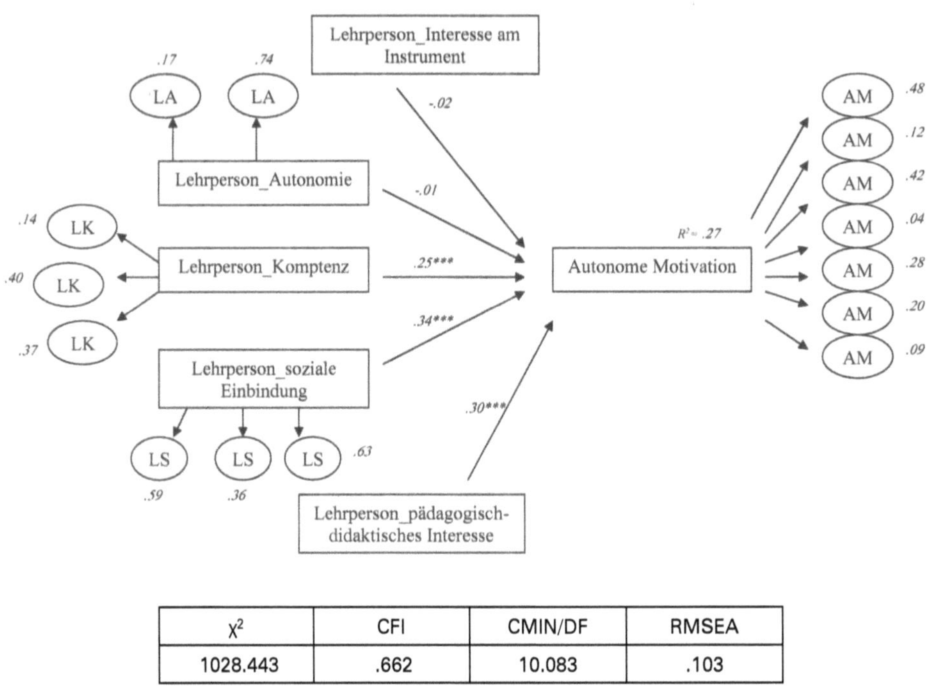

χ^2	CFI	CMIN/DF	RMSEA
1028.443	.662	10.083	.103

Abbildung 12: Strukturgleichungsmodell – Autonome Motivation (1b)

Einen größeren Erklärungsbeitrag liefern die Lehrpersonen. Sie können die Autonome Motivation mit 27% (R^2=,27) erklären. Abbildung 12 zeigt, dass hier besonders drei Variablen einen signifikanten Erklärungsbeitrag zur Autonomen Motivation leisten. Diese wären die soziale Einbindung durch die Lehrperson(β=.34), das pädagogisch-didaktische Interesse der Lehrperson (β=.30) sowie die Erfüllung des Kompetenzbedürfnisses durch die Lehrperson (β=.25). Keine Bedeutung für die Erklärung der Autonomen Motivation erlangen die Variablen Lehrperson_Autonomie (β= -.01) sowie Lehrperson_Interesse am Instrument (β= -.02). Auch dieses Modell weist keinen akzeptablen Datenfit auf (χ^2=1028.443; CFI=.662; CMIN/DF=10.083; RMSEA=.103).

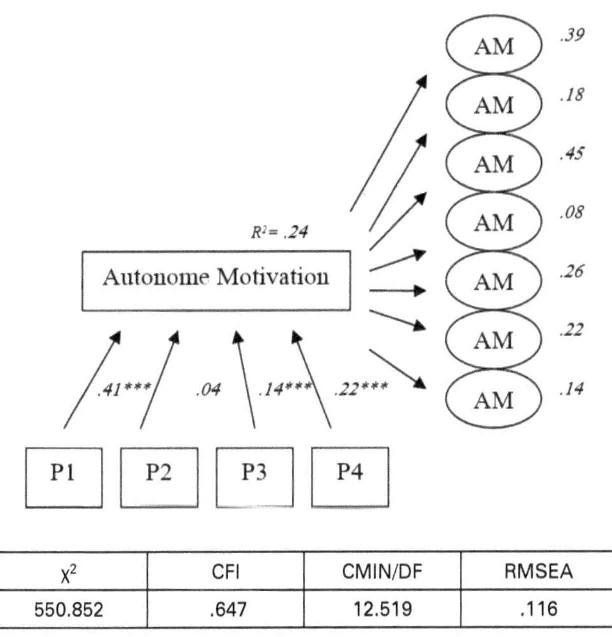

χ²	CFI	CMIN/DF	RMSEA
550.852	.647	12.519	.116

Abbildung 13: Strukturgleichungsmodell – Autonome Motivation (1c)

Neben den Lehrpersonen liefert auch die Haltung der Peers in Bezug auf die Autonome Motivation einen größeren Erklärungsbeitrag. Sie können diese nämlich mit 24% (R^2=,24) erklären. Den größten Erklärungsbeitrag liefern dabei die Variablen *Peers_Unterstützung-Emotionen* (β=.41) *sowie Peers_Gemeinsames Spielen* (β=.22). Es ist also für die Entwicklung der Autonomen Motivation auch bedeutsam, Peers in den Prozess des Spielens eines Musikinstrumentes mit einzubeziehen. Das Modell bezüglich der Peers weist keinen akzeptablen Datenfit auf (χ^2=550.852; CFI=.647; CMIN/DF=12.519; RMSEA=.116).

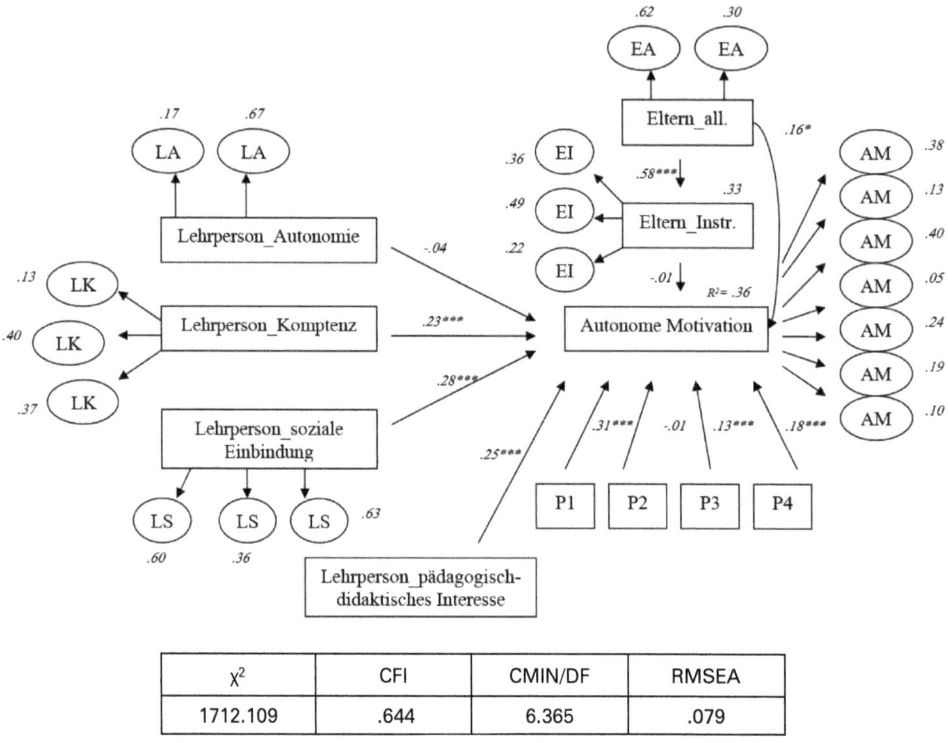

χ^2	CFI	CMIN/DF	RMSEA
1712.109	.644	6.365	.079

Abbildung 14: Strukturgleichungsmodell – Autonome Motivation (gesamt)

Abbildung 14 zeigt das Gesamtmodell zur Erklärung der Autonomen Motivation. Diesbezüglich sei zu erwähnen, dass die Ergebnisse aus den Einzelmodellen es nahelegten, gewisse Variablen, die keinen Erklärungsbeitrag leisten, nicht für das Gesamtmodell zu berücksichtigen. Aus diesem Grund wurden die Variable *Lehrperson_Interesse am Instrument* sowie *Alter*[9] nicht für das Gesamtmodell verwendet. Betrachtet man nun das Modell, in dem alle Bereiche zusammengefügt werden, so lässt sich die Autonome Motivation mit einer Gesamtvarianz von 36% (R^2=,36) erklären. Dabei spielen die Lehrpersonen und die Einstellungen der Peers entscheidende Rollen. Kinder und Jugendliche, die bei Lehrpersonen in den Unterricht gehen, bei denen sie das Gefühl haben, dass es ihnen Spaß macht ihnen etwas beizubringen (β=.25), entwickeln eher eine Autonome Motivation. Auch die Kompetenz der Lehrperson (β=.23) sowie die soziale Beziehung zu der Lehrperson (β=.28) werden bei den Kindern und Jugendlichen für die Autonome Motivation als wichtig erachtet.

Die Unterstützung durch die Peers bzw. die Ansicht (β=.31), dass diese es gut finden, dass die Kinder und Jugendlichen ein Instrument spielen, wird als sehr bedeutsam für die Autonome Motivation betrachtet. Darüber hinaus entwickeln die Kinder und Jugendlichen mehr Autonome Motivation, wenn auch die Peers es unterstützen, dass sie ein Instrument spielen oder sie gar gemeinsam mit den Peers musizieren (β=.18). Einen geringeren Erklärungsbeitrag liefern die Eltern. Hierbei ist vor allem

9 Die Variable „Alter" ist für die Erklärung der Varianz bei allen Gesamtmodellen vorgesehen.

die allgemeine Autonomieunterstützung der Eltern maßgebend, da diese sowohl einen direkten (β=.16) als auch indirekten Beeinflussungseffekt auf die Autonome Motivation aufweist. Das Gesamtmodell zur Erklärung der Autonomen Motivation weist einen akzeptablen Datenfit auf (χ^2=1712.109; CFI=.644; CMIN/DF=6.365; RMSEA=.079).

Ein anderes Bild zeichnet sich bei der Kontrollierten Motivation ab.

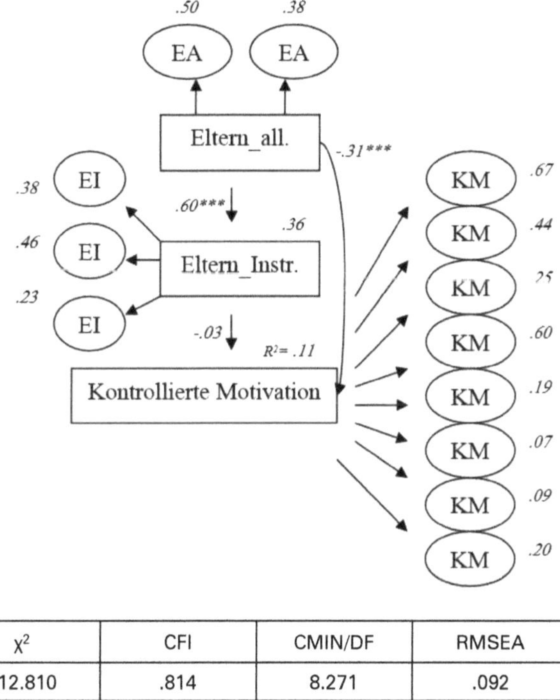

χ^2	CFI	CMIN/DF	RMSEA
512.810	.814	8.271	.092

Abbildung 15: Strukturgleichungsmodell – Kontrollierte Motivation (1a)

Im Vergleich zur Autonomen Motivation lässt sich die Kontrollierte Motivation mit 11% (R^2=,11) besser durch das Erziehungsverhalten der Eltern erklären. Ähnlich der Autonomen Motivation erlangt dabei die allgemeine Autonomieunterstützung der Eltern eine höhere Bedeutung. Diese weist nämlich sowohl eine direkte (β=-.31) als auch eine indirekte Beziehung zur Kontrollierten Motivation auf. Hinsichtlich der indirekten Beziehung beeinflusst die allgemeine Autonomieunterstützung (β=.60) die instrumentenbezogene Autonomieunterstützung (R^2=,36). Diese jedoch weist einen geringen Beeinflussungseffekt (β=.03) auf die Kontrollierte Motivation auf. Somit kann festgehalten werden, dass, je weniger die Kinder und Jugendlichen von zu Hause Autonomie erfahren, desto eher entwickelt sich eine Kontrollierte Motivation. Es ist zu berücksichtigen, dass das vorliegende Modell keinen akzeptablen Datenfit (χ^2=512.911; CFI=.814; CMIN/DF=8.271; RMSEA=.092) aufweist.

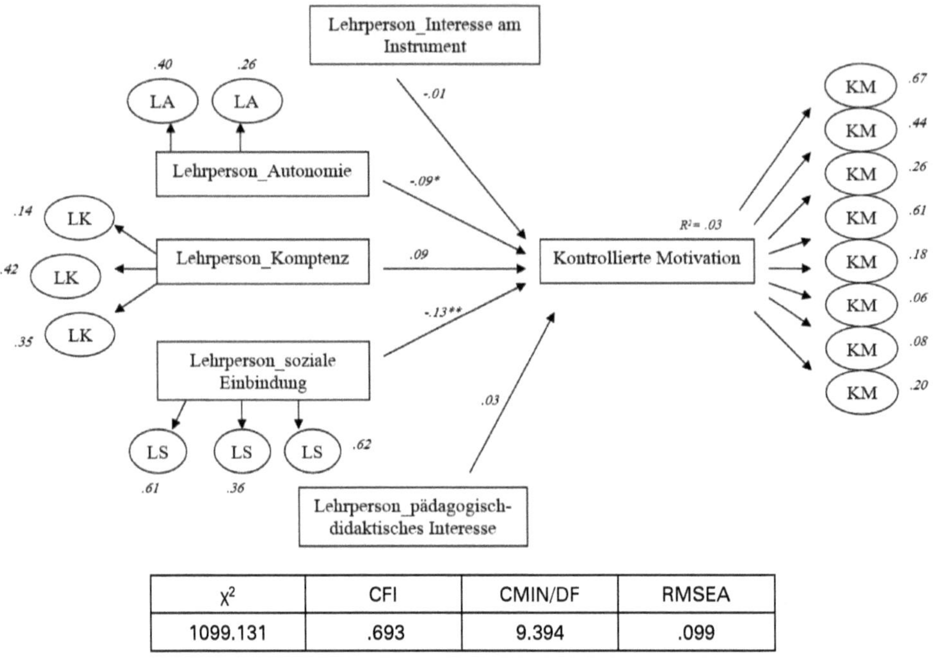

χ^2	CFI	CMIN/DF	RMSEA
1099.131	.693	9.394	.099

Abbildung 16: Strukturgleichungsmodell – Kontrollierte Motivation (1b)

Keinen bis kaum einen Erklärungswert für die Kontrollierte Motivation liefern die Lehrpersonen. Diese erklären nämlich lediglich 3% (R^2=,03) der Varianz. Abbildung 16 zeigt, dass nur die zwei Variablen *Lehrperson_soziale Einbindung* (β=-.13) sowie *Lehrperson_Autonomie* (β=-.09) einen signifikanten Erklärungsbeitrag liefern. Alle anderen Variablen erlangen für die Erklärung der Kontrollierten Motivation eine geringe Bedeutung. Ähnlich dem Einzelmodell für Kontrollierte Motivation (1a) weist auch dieses Modell keinen akzeptablen Datenfit (χ^2=1099.131; CFI=.693; CMIN/DF=9.394; RMSEA=.099) auf.

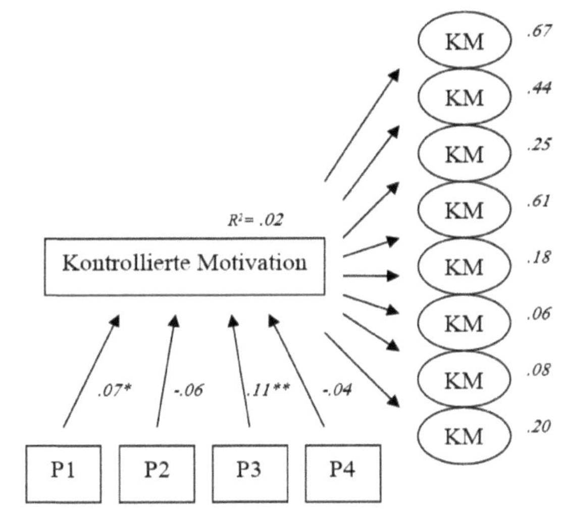

χ^2	CFI	CMIN/DF	RMSEA
452.911	.775	8.387	.093

Abbildung 17: Strukturgleichungsmodell – Kontrollierte Motivation (1c)

Ähnlich der Situation bezüglich des Erklärungswerts der Lehrpersonen für die Kontrollierte Motivation gestaltet sich die Situation bei den Peers. Die Einstellungen der Peers liefern kaum einen Erklärungsbeitrag in Bezug auf die Kontrollierte Motivation. Auch hier kann sie nur mit 2% (R^2=,02) erklärt werden. Aus Abbildung 17 lässt sich entnehmen, dass dieses Modell keinen akzeptablen Datenfit (χ^2=452.911; CFI=.775; CMIN/DF=8.387; RMSEA=.093) zeigt.

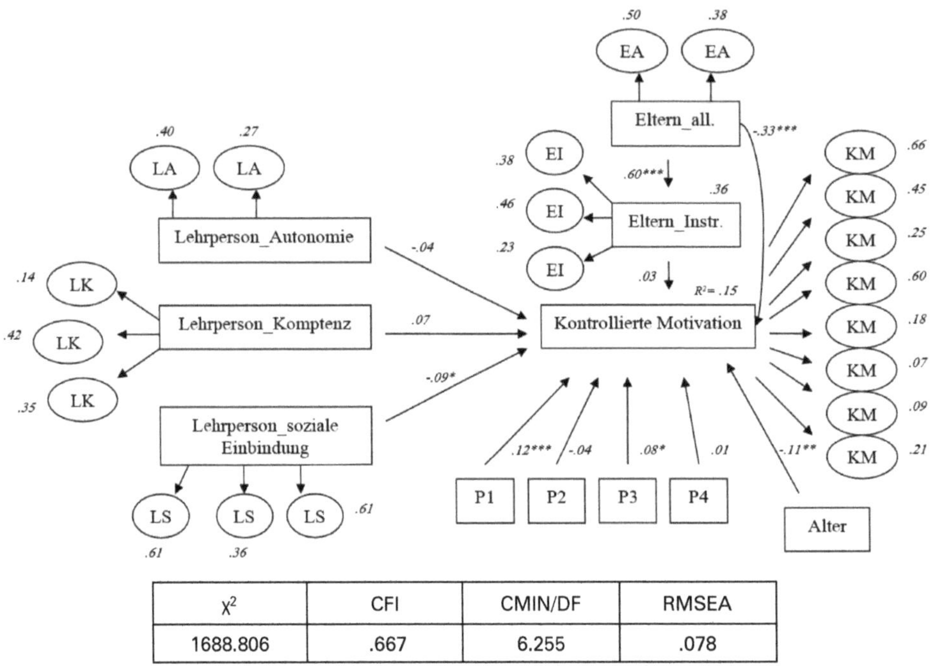

χ^2	CFI	CMIN/DF	RMSEA
1688.806	.667	6.255	.078

Abbildung 18: Strukturgleichungsmodell – Kontrollierte Motivation (gesamt)

Aufgrund der Ergebnisse aus den Einzelmodellen wurden die zwei Variablen *Lehrperson_Interesse am Instrument* sowie *Lehrperson_pädagogisch-didaktisches Interesse* nicht für das Gesamtmodell verwendet. Fügt man nun alle Bereiche zusammen, so lässt sich die Kontrollierte Motivation mit 18% (R^2=,15) der Gesamtvarianz erklären. Waren es bei der Autonomen Motivation noch die Einstellungen der Peers und die Lehrpersonen, so ist es bei der Kontrollierten Motivation das wahrgenommene Erziehungsverhalten der Eltern, das den höchsten Erklärungswert aufweist. Hierbei ist vor allem die allgemeine Autonomieunterstützung der Eltern maßgebend, da diese sowohl einen direkten (β=-.33) als auch einen indirekten Beeinflussungseffekt auf die Kontrollierte Motivation aufweist. Hinsichtlich der indirekten Beziehung beeinflusst die allgemeine Autonomieunterstützung (β=.60) die instrumentenbezogene Autonomieunterstützung (R^2=,36). Diese jedoch weist einen geringen Beeinflussungseffekt (β=.03) auf die Kontrollierte Motivation auf. Auch die Peers liefern mit den Variablen *Peers_Unterstützung-Emotionen* (β=.12) und *Peers_Wichtigkeit-Unterstützung* (β=.23) einen geringen, aber signifikanten Erklärungsbeitrag (β=.08). Bei den Lehrpersonen ist die Variable *Lehrperson_soziale Einbindung* (β=-.09) jene Variable, die einen signifikanten Erklärungsbeitrag zur Kontrollierten Motivation liefert. Fühlen sich Kinder im Unterricht nicht wohl, so entwickeln sie beim Spielen eines Musikinstrumentes eher eine Kontrollierte Motivation. Darüber hinaus zeigt sich, dass auch das Alter eine signifikante Erklärungskraft aufweist (β=-.11). Je jünger Kinder und Jugendliche sind, desto eher fühlen sie sich kontrolliert motiviert. Es kann somit konstatiert werden, dass zur Erklärung der Kontrollierten Motivation das Autonomie fördernde Erziehungsverhalten der Eltern die entscheidende Erklärungskraft darstellt. Bei Kindern, deren Eltern ihnen insgesamt wenig Autonomie zukommen lassen, entwickelt sich mehr Kontrollierte Motivation beim Spielen eines Musikinstrumentes. Das Gesamtmodell zur Erklärung der Kontrollierten Motivation zeigt einen akzeptablen Datenfit (χ^2=1688.806; CFI=.667; CMIN/DF=6.255; RMSEA=.078).

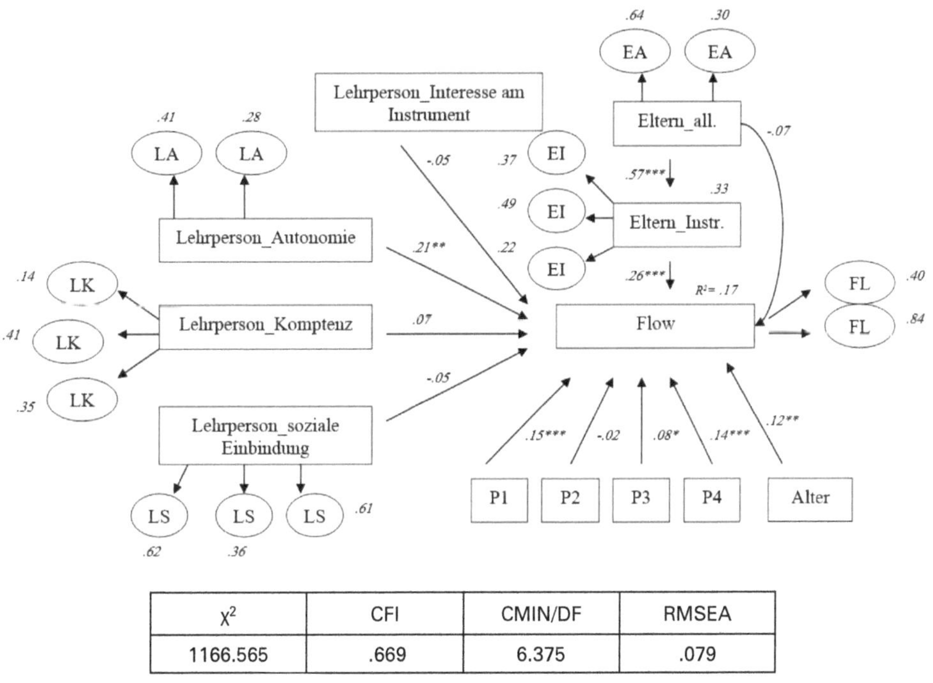

χ^2	CFI	CMIN/DF	RMSEA
1166.565	.669	6.375	.079

Abbildung 19: Strukturgleichungsmodell – Flow

Für das Modell zur Erklärung des Flowerlebens beim Spielen eines Instrumentes wurde die Variable *Lehrperson_pädagogisch-didaktisches* Interesse entfernt. Insgesamt lässt sich das Flowerleben mit einer Gesamtvarianz von 17% (R^2=,17) erklären. Signifikante Erklärungsbeiträge werden hierbei aus allen drei Bereichen (Lehrperson, Eltern und Peers) geliefert. Kinder und Jugendliche entwickeln eher einen Flowzustand, wenn Peers es unterstützen, dass sie ein Instrument spielen (β=.15) und sie auch gemeinsam musizieren (β=.14). Auch der Musikunterricht hat einen Effekt auf das Flowerleben. So zeigt sich, dass Lehrpersonen, die im Unterricht das Autonomiebedürfnis der Kinder und Jugendlichen befriedigen, einen signifikanten Erklärungsbeitrag (β=.21) bezüglich des Flowerlebens liefern.

Darüber hinaus wird aus Abbildung 19 ersichtlich, dass auch das Erziehungsverhalten der Eltern bei der Erklärung des Flowerlebens eine Bedeutung einnimmt. Im Gegensatz zur Autonomen und Kontrollierten Motivation liefert hinsichtlich des Flowerlebens nicht die allgemeine Autonomieunterstützung, sondern die instrumentenbezogene Autonomieunterstützung der Eltern einen signifikanten Erklärungsbeitrag (β=.26). Zu berücksichtigen ist jedoch, dass die allgemeine Autonomieunterstützung der Eltern zwar keinen direkten signifikanten Erklärungsbeitrag liefert (β=-.07), diese jedoch einen hohen indirekten Beeinflussungseffekt auf die instrumentenbezogene Autonomieunterstützung aufweist (β=.57).

Neben den drei großen Bereichen Eltern, Lehrperson und Peers zeigte sich noch, dass auch das Alter einen signifikanten Erklärungsbeitrag für das Flowerleben liefert (β=.12). Je älter die Kinder und Jugendlichen sind, desto eher geraten sie beim Spielen eines Musikinstrumentes in einen Flowzustand.

Das Gesamtmodell für das Erleben des Flow beim Spielen eines Musikinstrumentes zeigt einen akzeptablen Datenfit (χ^2=1166.565; CFI=.669; CMIN/DF=6.375; RMSEA=.079).

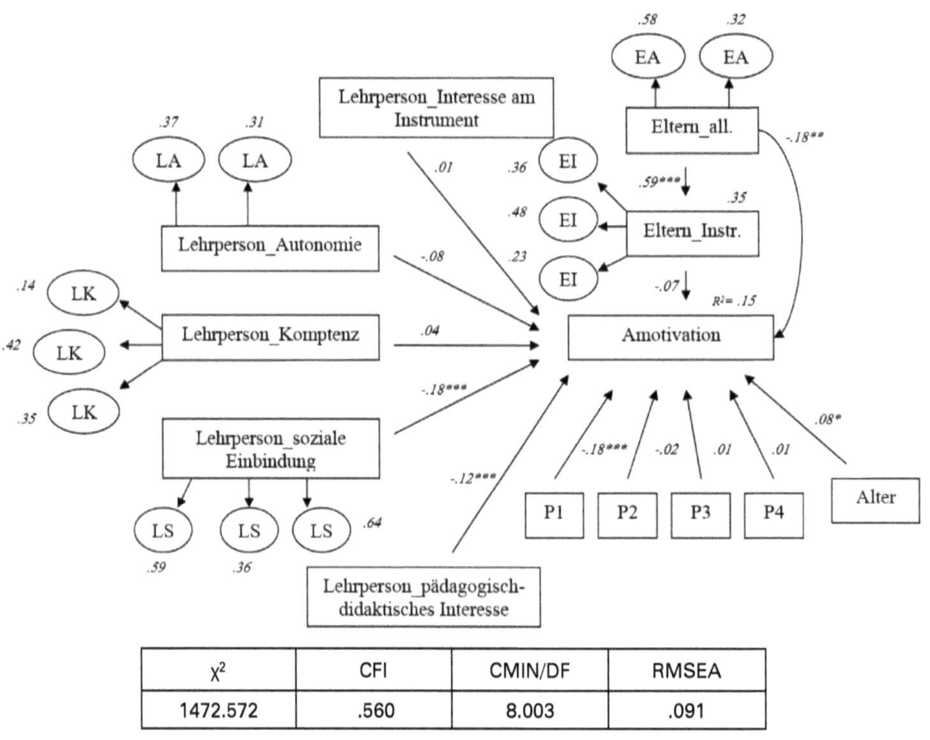

χ^2	CFI	CMIN/DF	RMSEA
1472.572	.560	8.003	.091

Abbildung 20: Strukturgleichungsmodell – Amotivation

Beim Modell zur Erklärung der Amotivation wurden keine Variablen entfernt. Insgesamt können bei der Amotivation 15% (R^2=,15) der Gesamtvarianz erklärt werden. Ähnlich dem Flowerleben weisen auch in Bezug auf die Amotivation alle Bereiche einen signifikanten Erklärungsbeitrag auf. Für den Bereich der Peers liefert die Variable *Peers_Unterstützung-Emotionen* (β=-.18) den größten Erklärungsbeitrag. Je weniger die Freunde es gut finden und unterstützen, dass ein Instrument gespielt wird und je weniger sie gemeinsam musizieren, desto mehr entwickelt sich eine Amotivation.

Einen ähnlichen Wert erreichen die Eltern in Bezug auf die allgemeine Autonomieunterstützung (β=-.18). Erfahren die Kinder und Jugendlichen zu Hause weniger Autonomie und mehr Kontrolle, so entwickelt sich auch hierbei eine Amotivation.

Auch die Lehrpersonen bzw. der Musikunterricht erlangen bei der Erklärung der Amotivation Bedeutung. So liefern die soziale Einbindung durch die Lehrperson (β=-.18) sowie das pädagogisch-didaktische Interesse der Lehrperson (β=-.12) die größten signifikanten Erklärungsbeiträge. Amotivation entwickelt sich somit eher, wenn sich Kinder und Jugendliche im Unterricht nicht wohlfühlen und sie das Gefühl haben, dass die Lehrperson kein Interesse zeigt, ihnen etwas beizubringen.

Darüber hinaus geht aus Abbildung 20 hervor, dass auch das Alter eine geringe aber dennoch signifikante Erklärungskraft darstellt (β=.08). Je älter die Kinder und Jugendlichen sind, desto eher entwickelt sich eine Amotivation. Der Grund dafür könnte darin liegen, dass mit zunehmendem Alter Kinder und Jugendliche neue Interessen entwickeln.

Das Gesamtmodell für die Erklärung der Amotivation zeigt keinen guten Datenfit (χ^2=1472.572; CFI=.560; CMIN/DF=8.003; RMSEA=.091).

6.5 Clusteranalysen

Kurzzusammenfassung:
Die Ergebnisse der Clusteranalyse zeigen, dass sich aus den vorliegenden Daten vier qualitativ unterschiedliche motivationale Typen bilden lassen:

1. Ein autonom motivierter Typ: Bei diesem Typ ist die Autonome Motivation hoch und die Kontrollierte Motivation gering ausgeprägt. Dieser Typ spielt sein Instrument, weil es ihm Freude bereitet und er daran Spaß hat. Dieser Typ wird Musik wahrscheinlich auch längerfristig als sein Hobby betrachten und ein persönliches Interesse entwickeln.
2. Ein hoch motivierter Typ / Performer: Dieser Typ weist den höchsten Grad an Autonomer Motivation, zugleich aber auch eine Kontrollierte Motivation auf mittlerem Niveau auf. Die Ergebnisse deuten darauf hin, dass dieser Typ leistungsmotiviert ist. Er spielt z.B. gern ein Solo aber auch eher als langweilig bezeichnete Tätigkeiten, wie z.B. Tonleiter üben, werden von diesem Typ „gerne" ausgeführt. Dieser Typ ist leistungsmotiviert, da er mit dem Instrument auch etwas erreichen will, sei es eine Prüfung zu bestehen oder später vielleicht den Beruf des Musikers zu ergreifen.
3. Ein mittel hoch autonom motivierter Typ: Dieser Typ hat im Vergleich zu den anderen Typen den geringsten Grad an Autonomer Motivation, weist zugleich aber auch den geringsten Grad an Kontrollierter Motivation auf. Dieser Typ verfügt auch über eine relativ geringe Leistungsmotivation und wird aller Voraussicht nach Musik als sein Hobby bezeichnen. Die Wahrscheinlichkeit, dass dieser Typ das Spielen eines Musikinstrumentes aufgibt, ist im Vergleich zu den anderen beschriebenen Typen höher.
4. Ein mischmotivierter Typ: Hier sind beide Motivationsformen, sei es Autonome oder Kontrollierte Motivation, ähnlich stark ausgeprägt. Es kann davon ausgegangen werden, dass dieser Typ aufgrund der nur auf mittlerem Niveau ausgeprägten Autonomen Motivation, und im Verhältnis zu den Typen 1 und 3 höher ausgeprägten Kontrollierten Motivation, ein eher geringeres persönliches Interesse aufweist oder ausprägen wird.

Hinsichtlich der Cluster lassen sich Unterschiede in der Befriedigung der Basic Needs im Musikunterricht, in der elterlichen Autonomieunterstützung sowie in der Wahrnehmung der Einstellung der Peers zum Lernen eines Instruments erkennen. Darüber hinaus lassen sich die Typen je nach Höhe und Qualität der Motivation anhand einzelner Tätigkeitspräferenzen, die mit dem Spielen eines Instruments verbunden sind, unterscheiden.

Neben den Strukturgleichungsmodellen wurde zusätzlich eine Clusteranalyse (Clusterzentrenanalyse) durchgeführt. Unter Clusteranalysen werden Verfahren verstanden, die zur Bildung von Personengruppen verwendet werden. Dies bedeutet, dass Individuen, die idente bzw. ähnliche Charakteristika und Merkmale aufweisen, selektiert und in einer Gruppe zusammengefasst werden. Gruppen untereinander sollten, wenn möglich, keine Ähnlichkeiten aufweisen. Auf diese Weise ermöglichen Clusteranalysen eine Typenbildung (vgl. Backhaus et al., 2003).

Mit Hilfe der vorliegenden Clusteranalysen wurde versucht, Schemata bzw. Typen hinsichtlich der Lernmotivation für das Spielen eines Musikinstrumentes bei Kindern und Jugendlichen zu generieren. Für die Analyse wurde sowohl eine Clusterlösung mit vier als auch mit fünf Fällen durchgeführt. Es zeigte sich, dass eine Clusterlösung mit fünf Fällen keine inhaltliche Interpretierbarkeit mit sich brachte und deshalb die Vier-Typen-Lösung verwendet wurde[10]:

Typ 1 (Auto_mot): Dieser Typ ist sehr hoch autonom und wenig kontrolliert motiviert.

Typ 2 (High_mot): Bei diesem Typ ist die Autonome Motivation auch sehr hoch, jedoch ist der Grad der kontrollierten Regulation näher der Skalenmitte und höher als bei allen anderen Clustern.

Typ 3 (Mid_aut): Typ 3 hat die, relativ betrachtet, geringste Autonome Motivation, hat aber auch eine geringe Kontrollierte Motivation.

Typ 4 (Mixed_mot): Dieser Typ wird als Mischtyp bezeichnet, da bei ihm sowohl Autonome Motivation wie auch Kontrollierte Motivation fast gleich stark ausgeprägt sind.

Tabelle 53: Mittelwerte und Standardabweichung der Motivationstypen (a)

	Type 1(a) N=250 (40.5%) **Auto_mot**	**Type 2(b)** N=114 (18.5%) **High_mot** (auto and mid control)	**Type 3(c)** N=150 (24.3%) **Mid_aut**	**Type 4(d)** N=103 (16.7%) **Mixed_mot**	**Total** N=617 (100%)
Autonome_Mot	4.12_{bcd} (0.34)	4.44_{acd} (0.32)	3.19_{abd} (0.42)	3.25_{abc} (0.44)	3.82 (0.63)
Kontrollierte_Mot	1.65_{bcd} (0.33)	2.81_{acd} (0.50)	1.35_{abd} (0.29)	2.47_{abc} (0.45)	1.92 (0.67)

Skala: 1=stimmt nicht, 5=stimmt voll. Die Mittelwertdifferenz ist auf der Stufe p<0.05 zwischen allen Clustern signifikant (Verfahren: Scheffé)

Da Clusteranalysen einen explorativen Charakter aufweisen, sollten die Ergebnisse einer Validitätsprüfung unterzogen werden. Aus diesem Grund wurde der Gesamtdatensatz mittels Zufall in zwei gleich große Datensätze unterteilt und ein „k-means clustering“ für beide Teilproben durchgeführt.

Die Ergebnisse der Cohen's Kappakoeffizienten mit .91 und .87 zeigen klar, dass die Ergebnisse der Gesamtclusteranalyse auch auf die Hälfte des Datensatzes zutreffen würden (vgl. Asendorpf et al., 2001).

Validierung der Typen: Clusteranalysis with k-means:
- Gruppe A (erste 50%) mit gesamt: κ =.91; N=313
- Gruppe B (zweite 50%) mit gesamt: κ = .87; N=314

10 Es gab keine primäre Orientierung am statistischen Abbruchkriterium.

Tabelle 54: Mittelwerte und Standardabweichung der Motivationstypen (b)

	Type 1(a)	Type 2(b)	Type 3(c)	Type 4(d)	total
Lehrperson:					
Unterstützung_Autonomie	4.27_{d} (0.72)	4.20 (0.82)	4.07 (0.83)	3.95_{a} (0.80)	4.15 (0.80)
Unterstützung_Kompetenz	4.77_{cd} (0.32)	4.76_{cd} (0.36)	4.61_{ab} (0.46)	4.55_{ab} (0.49)	4.70 (0.41)
Soziale Eingebundenheit	4.70_{cd} (0.50)	4.66_{d} (0.45)	4.46_{a} (0.67)	4.28_{ab} (0.75)	4.56 (0.60)
Pädagogisch-didaktisches Interesse	4.50_{cd} (0.67)	4.45_{d} (0.69)	4.18_{a} (0.84)	3.98_{ab} (0.98)	4.33 (0.80)
Interesse am Instrument	4.90_{d} (0.33)	4.96_{d} (0.20)	4.87 (0.39)	4.78_{ab} (0.48)	4.88 (0.36)
Eltern:					
Eltern_allgemein	4.57_{bd} (0.57)	4.27_{a} (0.87)	4.43_{d} (0.63)	4.10_{ac} (0.96)	4.40 (0.74)
Eltern_Instrument	4.20 (0.99)	4.09 (0.91)	4.14 (0.90)	3.89 (1.01)	4.11 (0.96)
Peers:	3.80_{cd} (0.63)	3.90_{cd} (0.53)	3.35_{ab} (0.63)	3.30_{ab} (0.63)	3.62 (0.66)
Interessen					
In den Musikunterricht gehen	4.69_{cd} (0.52)	4.56_{cd} (0.68)	4.30_{ab} (0.82)	4.25_{ab} (0.70)	4.50 (0.68)
Tonleiter üben	3.19 (0.92)	3.30_{cd} (0.98)	2.97_{b} (0.94)	2.90_{b} (0.90)	3.11 (0.94)
Ein Solo spielen	4.00_{cd} (0.99)	4.29_{cd} (0.82)	3.49_{ab} (1.22)	3.57_{ab} (1.21)	3.86 (1.10)
Den Theorieunterricht besuchen	3.10_{cd} (1.10)	3.27_{cd} (1.26)	2.67_{ab} (1.13)	2.64_{ab} (1.13)	2.95 (1.17)
Mit Freunden gemeinsam spielen	4.69_{cd} (0.61)	4.69_{cd} (0.61)	4.28_{ab} (1.01)	4.21_{ab} (1.02)	4.51 (0.82)
Neue Stücke üben	4.38_{cd} (0.76)	4.54_{cd} (0.68)	4.01_{ab} (0.90)	3.97_{ab} (0.95)	4.25 (0.85)
Bei Vorspielstunden auftreten	3.61_{bcd} (1.11)	3.98_{acd} (0.96)	2.97_{ab} (1.27)	2.83_{ab} (1.23)	3.39 (1.22)
Prüfungen am Instrument ablegen	3.37_{bcd} (1.09)	3.76_{acd} (0.99)	2.79_{ab} (1.16)	2.82_{ab} (1.06)	3.21 (1.14)
Alleine spielen / üben	4.09 (0.87)	4.19_{c} (0.82)	3.89_{b} (0.90)	3.99 (0.91)	4.04 (0.88)
Etüden üben / spielen	3.47 (0.98)	3.72_{cd} (1.00)	3.26_{b} (1.06)	3.27_{b} (1.04)	3.43 (1.02)
Vortragsstücke üben / spielen	4.10_{cd} (0.87)	4.21_{cd} (0.78)	3.60_{ab} (0.98)	3.72_{ab} (1.01)	3.94 (0.94)
Instrument putzen und pflegen	3.75_{c} (1.00)	3.99_{cd} (0.98)	3.31_{ab} (1.10)	3.53_{b} (0.96)	3.65 (1.04)
Flow	3.13_{cd} (1.26)	3.29_{cd} (1.18)	2.52_{ab} (1.20)	2.57_{ab} (1.07)	2.92 (1.24)
Amotivation	1.04_{cd} (0.26)	1.07_{d} (0.37)	1.23_{ad} (0.62)	1.54_{abc} (1.03)	1.18 (0.60)

Skala: 1=stimmt nicht, 5=stimmt voll. Die Mittelwertdifferenz ist auf der Stufe $p<0.05$ signifikant (Verfahren: Scheffé)

Neben der allgemeinen Beschreibung der Cluster wurden auch Motivationsprofile erstellt. Dabei nimmt der Autor Anleihe an den Profilmustern von Vansteenkiste, Soenens, Sierens, Luyckx, & Lens, (2009).

Typ 1 (Auto_mot): Bei diesem Typ ist die Autonome Motivation, wie bereits oben erwähnt, hoch ausgeprägt, wohingegen die Kontrollierte Motivation gering ist. In Bezug auf die Motivationsprofile nach Vansteenkiste et al. (2009) wäre dieser Typ als *High quality cluster* zu bezeichnen. Dieser Typ spielt sein Instrument, weil es ihm Freude bereitet und er daran Spaß hat. Die Qualität der Motivation ist bei diesem Typ hoch ausgeprägt. Dieser Typ wird Musik wahrscheinlich auch längerfristig als sein Hobby betrachten und hat mit großer Wahrscheinlichkeit ein persönliches Interesse entwickelt.

Typ 2 (High_mot): Typ 2 weist den höchsten Grad an Autonomer Motivation auf. Der Unterschied zu Typ 1 liegt darin, dass der Grad der Kontrolliertheit relativ hoch ist. Nach Vansteenkiste et al. (2009) ist dieser Typ als *High quantity cluster* zu bezeichnen. Dieser Typ ist ebenso autonom motiviert, ein Instrument zu spielen und zu lernen und er ist zudem auf mittlerem Niveau kontrolliert motiviert. Die Ergebnisse zeigen auch, dass dieser Typ leistungsmotiviert ist. Aus Tabelle 53 ist ersichtlich, dass Typ 2 durchwegs höhere Ausprägungen aufweist, wenn es um Leistung geht. Er spielt z.B. gern ein Solo (M=4.29), tritt gerne bei Vorspielstunden auf (M=3.98) oder legt im Vergleich zu den anderen Typen auch lieber Prüfungen am Instrument ab (M=3.76). Als eher langweilig bezeichnete Tätigkeiten, wie Tonleiter üben, werden von diesem Typ eher präferiert (M=3.30). Dieser Typ ist leistungsmotiviert, da er mit dem Instrument auch etwas erreichen will, sei es eine Prüfung zu bestehen oder später vielleicht den Beruf des Musikers zu ergreifen. Darüber hinaus zeigten Studien (z.B. Lin et al., 2001), dass leistungsstarke Schüler/innen sowohl intrinsisch als auch auf mittlerem Niveau extrinsisch motiviert sind.

Typ 3 (Mid_Aut): Dieser Typ hat im Vergleich zu den anderen Typen den geringsten Grad an Autonomer Motivation, weist zugleich aber auch den geringsten Grad an Kontrollierter Motivation auf. Vansteenkiste et al. (2009) bezeichnen diesen Typ als *Low quantity cluster*. Dieser Typ verfügt auch über eine relativ geringe Leistungsmotivation, obwohl er gerne in den Musikunterricht (M=4.30) geht. Im Vergleich zu den anderen Typen spielt dieser am wenigsten gern ein Solo (M=3.49) und legt am wenigsten gern eine Prüfung am Instrument ab (M=2.79). Tabelle 53 zeigt auch, dass Schüler/innen, die diesem Typ zuzuordnen sind, am wenigsten oft ein Flowerlebnis beim Spielen eines Instrumentes haben (M=2.52). Typ3 wird aller Voraussicht nach Musik als sein Hobby bezeichnen, jedoch wird es für ihn neben Musik noch weitere Hobbys geben, die einen für ihn höheren Stellenwert einnehmen. Am Instrument verfolgt dieser Typ keine besonderen externalen Ziele. Die Wahrscheinlichkeit, dass dieser Typ das Spielen eines Musikinstrumentes aufgibt, ist im Vergleich zu den anderen beschriebenen Typen höher.

Typ 4 (Mixed_mot): Hier sind beide Motivationsformen, sei es Autonome oder Kontrollierte Motivation, ähnlich stark ausgeprägt. Aus diesem Grund kann dieser Typ als Mischtyp bezeichnet werden. Dieser Typ ist unentschlossen, in welche Richtung sich die Motivation in Bezug auf das Instrument entwickeln wird. Dennoch kann davon ausgegangen werden, dass dieser Typ aufgrund der nur auf mittlerem Niveau ausgeprägten Autonomen Motivation, und im Verhältnis zu den Typen 1 und 3 höher ausgeprägten Kontrollierten Motivation, ein eher geringeres persönliches Interesse aufweist oder ausprägen wird.

Die Clusteranalyse zeigt, dass Autonome und Kontrollierte Motivation - auch bezüglich eines Gegenstandsbereiches - in der Person vereint sein können. Ob und inwiefern sich Personen im Laufe der Zeit entwickeln und ihren Typ wechseln bzw. ob die Typenzuordnungen zeitlich stabil sind, wäre ein künftiges Forschungsdesiderat.

7. Zusammenfassung und Interpretation der Ergebnisse

Ziel dieser Arbeit war es, zu untersuchen, wie und warum Kinder und Jugendliche motiviert sind, ein Instrument zu lernen und zu spielen. Als Grundlage für die Untersuchung diente die *Selbstbestimmungstheorie (SDT)* nach Deci & Ryan (z.B. 2002). Darüber hinaus nahm der Autor für die empirische Studie auch noch Anleihe an der *Person-Gegenstands-Theorie des* Interesses nach Krapp (z.B. 1999) sowie an der *Flow-Theorie* nach Csikszentmihalyi (z.B. 2008).

Im folgenden Kapitel werden die wesentlichen Ergebnisse dieser Arbeit zusammengefasst und auf der Grundlage der theoretischen Konzeptionen und der bisherigen empirischen Befunde diskutiert. Darüber hinaus werden aus den Untersuchungsergebnissen praktische Implikationen abgeleitet.

Die vorliegende, eher explorativ angelegte, empirische Studie brachte für die Forschung neue Erkenntnisse. Es zeigte sich, dass Kinder und Jugendliche, die eine Musikschule besuchen, für das Lernen und Spielen eines Instrumentes eher autonom als kontrolliert motiviert sind. Meines Erachtens liegt der Grund für diese Ausprägung darin, dass das Lernen und Spielen eines Musikinstrumentes in den meisten Fällen auf freiwilliger Basis stattfinden und somit ein Anfangsinteresse am Gegenstand und an der Tätigkeit bereits vorhanden ist. Ganz im Sinne der Person-Gegenstands-Theorie des Interesses (Krapp, 1999) wurden neben der Motivation auch interessensspezifische Tätigkeiten, die mit dem Spielen eines Instrumentes verbunden sind, untersucht. Es zeigte sich, dass keine dieser Tätigkeiten im Durchschnitt ungern ausgeführt werden. Die am wenigsten interessanten Tätigkeiten für die Schüler/innen sind *„Tonleiter üben"*, *„Prüfungen am Instrument ablegen"* sowie *„Den Theorieunterricht besuchen"*. Zwei Tätigkeiten werden besonders gern ausgeübt. Zum einen ist es *„In den Musikunterricht gehen"* und zum anderen *„Mit Freunden gemeinsam musizieren"*. Dies verweist auf zwei Aspekte, die für die Autonome Motivation von Bedeutung sind, den Musikunterricht (= Lehrpersonen) und die Peers. Auch die Ergebnisse der Korrelationsanalysen zeigten, dass es einen Zusammenhang zwischen Autonomer Motivation, der Einschätzung des Unterrichts (= Lehrperson) und den Einstellungen der Peers gibt. In Bezug auf die Lehrpersonen ist besonders das pädagogisch-didaktische Interesse (r=.34**) und die soziale Einbindung, die die Musikschüler/innen im Unterricht wahrnehmen (r=.31**), mit der Autonomen Motivation assoziiert. Hinsichtlich der Relevanz der Peers sind besonders emotionale und soziale Komponenten zu erwähnen. So zeigt sich, dass die emotionale Verbundenheit (r=.41**) und das gemeinsame Musizieren (r=.32**) mit Autonomer Motivation korreliert.

Bezüglich der Kontrollierten Motivation lassen sich nur geringe bis gar keine Korrelationen mit dem Unterricht und den Einstellungen der Peers finden. Den höchsten Erklärungswert weist hierbei die allgemeine Autonomieunterstützung der Eltern in der Erziehung (r=.-30**) auf. Je weniger also die Eltern Autonomie in ihrem Erziehungsverhalten zeigen, desto eher entwickelt sich bei den Kindern und Jugendlichen auch beim Lernen eines Instrumentes eine Kontrollierte Motivation. Als wichtiger Faktor konnte auch das Alter identifiziert werden. So wurde ein Zusammenhang zwischen

Alter und dem Autonomieverhalten der Eltern in Bezug auf das Instrument (r=.46**) festgestellt. Aus meiner Sicht könnte eine mögliche Erklärung darin liegen, dass die Kinder mit zunehmendem Alter ihre Motivation für das Lernen und Spielen eines Instrumentes unabhängig vom Verhalten der Eltern machen. Mit dem Alter entwickeln sich eventuell auch neue Interessen, bzw. wird ein vorhandenes Interesse vertieft, und somit kommt es zu einer eigenen, „unabhängigen“, Motivation.

Korrelationsanalysen liefern keine Auskunft über Ursache und Wirkung, jedoch ließen die Ergebnisse aus diesen die Vermutung zu, dass die Autonome Motivation besonders durch die Lehrpersonen und die Haltung der Peers begünstigt wird, wohingegen bei der Kontrollierten Motivation der autonomieunterstützende Erziehungsstil der Eltern bzw. dessen Abwesenheit eine entscheidende Rolle spielt. Eine Bestätigung dieser Annahmen lieferten die Ergebnisse aus den Regressionsanalysen sowie den Strukturgleichungsmodellen. Es zeigte sich, dass die Autonome Motivation besonders von den Lehrpersonen und den Einstellungen der Peers abhängig ist. Bei den Lehrpersonen spielen vor allem das wahrgenommene pädagogisch-didaktische Interesse (β= .25), die Kompetenzunterstützung (β=.21) sowie die soziale Einbindung (β=.28) durch die Lehrpersonen eine wichtige Rolle. Fühlen sich demnach Kinder und Jugendliche in der Umgebung der Lehrpersonen wohl, dann ist deren selbstbestimmte Motivation, in den Unterricht zu gehen und das Instrument zu lernen, höher. Dies wurde auch von den Befragten als die beliebteste Tätigkeit aus den im Fragebogen gelisteten Tätigkeiten beim Lernen und Spielen eines Instrumentes eingestuft. Davidson et al. (1998) konnten zeigen, dass erfolgreiche Musiker/innen Lehrpersonen hatten bzw. haben, die freundlich und entspannt sind und eine persönliche Wärme ausstrahlen. Auch der Aspekt der Kompetenzunterstützung wird als wichtig erachtet. Kinder nehmen eher Autonome Motivation wahr, wenn sie das Gefühl haben, ihre Lehrperson kann ihnen etwas beibringen und sie durch die Hilfe der Lehrperson ein höheres Kompetenzniveau erreichen. Sie machen in diesem Sinne Selbstwirksamkeitserfahrungen (vgl. Bandura, 1997). Ist dies nicht der Fall, geht die Motivation zurück und kann dazu führen, dass Kinder und Jugendliche mit dem Lernen und Spielen eines Instrumentes aufhören. In diesem Zusammenhang zeigten Davidson et al. (1998), dass erfolgreiche Musiker/innen die Lehrpersonen wechselten, wenn diese sie nicht in ihrer Kompetenzentwicklung unterstützten. Waren die Lehrpersonen anfangs mehr auf den sozialen Aspekt konzentriert, so zeigte sich, dass die weiterführenden (neuen) Lehrpersonen aufgabenorientierter waren. Studien (z.B. de Bèzenac & Swindells, 2009) zeigten auch, dass erfolgreiche Musiker/innen ihre eigene Kompetenz häufig von der Kompetenz ihrer Lehrpersonen abhängig machten. Auf diese Weise konnten, ganz im Sinne der SDT (Deci & Ryan, 1993; Ryan & Deci, 2002), die Basic Needs *soziale Einbindung* und das *Kompetenzerleben* erfüllt werden.

In Bezug auf das dritte psychologische Grundbedürfnis, *Autonomie*, zeigten die eigenen Ergebnisse, dass nach Ansicht der Befragten die Lehrpersonen die Autonomie im Unterricht zumeist unterstützen. Dennoch spielt die Autonomie durch die Lehrpersonen (β =.-04) für die Erklärung einer Autonomen Motivation kaum eine Rolle. Dieses Ergebnis weist eine Diskrepanz zur bisherigen Forschung auf, denn Renwick & McPherson (2002) konnten z.B. aufzeigen, dass Autonomie durch die Lehrperson in der Instrumentalmusik zu höherer intrinsischer Motivation und folge dessen zu qualitativ hochwertigerem Üben führt. Eine mögliche Ursache dieser Diskrepanz könnte im Deckeneffekt verbunden mit einer geringen Variation liegen, da in diesem Fall die Autonomiewahrnehmung der Schüler/innen bereits sehr hoch ausgeprägt (M=4,14; SD=0,81) ist und wenig Spielraum für eine Erklärung lässt. Ein weiterer Grund könnte in einer Überforderung liegen. Die Basic Needs sind in unterschiedlichen Settings nicht immer von gleich großer Bedeutung (Müller & Palekčić, 2005). Im Bildungsbereich zeigte sich, dass für das Lehren und Lernen Autonomie mit Kompetenzunterstützung gepaart sein soll. Besteht zwischen diesen Bedürfnissen keine optimale Balance, so entsteht ein Gefühl der Überforderung. Auch die eigenen Ergebnisse zeigen, dass die wahrgenommene Autonomie durch die Lehrperson am niedrigsten mit der Kompetenzunterstützung durch die Lehrperson korreliert. Eine höhere Korrelation lässt sich zwischen der Autonomieunterstützung durch die Lehrperson und der sozialen Einbindung im Unterricht feststellen, was ein Indiz dafür sein könnte, dass die Befriedigung des Autonomiebedürfnisses für das subjektive Wohlfühlen im Unterricht von Belang ist. Somit werden alle drei grundlegenden psychologischen Grundbedürfnisse befriedigt, was für das Lernen und Spielen eines Instrumentes als sehr wichtig betrachtet wird. Die Studien z.B. von Evans et al. (2012) oder Evans (2015) bestätigen diese Annahme.

Wie bereits erwähnt liefert auch das pädagogisch-didaktische Interesse der Lehrpersonen einen wichtigen Erklärungsbeitrag für die Autonome Motivation. Diesbezüglich spielt auch der Unterrichtsstil, den die Lehrperson pflegt, eine große Rolle. Geht es nach der Selbstbestimmungstheorie, so ist für die Entwicklung einer intrinsischen Motivation ein autonomieunterstützender Unterrichtsstil (z.B. Jang et al., 2010; Reeve & Jang, 2006) am förderlichsten. Aus der musikalischen Perspektive entwickelten Küpers et al. (2013) eine Unterrichtsform, *Scaffolding*, die der SDT gerecht wird. Durch den engen Lehrer-Schüler-Kontakt im Musikunterricht wird eine emotionale Beziehung aufgebaut, welche das Bedürfnis nach sozialer Eingebundenheit befriedigt. Durch die Anpassung der Anforderung und Unterstützung an die Fähigkeiten und Fertigkeiten der Schüler/innen erfahren diese Kompetenzerleben. Mit Zunahme der Kompetenz wird mehr Verantwortung übergeben (z.B. öffentlicher Auftritt) und somit Autonomie gefördert. *Scaffolding* ist also ganz im Sinne der Selbstbestimmungstheorie (Ryan & Deci, 2002) zu betrachten, da alle drei Basic Needs berücksichtigt werden.

Neben den Lehrpersonen spielen auch die Einstellungen der Peers in Bezug auf das Lernen und Spielen eines Instrumentes eine entscheidende Rolle bei der Erklärung einer Autonomen Motivation. Zentraler Faktor ist hierbei, dass Peers es gut finden und unterstützen, wenn Kinder und Jugendliche ein Instrument spielen. Darüber hinaus wurde auch, wie bereits erwähnt, *„Mit Freunden gemeinsam spielen"* als äußerst beliebte Tätigkeit eingestuft. Meines Erachtens ist dies auch einer der wichtigsten Komponenten bei der Entwicklung einer Autonomen Motivation für das Spielen und Lernen eines Instrumentes. Mit zunehmendem Alter nehmen die Peers einen immer höheren Stellenwert im Vergleich zu den Eltern oder den Lehrpersonen ein, da sie u.a. viel mehr Zeit mit ihren Freunden als mit ihren Familien verbringen (vgl. Patrick et al., 1999). Dies geschieht im schulischen, aber auch im außerschulischen Kontext wie z.B. im Instrumentalunterricht. Für Peers ist es besonders wichtig, sich einer sozialen

Gruppe zugehörig zu fühlen und deren Akzeptanz für das Spielen eines Instrumentes zu erhalten. Eine Bestätigung dieser Ansicht lieferten z.B. Evans et al., (2012). Sie zeigten, dass Schüler/innen in der Schulband spielten, weil ihre Freunde dies auch taten und dies als „cool" erachtet haben. Auch die Studie von Moore et al. (2003) demonstrierte, dass für spätere Berufsmusiker/innen vor allem die Unterstützung durch die Peers bedeutsam für die Aufrechterhaltung ihrer Motivation, ein Instrument zu spielen, war.

Durch das Spielen eines Instrumentes bekommen Kinder und Jugendliche auch die Möglichkeit, neue Personen zu treffen und etwaige neue Freundschaften zu schließen. In Bezug auf die Peers darf auch das Kompetenzbedürfnis nicht vernachlässigt werden. Beim gemeinsamen Musizieren ist es meines Erachtens wichtig, dass das Kompetenzniveau der Peers ausgewogen ist. Haben alle das gleiche Niveau, so wird das Spielen höchst wahrscheinlich auch Spaß machen. Ist es jedoch unausgewogen, sprich eine Person ist viel besser als die anderen, so wird sich diese schnell langweilen, da für sie keine Herausforderung besteht und sie auch keine Entwicklungsmöglichkeiten sieht. Auf diese Weise kann das Bedürfnis nach Kompetenz kaum befriedigt werden und die Motivation für das Spielen wird sinken. Umgekehrt wird es sich bezüglich Motivation ähnlich gestalten, wenn eine Person ein viel geringeres Kompetenzniveau aufweist. Diese Person wird sich überfordert fühlen und eher keine Autonome Motivation entwickeln können. Beim gemeinsamen Musizieren wäre es also für die Entwicklung und Aufrechterhaltung der Motivation wichtig, eine optimale Balance zwischen Anforderung und Kompetenz zu finden, also ganz im Sinne der Flow-Theorie nach Csikszentmihalyi (2008). Es sei aber auch zu erwähnen, dass der Einfluss der Peers nicht nur als positiv zu betrachten ist. Peers können dafür verantwortlich sein, dass das Lernen und Spielen eines Instrumentes beendet wird. Wird diese Aktivität nicht akzeptiert, unterstützt oder als „cool" erachtet, wird man schnell stigmatisiert und als Außenseiter betrachtet (z.B. Evans et al., 2012). In den meisten Fällen wird diese Ausgrenzung eher im schulischen Kontext passieren und nicht in der Musikschule, da hier „Gleichgesinnte" anzutreffen sind.

Auch die Befriedigung des Autonomiebedürfnisses spielt eine wesentliche Rolle. Durch das Lernen und Spielen eines Instrumentes kann es sein, dass zu wenig Zeit für die Freunde bleibt. Besonders bei talentierten Musikern/innen kann dies der Fall sein, da sie ihr Talent und ihre Fähigkeiten weiterentwickeln wollen bzw. angehalten werden, dies zu tun. Tritt der erste Fall ein (Fähigkeiten weiterentwickeln wollen), werden sie eher weniger Einschränkung ihrer Autonomie verspüren. Müssen sie jedoch an ihren Fähigkeiten arbeiten und haben sie dadurch weniger Zeit für ihre Freunde, wird sich bei ihnen sicherlich ein Gefühl der allgemeinen Autonomieeinschränkung einstellen. In beiden Fällen kann es sein, dass Freunde vernachlässigt werden und somit soziale Beziehungen in den Hintergrund gerückt werden.

Es zeigt sich, dass sowohl die Kompetenz als auch das Autonomiebedürfnis essentielle Bestandteile für die Entwicklung und Aufrechterhaltung der Motivation sind. Auch die soziale Komponente in Bezug auf die Peers und auf die Lehrpersonen ist für die Erklärung einer Autonomen Motivation zu berücksichtigen.

Ein anderes Bild zeigte sich hinsichtlich der Prädiktion der Kontrollierten Motivation. Hier spielen weniger die Lehrpersonen und die Peers als vielmehr die Eltern eine Rolle. Dabei lieferte das allgemeine Erziehungsverhalten der Eltern in Bezug auf Autonomie den größten Erklärungsbeitrag (β=-.33). Dieses weist nicht nur einen direkten Beeinflussungseffekt auf die Kontrollierte Motivation auf, sondern auch einen indirekten. Hinsichtlich der indirekten Beziehung beeinflusst die allgemeine Autonomieunterstützung die instrumentenbezogene (β=.60). Diese weist jedoch einen geringen Beeinflussungseffekt (β=.03) auf die Kontrollierte Motivation auf. Erfahren Kinder und Jugendliche von ihren Eltern zu Hause weniger Autonomie, so entwickelt sich für das Lernen und Spielen eines Instrumentes eher eine Kontrollierte Motivation. Doch warum kontrollieren die Eltern ihre Kinder? Eine mögliche Erklärung lässt sich im allgemeinen Erziehungsverhalten finden. Es zeigte sich, dass Eltern in ihrer Erziehung sehr oft auf psychologische Kontrolle zurückgreifen, damit die Kinder ihr Verhalten den Vorstellungen, Werten und Bedürfnissen der Eltern anpassen. Dieses Erziehungsverhalten impliziert Verhaltensweisen wie z.B. Schuldgefühle wecken oder auch Liebesentzug (vgl. Soenens & Vansteenkiste, 2010). Psychologische Kontrolle verhindert aber, dass Kinder und Jugendliche Autonomie erfahren (vgl. Luyckx, Soenens, Vansteenkiste, Goossens & Berzonsky, 2007). Auch das Ergebnis dieser Studie zeigt, dass die höchste Korrelation eine negative Korrelation zwischen Kontrollierter Motivation und wahrgenommener Autonomie im Erziehungsverhalten der Kinder darstellt. Die Forschung (Elliot & Trash, 2004; Soenens, Elliot, Gossens, Vansteenkiste, Luyten & Duriez, 2005) konnte auch einen Zusammenhang zwischen psychologischer Kontrolle und Versagensängsten sowie psychologischer Kontrolle und krankhaftem Perfektionismus feststellen. Kinder und Jugendliche, die mit diesem Erziehungsverhalten aufwachsen, neigen dazu, eine ängstliche Persönlichkeit zu entwickeln (Luyckx et al., 2007) und wählen später als Erwachsene möglicherweise selbst diese Form der Erziehung.

Auch aus der musikalischen Perspektive gibt es mehrere Erklärungsmöglichkeiten für kontrollierendes Verhalten seitens der Eltern. Eltern haben oft genaue Vorstellungen, was ihre Kinder erreichen sollen und verleihen einer guten Ausbildung meistens einen hohen Stellenwert. Dabei könnten die Eltern einen Vorteil darin sehen, wenn ihre Kinder ein Instrument spielen. Studien (z.B. McPherson & O'Neill, 2010) konnten nachweisen, dass Kinder, die Musik, in welcher Form auch immer, praktizieren, im Durchschnitt bessere Leistungen in der Schule haben als die Nichtmusiker/innen.

Es kann aber auch sein, dass Eltern ihre Kinder deswegen kontrollieren, weil sie ihre eigenen Vorstellungen, Ziele und Wünsche über das Kind verwirklichen wollen. Elternteile hatten vielleicht selbst einmal den Wunsch, ein Instrument zu lernen oder die Musik eventuell sogar zum Beruf zu machen. Da dies aus irgendwelchen Gründen nicht möglich war, versuchen sie es nun über ihre Kinder. Es könnte aber auch sein, dass die Eltern ihr fehlendes Talent für das Spielen eines Instrumentes durch ihre Kinder kaschieren wollen (z.B. Evans et al., 2012). Möglicher Anreiz könnte dabei das Steigern des eigenen Selbstbewusstseins sein (Grolnick & Apostoleris, 2002).

Ein weiterer Faktor könnten die allgemeinen Wertvorstellungen der Eltern in Bezug auf Musik sein. Manche Eltern messen der Musik einen sehr hohen Stellenwert bei, spielen vielleicht selbst ein Instrument und erwarten nun dasselbe von ihrem Kind. Sie vergessen dabei aber möglicherweise, dass das Kind oft, im Sinne der Person-Gegenstands-Theorie (Krapp, 1999), keinerlei oder zu wenig Interesse an Musik, am Instrument oder auch an der musikalischen Tätigkeit hat.

Viele Eltern haben auch fixe Vorstellungen über das musikalische Potenzial ihrer Kinder und wollen es vielleicht nicht wahrhaben, wenn ihre Kinder dieses doch nicht aufweisen. Eltern versuchen dann durch Kontrolle, Vorschriften etc. dieses fehlende Potenzial auszugleichen.

Neben den zwei Motivationsformen, *Autonome Motivation* und *Kontrollierte Motivation*, wurden auch noch *Flow* und die *Amotivation* beim Lernen und Spielen eines Instrumentes untersucht. Obwohl der Flow in engem Zusammenhang mit der Autonomen Motivation steht, zeigten sich doch Unterschiede hinsichtlich der Erklärung. Lieferte die Autonomieunterstützung der Lehrpersonen bezüglich der Autonomen Motivation kaum einen Erklärungsbeitrag (β=-.04), so zeigt sich, dass dies im Bereich des Flow sehr wohl der Fall ist (β=.21). Eine mögliche Erklärung dafür könnte darin liegen, dass Lehrpersonen ihren Schüler/inne/n eine Wahlmöglichkeit bei der Stückauswahl bieten. Die Schüler/innen können so Musikstücke auswählen, die ihnen zum einen gefallen, zum anderen ihren Kompetenzen und Anforderungen entsprechen. Durch diese Balance zwischen Kompetenz und Anforderung können die Schüler/innen leichter einen Flow-Zustand erreichen. Somit zeigt sich auch hier eine Bestätigung der Studie von Renwick & McPherson (2002), die eine Evidenz für den positiven motivationalen Effekt von Autonomie in der Instrumentalmusik durch die Lehrperson nachwiesen. Ein weiterer Unterschied zur Autonomen Motivation wurde bei der Erklärung von Flow hinsichtlich der Eltern erkennbar. Hier liefert nämlich nicht das allgemeine Erziehungsverhalten der Eltern einen Erklärungsbeitrag, sondern das Erziehungsverhalten in Bezug auf das Instrument (β=.26). Hierbei könnte eine Erklärung in der musikalischen Aktivität der Eltern zu finden sein. Eltern, die selbst ein Instrument spielen oder spielten, wissen worauf es beim Spielen und Üben ankommt. Diese sind dann imstande ein instrumentenbezogenes Erziehungsverhalten anzubieten, welches für die Entwicklung eines Flowzustandes förderlich ist. Ähnlichkeit zur Autonomen Motivation weist der Flow in Bezug auf die Peers auf. Auch hier liefern die Unterstützung durch die Peers (β=.15) und das gemeinsame Musizieren(β=.14) die höchsten Erklärungsbeiträge.

Die Ergebnisse hinsichtlich der Amotivation zeigten, dass alle drei Bereiche (Lehrpersonen, Eltern und Peers) Einfluss auf die Entwicklung einer Amotivation haben. Diesbezüglich sei aber zu erwähnen, dass die Amotivation nur durch 15% erklärt werden kann. Die größten signifikanten Erklärungsbeiträge liefern dabei die soziale Einbindung im Musikunterricht (β=-.18), das wahrgenommene allgemeine Erziehungsverhalten der Eltern (β=-.18) sowie die *Variable Peers_Unterstützung-Emotionen* (β=-.18). Der Grund für diese niedrigen Werte könnte darin liegen, dass die Kinder und Jugendlichen, die bei dieser Studie beteiligt waren, zumeist intrinsisch für das Lernen und Spielen eines Instrumentes motiviert sind. Amotivation wird im Sinne der SDT nicht als motiviertes Verhalten im engeren Sinn betrachtet, da das Verhalten nicht auf ein Ziel ausgerichtet ist (vgl. z.B. Deci & Ryan, 1994). Dieser Definition folgend sind die befragten Personen dieser Studie keineswegs amotiviert.

Es wurde zusätzlich, um nichtlineare Zusammenhänge zu überprüfen, eine Clusteranalyse durchgeführt. Die Forschung rund um die Selbstbestimmungstheorie versucht immer wieder durch Clusteranalysen Erklärungen für individuelles motivationales Handeln zu finden. Diese Untersuchungen geschehen in unterschiedlichen Settings wie z.B. im Erziehungsbereich (z.B. Vansteenkiste et al., 2009), im Arbeitsbereich (z.B. Gillet, Berjot, & Paty, 2010) oder auch im Sport (z.B. Chian & Wang, 2008).

Bei der vorliegenden Arbeit erbrachte eine Clusterlösung mit fünf Clustern keine inhaltliche Interpretierbarkeit. Eine Vier-Cluster-Lösung war dagegen aussagekräftig. Bei der Erstellung der Motivationsprofile wurde Anleihe an den Profilmustern von Vansteenkiste et al. (2009) genommen.

Bei Typ 1 (Auto_mot) ist die Autonome Motivation hoch ausgeprägt, wohingegen die Kontrollierte Motivation gering ist. Die Qualität der Motivation ist bei diesem Typ hoch ausgeprägt, sodass sie als intrinsisch motiviert zu bezeichnen ist.

Typ 2 (High_mot) weist den höchsten Grad an Autonomer Motivation auf. Der Unterschied zu Typ 1 liegt darin, dass hier der Grad der Kontrolliertheit zugenommen hat. Dieser Typ ist ebenso autonom motiviert, ein Instrument zu spielen und zu lernen und ist zudem auf mittlerem Niveau kontrolliert motiviert. Er kann als leistungsmotiviert bezeichnet werden.

Typ 3 (Mid_Aut) hat im Vergleich zu den anderen Typen den geringsten Grad an Autonomer Motivation, hat aber zugleich auch den geringsten Grad an Kontrollierter Motivation. Typ3 wird aller Voraussicht nach Musik als sein Hobby bezeichnen, jedoch werden andere Hobbys einen für ihn höheren Stellenwert einnehmen.

Bei Typ 4 (Mixed_mot) sind die Grade der Motivationsformen, sei es Autonomie oder Kontrollierte Motivation, ähnlich stark ausgeprägt. Aus diesem Grund kann dieser Typ als Mischtyp bezeichnet werden. Es kann davon ausgegangen werden, dass dieser Typ eher geringeres persönliches Interesse aufweist oder ausprägen wird.

Methodenkritisch soll an dieser Arbeit folgendes angemerkt werden:
Ein wesentlicher Kritikpunkt der vorliegenden Arbeit bezieht sich auf die Messung der Konstrukte, von denen manche mit nur sehr wenigen Items (Kurzskala) gemessen wurden. Die Folge davon war, dass die Cronbachs-Alpha-Werte teilweise niedrig ausfielen. Aus pragmatischen Gründen musste der Fragebogen so konzipiert werden, dass er nicht zu umfangreich wurde, denn dieser musste auch für Kinder im Alter von 10 Jahren bewältigbar sein. Ferner sollte sich die Bearbeitungszeit nicht allzu lang gestalten. Darüber hinaus sollte der Fragebogen auch alle zu untersuchenden Aspekte (Lehrpersonen, Eltern und Peers) abdecken.

Ein weiterer Kritikpunkt richtet sich an die Itemkonstruktion. Manche Items, die für die Messung des Konstruktes verwendet worden sind, wurden selbst konzipiert und somit auch noch keiner Validitätsüberprüfung unterzogen. Andere Teile des Fragebogens wurden von bereits validierten Fragebögen adaptiert und zeigten dann auch bessere Cronbachs-Alpha-Werte.

Darüber hinaus lässt sich auch bei der inhaltlichen Ausrichtung der Items ein Kritikpunkt finden. Um ein breites Spektrum für die Erklärung der Motivation bei den Befragten abzudecken, untersuchten manche Items, wie z.B. jene zu den Peers, unterschiedliche Aspekte und wurden deshalb nicht zu einem Konstrukt zusammengefasst, sondern als Einzelitems verwendet. Infolgedessen ist die Messgenauigkeit eingeschränkt und der Erklärungswert geringer.

Die Ergebnisse dieser Studie lassen auch einen Deckeneffekt erkennen. Betrachtet man die Resultate zur intrinsischen Motivation (M=4,62; SD=0,68), so zeigt sich, dass hier das Motivationsniveau sehr hoch ausgeprägt ist. Ähnlich gestaltet sich dies bei der Skala zur Autonomen Motivation (intrinsische Motivation + identifizierte Motivation; M=3,81; SD=0,63). Auch hier ist die Motivation der Kinder und Jugendlichen bereits hoch ausgeprägt, die Standardabweichung weist auf wenig Variation hin und daraus resultierend sinkt auch die Erklärungskraft der Ergebnisse. Dies könnte aber ein Hinweis dafür sein, dass die Korrelationen unterschätzt werden und somit an Bedeutung gewinnen.

Aufgrund der Ausrichtung dieser Studie lässt sich festhalten, dass eine Generalisierbarkeit der Ergebnisse sowohl für Kärnten als auch für Österreich gegeben ist.

7.1 Praktische Implikationen

Generell ist es schwierig aus Korrelationsstudien praktische Maßnahmen abzuleiten, da zum einen die Kausalität fraglich ist und zum anderen die ökologische Validität nicht geklärt ist. Des Weiteren lassen sich aus den Untersuchungsergebnissen eher allgemeine und wenig konkrete praktische Implikationen für die instrumentalpädagogische Praxis ableiten.

Die erste Implikation zielt auf den Lehrstil der Lehrpersonen ab. Auch in dieser Untersuchung zeigte sich, dass die Unterstützung von Autonomie eine zentrale Bedeutung für die selbstbestimmte Motivation bei Spielen und Lernen eines Instruments aufweist. Dabei ist die wertschätzende Kommunikation zwischen Lehrer/in und Schüler/innen von besonderer Wichtigkeit. So sollten negatives Feedback, bewertende Aussagen oder auch Druck und Zwang weitgehend vermieden werden (vgl. Jang, 2006; Jang et al., 2010). Nach bisherigem Forschungsstand ist Autonomie vor allem dann wirksam für die Entwicklung und Aufrechterhaltung von Motivation, wenn zugleich Strukturaspekte des Unterrichts berücksichtigt werden. Diese sind etwa die Transparenz der Anforderungen oder eine klare und eindeutige Instruktion. Jang zeigte, dass diese Aspekte positive Auswirkungen auf das Engagement der Schüler/innen haben. Auch Sierens et al. (2009) stellten fest, dass sich Autonomieunterstützung und Struktur ergänzen.

Begibt man sich nun explizit in die instrumentalpädagogische Praxis, so stellt sich nun die Frage, wie Autonomieunterstützung in den Unterricht konkret implementiert werden kann. Maßnahmen wie z.B. Mitbestimmungsrecht bei der Auswahl von Musikstücken (Renwick & McPherson, 2002) fördern die autonome Motivation. Es macht keinen Sinn, wenn Musikschüler/inne/n Musikstücke aufgezwungen werden. Zur Förderung der Autonomie ist es auch hilfreich, wenn sich Lehrperson und Schüler/in zusammensetzen und sich gemeinsam Ziele stecken. Zum einen erzeugt dies bei den Schüler/inne/n ein Gefühl der Mitbestimmung, zum anderen wird durch das gemeinsame Stecken der Ziele eine Transparenz geschaffen, die sich wiederum positiv auf die Kompetenz auswirkt. Es ist aber nicht nur der Einzelunterricht, in dem eine Autonomieförderung umgesetzt wird, sondern auch im Ensembleunterricht. Diesbezüglich wäre eine Maßnahme, dass die Schüler/innen ihre Stimmen selbst aussuchen können. Dabei sei aber Vorsicht geboten. Es kann schnell passieren, dass manche Schüler/innen immer die gleichen Stimmen spielen. Hier sollte auf eine Ausgewogenheit geachtet werden. Spielen nämlich gewisse Schüler/innen immer die gleiche Stimme, könnte der Eindruck entstehen, diese würden immer bevorzugt werden oder die Lehrperson traut den anderen Schüler/inne/n keine andere Stimme zu. Dies wäre für die soziale Beziehung sowohl zur Lehrperson als auch für das soziale Gefüge im Ensemble kontraproduktiv. Es können aber auch kleine Dinge sein wie z.B. die Entscheidung, ob die Schüler/in im Stehen oder im Sitzen unterrichtet werden. Dies ist vor allem bei großen und schweren Blechblasinstrumente (z.B. Tuba) der Fall. Auch die Wahl der Unterrichtszeit begünstigt die Autonomieunterstützung im Unterricht. Sehr oft haben Schüler/innen vollgepackte Stundenpläne in der Schule. Da erleichtert es natürlich sehr, wenn man sich die Unterrichtszeit relativ „frei" aussuchen kann.

Neben der Autonomie spielt auch die soziale Komponente im Unterricht eine wesentliche Rolle. Studien (z.B. Reeve, 2006; Bieg et al., 2011) konnten zeigen, dass Schüler/innen weniger negative Emotionen zeigen, ein Zugehörigkeitsgefühl entwickeln, kreativer sind und vor allem auch intrinsisch motiviert sind, wenn ein qualitätsvoller Umgang mit ihnen gewährleistet ist. Davidson et al. (1998) zeigten, dass die soziale Eingebundenheit vor allem in den frühen Jahren des Unterrichtens von Bedeutung ist. Eine etwaige Maßnahme zur Förderung und Unterstützung der sozialen Eingebundenheit im Musikunterricht wäre z.B. die Gestaltung bzw. die Mitgestaltung des Unterrichtsraumes. Lehrpersonen sollten auch darauf bedacht sein, wenn nötig, einen Raum zu schaffen, in dem die Schüler/innen ihre Probleme, Sorgen etc. berichten können. Die Musikerleher/innen sind dann neben Lehrenden auch Vertrauenspersonen. Auch die Rolle, die die Lehrperson einnimmt bzw. wie sie von den Schüler/inne/n wahrgenommen wird, spielt eine wesentliche Rolle. Oftmals betrachten die Schüler/innen ihre Lehrperson während des Unterrichts als „Prüfer" oder „Prüferin". Lehrpersonen sollten darauf bedacht sein, dass die Schüler/innen sie eher als „Coach" oder „Unterstützer" sehen. Neben den Vorspielstunden können auch außertourliche gemeinsame Auftritte zur Stärkung der sozialen Komponente führen. Sehr oft kommt es auch vor, dass Schüler/innen neben dem Unterricht schon aktiv in Formationen (z.B. Orchester, Blasmusik, Band etc.) mitspielen und die Lehrperson dann zu einem Konzert einladen, bei dem sie das erste Mal mitspielen. Dann ist es äußerst wichtig bzw. äußerst förderlich für die soziale Beziehung, wenn die Lehrperson das Konzert dann auch besucht und damit persönliches Interesse signalisiert. Neben all diesen Aspekten gibt es aber noch eine Maßnahme zu Förderung der Motivation, die im Unterricht niemals fehlen sollte, nämlich Humor (vgl. Bieg & Dresel, 2018).

Neben Autonomie und sozialer Einbindung sollte für jede Lehrperson auch die Förderung des Kompetenzerlebens einen zentralen Stellenwert bei der Gestaltung von Lernumwelten – nicht nur beim Lernen eines Musikinstruments – einnehmen. Diesbezüglich sind Lehrpersonen gefordert zu erkennen, welches Kompetenzniveau die Schüler/innen aufweisen und weiterführend, wie dieses noch gesteigert werden kann, sodass sich bei den Schüler/inne/n ein Kompetenzerleben einstellt. Eines der häufigsten Anzeichen für mangelndes Kompetenzerleben ist, wenn Schüler/innen berichten, dass ihnen ein spezielles Musikstück nicht gefällt. Es ist dann zu überprüfen, ob das Musikstück dem Leistungsniveau der Schüler/innen entspricht. Für das Kompetenzerleben ist auch entscheidend und hilfreich, wenn Lehrpersonen, Tipps und Hinweise geben, um Aufgaben selbstständig lösen zu können. Für die Instrumentalpraxis würde dies bedeuten, den Schüler/inne/n vorzuspielen oder ihnen auch Alternativen beim Lernen aufzuzeigen (z.B. Hilfsgriffe oder auch eine andere Fingerhaltung), um schwierige Passagen leichter bewältigen zu können. Um die Kompetenz der Schüler/innen zu steigern, kann es auch förderlich sein zu zeigen, was auf dem Instrument eigentlich musikalisch alles möglich ist. Dafür können Ton- und Videoaufnahmen von absoluten Spitzenmusikern gezeigt werden. Bei einem solchen Verständnis des Lehrens nehmen Lehrpersonen, wie bereits im Bereich der sozialen Eingebundenheit erwähnt, eher die Rolle eines Coaches ein. Lösen Schüler/innen dann Aufgaben selbstständig, nehmen sie sich selber als kompetenter wahr und somit steigt auch die intrinsische Motivation. Auch im Ensemble können Maßnahmen getroffen werden, die positiv zur Förderung des Kompetenzerlebens beitragen. So sollen Schüler/innen im Ensemble auch mal andere Positionen einnehmen (z.B. auch mal die 2. oder 3. Stimme spielen). Auf diese Weise erlangen die Schüler/innen eine musikalische Flexibilität, die Kompetenz steigt und ihr eigene Kompetenzwahrnehmung erhöht sich. Ein weiterer wesentlicher Aspekt bei der Unterstützung des Kompetenzgefühls ist das Feedback. Lehrpersonen sollten in ihrem Lehrstil ein lernförderndes und informierendes Feedback verwenden, das eine konstruktive Ausrichtung aufweist. Es sei aber zu berücksichtigen, dass das Feedback in einer ausgewogenen Balance gegeben werden sollte. Nur positives Feedback führt unter Umständen zu negativen Effekten, da Schüler/innen das Gefühl bekommen könnten, dass das Feedback nicht ihren Leistungen entspricht, unangemessen ist und somit nicht als kompetenzfördernd wirkt (Hollembeak & Amorose, 2005). Im Bereich des Kompetenzerlebens wären auch noch Auftritte und Wettbewerbe zu nennen. Ersteres schafft ein Erfolgserlebnis, da man sieht, wofür man so hart und intensiv probt. Bei Wettbewerben gibt es jedoch zwei Seiten einer Medaille. Für manche Schüler/innen können Wettbewerbe ein unglaublicher Ansporn sein. Dadurch, dass sie die Lehrperson dorthin schickt, steigt einerseits die Motivation für das Üben, andererseits nehmen sich die Schüler/innen auch kompetenter wahr, da die Lehrpersonen ihnen eine Wettbewerbsfähigkeit attestiert. Orientiert man sich hier nun an die motivationalen Typen, die aus dieser Studie generiert wurden, so könnten mit hoher Wahrscheinlichkeit positive Auswirkungen von Wettbewerben bei Schüler/inne/n gefunden werden, die dem leistungsmotivierten Typ (Typ 2) zuzuordnen sind. Des Weiteren wäre es auch denkbar, positive Auswirkungen bei Typ 1 (autonom motivierten Typ) zu finden. Die Kehrseite dieser Medaille ist, dass Wettbewerbe auch die Motivation unterminieren können. Das Resultat daraus kann dann sein, dass die Schüler/innen frustriert und enttäuscht sind, sich selbst als nicht kompetent genug wahrnehmen und schlussendlich die Motivation für das Spielen und Lernen eines Musikinstrumentes verlieren. Auch hier kann zur Differenzierung eine Orientierung an den motivationalen Typen hilfreich sein. Schüler/innen, die dem mittel hoch autonom motivierten Typ (Typ3) zuzuordnen sind, werden höchst wahrscheinlich wenig bis keine positiven Emotionen in Bezug auf Wettbewerbe zeigen Die Befunde zeigen nämlich, dass dieser Typ eine geringe Leistungsmotivation aufweist. Besonders schwierig gestaltet sich die Wahrnehmung bzw. Einschätzung, ob ein Wettbewerb oder ein Auftritt förderlich oder kontraproduktiv ist, bei Schüler/inne/n, die dem mischmotivierten Typ (Typ 4) angehören. Bei diesem Typ sind Autonome und Kontrollierte Motivation ähnlich hoch ausgeprägt. Hierbei kann ein Wettbewerb sowohl positive als auch negative Folgen mit sich bringen. Er kann als Ansporn oder als Faktor, der für das Beenden des Spielens eines Instruments verantwortlich ist, betrachtet werden. Aus diesem Grund ist vor allem in diesem Bereich das „motivationsadäquate Fingerspitzengefühl" der Lehrperson gefordert, um zu erkennen, ob ein Wettbewerb und ein Auftritt förderlich ist oder eben nicht. Neben all diesen Maßnahmen wäre es auch wünschenswert, wenn Lehrpersonen stetig an ihrer eigenen Kompetenz (sowie fachlich, als auch pädagogisch) weiterarbeiten, sprich Weiter- und Fortbildungsangebote wahrnehmen. Die Forschung (z.B. Murdock et al., 2007) konnte zeigen, dass Studierende ihre Erfolgsaussichten im Studium sehr stark von der Kompetenz der Lehrperson abhängig machten.

Die zweite Implikation betrifft die Peers. Es zeigte sich, dass die Peers einen hohen Stellenwert bei der Entwicklung und Aufrechterhaltung der Autonomen Motivation für das Spielen eines Instrumentes haben. Aus diesem Grund wäre es sinnvoll, den Aspekt des gemeinsamen Musizierens mit Peers vermehrt in den instrumentalpädagogischen Alltag einfließen zu lassen. Studien (z.B. Davidson et al., 1998) zeigten zwar, dass die erfolgreichen Musiker/innen mehr Einzelunterricht hatten, jedoch zeigte die Forschung (z.B. Moore et al., 2003) auch auf, dass für spätere Berufsmusiker/innen die Peers enorm wichtig für ihre musikalische Motivation waren. Als Grundlage für diese Implikation wäre somit eine optimale Balance zwischen Einzelunterricht und gemeinsamen Musizieren zu erachten (z.B. in Ensembles, in Orchestern etc.).

Implikation drei befasst sich mit den Eltern und deren Erziehungsverhalten. Grundsätzlich sei zu erwähnen, dass nur wenig bis gar kein Einfluss auf das Erziehungsverhalten der Eltern möglich ist. Die Ergebnisse dieser Studie zeigten, dass vor allem ein Fehlen eines autonomieunterstützenden Erziehungsverhaltens, eine Erklärung für eine Kontrollierte Motivation liefert. Aus diesem Grund wäre es empfehlenswert, dass Eltern in ihrer Erziehung Autonomie unterstützen und fördern. Die Forschung (z.B. Wild, 2001; Exeler & Wild, 2003) zeigte, dass sich die Lernmotivation der Kinder steigert, wenn diese im Erziehungsverhalten der Eltern Autonomieunterstützung wahrnehmen. Eltern sollten auch eher eine begleitende als überwachende Funktion einnehmen, da ansonsten die Motivation auf einem extrinsischen Niveau ausgeprägt ist. Hilfe und Unterstützung wird dann angeboten, wenn sie von den Kindern gefordert wird. Des Weiteren wäre es wünschenswert, wenn Eltern *Involvement* zeigen, d.h. aktiv am Leben ihrer Kinder teilhaben. Für die Instrumentalmusik wären dies Dinge wie z.B. mit dem Kind zu Hause zu üben, an der Unterrichtsstunde teilzunehmen, sich über den Lernfortschritt auf dem Laufenden zu halten oder auch einfach ein generelles Interesse an Musik zu zeigen. Die Forschung (z.B. Davidson et al., 1996) zeigte nämlich, dass jene Kinder, deren Eltern *Involvement* aufweisen, musikalisch erfolgreicher sind und dass *Involvement* auch förderlich für die Motivation (z.B. Zdzinski, 1996) der Kinder ist. In diesem Zusammenhang wären gemeinsame Konzertbesuche oder auch das Besuchen der Vorspielstunde der Kinder zu nennen. Den Eltern sollte auch bewusst sein bzw. bewusstgemacht werden, dass Musik wertvoll für die kognitive Entwicklung der Kinder ist. So zeigten Studien (z.B. McPherson & O'Neill, 2010), dass jene Kinder, die mit Musik zu tun haben (z.B. ein Instrument spielen oder singen), im Durchschnitt bessere Leistungen in der Schule aufweisen.

8. Fazit und Ausblick

Die zentrale Forschungsfrage dieser Arbeit lautete:

Wie kann man die Motivation der Kinder und Jugendlichen für das Spielen eines Musikinstrumentes unter Berücksichtigung der Aspekte – Basic Needs auf der Ebene des Unterrichts, autonomiefördernder Erziehungsstil der Eltern, Einstellungen der Peers zum Lernen und Spielen eines Musikinstrumentes – erklären?

(1) Es zeigte sich, dass die Kinder und Jugendlichen, die einen Musikunterricht besuchen, eine hohe Autonome und geringe Kontrollierte Motivation für das Spielen eines Instrumentes aufweisen.

(2) Als die entscheidenden Faktoren zur Erklärung der Autonomen Motivation für das Lernen und Spielen eines Instrumentes bei Kindern und Jugendlichen wurden der Musikunterricht (=Lehrpersonen) und vor allem die Einstellungen der Peers identifiziert. Je mehr nämlich die Basic Needs *Autonomie*, *Kompetenz* und *soziale Einbindung* auf der Ebene des Musikunterrichts erfüllt werden und je positiver die Einstellungen der Peers bezüglich des Lernens und Spielens eines Instrumentes ausfallen, desto mehr entwickelt sich bei den Kindern und Jugendlichen eine intrinsische Motivation.

(3) Im Gegensatz dazu entwickelt sich bei den Kindern und Jugendlichen eher eine Kontrollierte Motivation, wenn diese bei den Eltern keinen autonomieunterstützenden Erziehungsstil, sei es im allgemeinen oder instrumentenbezogenen Kontext, wahrnehmen.

Die empirische Studie mitsamt den Untersuchungsergebnissen liefert Lehrpersonen und Eltern auch wertvolle Aspekte um besser zu verstehen, wie eine intrinsische Motivation für das Lernen und Spielen eines Instrumentes entsteht und wie man sie fördern und aufrechterhalten kann.

Die Selbstbestimmungstheorie nach Deci & Ryan (SDT) erhebt den Anspruch, eine umfangreiche und funktionale Theorie zur Erklärung von motivationalem Verhalten zu sein. Um die Theorie weiterentwickeln zu können, muss die Forschung rund um die SDT den Bereich Lehren und Lernen verstärkt auch in anderen Settings, zusätzlich zur Schule, untersuchen. Viele der Studien (z.B. Wild & Krapp, 1995; Wild & Wild, 1997; Exeler & Wild, 2003), die als Grundlage die SDT haben, zielen auf Bereiche ab, die ausschließlich in der Schule vorkommen (z.B. die Motivation für das Lernen in einem bestimmten Schulfach). Außerschulische Lernsituationen, wie sie z.B. die Instrumentalmusik darstellt, werden nicht bis kaum berücksichtigt, sollten aber in Zukunft eine Rolle spielen, da Lernen nicht nur in der Schule, sondern auch außerhalb passiert. Generell müsse die Selbstbestimmungstheorie zukünftig dem Bereich der Musik mehr Wert widmen. Diesbezüglich sollten ökologische Experimente in unterschiedlichsten Settings zur Musik durchgeführt werden. Das beinhaltet aber nicht nur die Musik in der Schule, sondern vielmehr die Instrumentalmusik außerhalb der Schule. Darüber hinaus müssten auch Längsschnittstudien durchgeführt werden, um zu überprüfen, wie stabil die Motivation ist und auch die Bedingungen der Veränderungen untersuchen.

Es zeigte sich auch, dass die SDT vorwiegend die Bereiche Lehrperson und Eltern untersucht. Bereiche wie z.B. Peers werden kaum berücksichtigt.

Für die zukünftige Forschung rund um die Selbstbestimmungstheorie nach Deci & Ryan wird es also unerlässlich sein, den Bereich Lehren und Lernen verstärkt auch in anderen Settings wie z.B. Musik zu untersuchen und dabei die Bereiche Lehrpersonen, Familie und Peers zu berücksichtigen, um eine umfangreiche Erklärung für motivationales Verhalten gewährleisten zu können.

Literatur

Asendorpf, J., Borkenau, P., Ostendorf, F. & Aken, M. A. K. v. (2001): Carving personality description at its joints: Confirmation of three replicable personality prototypes for both children and adults. In: *European Journal of Personality* 15 (3), S. 169–189.

Backhaus, K., Erichson, B., Plinke, W. & Weiber, R. (2003): *Multivariate Analysemethoden. Eine anwendungsorientierte Einführung.* 10. Aufl. Berlin, Heidelberg, New York: Springer.

Bailey, T. H. & Phillips, L. J. (2015): The influence of motivation and adaptation on students' subjective well-being, meaning in life, and academic performance. In: *Higher Education Research and Development.* doi.org/10.1080/07294360.2015.1087474.

Bandura, A. (1997): *Self-Efficacy. The Exercise of Control.* New York: W.H. Freeman and Company.

Barber, B. K. (1996): Parental Psychological Control: Revisiting a Neglected Construct. In: *Child Development* 67 (6), S. 3296–3319.

Barnes, G. V., DeFreitas, A. & Grego, J. (2015): Parental involvement and home environment in music: Current and former students from selected community music programs in Brazil and the United States. In: *International Journal of Music Education.* doi.org/10.1177/0255761415619057.

Baumrind, D. (1966): Effects of Authoritative Parental Control on Child Behavior. In: *Child Development* 37 (4), S. 887–907.

Benware, C. & Deci, E. L. (1984): Quality of learning with an active versus passive motivational set. In: *American Educational Research Journal* 21, S. 755–765.

Berridge, K.C (2004): Motivational concepts in behavioral neuroscience. In: *Psychology & Behavior* 81, S. 2506–2512.

Bézenac, C. de & Swindells, R. (2009): No Pain, No Gain? Motivation and Self-Regulation in Music Learning. In: *International Journal of Education & the Arts* 10 (16), S. 1–33.

Bieg, S., Backes, S. & Mittag, W. (2011): The role of intrinsic motivation for teaching, teacher's care and autonomy support in students' self-determined motivation. In: *Journal of Educational Research Online* (3), S. 122–140.

Bieg, S. & Dresel, M. (2018): Förderung von Motivation und emotionalem Erleben von Schüler/inne/n: Wie Humor dabei helfen kann. In: G. Hagenauer & T. Hascher (Hg.): *Emotionen und Emotionsregulation in der Schule und Hochschule.* Münster: Waxmann.

Boggiano, A. K., Barrett, M., Weiher, A. W., McClelland, G. H. & Lusk, C. M. (1987): Use of the maximal-operant principle to motivate children's intrinsic interest. In: *Journal of Personality and Social Psychology* 53, S. 866–879.

Boggiano, A. K., Flink, C., Shields, A., Seelbach, A. & Barrett, M. (1993): Use of techniques promoting students' self-determination: Effects on students' analytic problem-solving skills. In: *Motivation and Emotion* 17, S. 319–336.

Browne, M. & Cudeck, R (1993): Alternative Ways of Assessing Equation Model Fit. In: Bollen, K.A & Long, J.S (Hg.): *Testing Structural Equation Models.* Newbury Park, S. 136–162.

Bühl, A. (2012): *SPSS 20. Einführung in die moderne Datenanalyse.* 13. Aufl. München: Pearson.

Cardinal, R. N., Parkinson, J. A., Hall, J. & Everitt, B. J. (2002): Emotion and motivation: the role of amygdala ventral striatum, and prefrontal cortex. In: *Neuroscience & Biobehavioral Reviews* 26, S. 321–352.

Chian, L. K. Z. & Wang, C. K. (2008): Motivational Profiles of Junior College Athletes: A Cluster Analysis. In: *Journal of Applied Sport Psychology* 20, S. 137–156.

Connell, J. P. & Wellborn, J. G. (1991): Competence, autonomy, and relatedness: A motivational analysis of self-system processes. In: Gunnar, M. R. & Sroufe, L. A. (Hg.): *Self processes in development: Minnesota symposium on child psychology.* Chicago: University of Chicago Press (23), S. 167–216.

Conzen, P. (1990): *Erik H. Erikson und die Psychoanalyse. Systematische Gesamtdarstellung seiner theoretischen und klinischen Positionen.* Heidelberg: Roland Asanger Verlag.

Cope, E. J., Bailey, R. & Pearce, G. (2013): Why do children take part in, and remain involved in sport? A lierature review and discussion of implications for sports coaches. In: *International Journal of Coaching Science* 7 (1), S. 55–74.

Creech, A. & Hallam, S. (2011): Learning a musical instrument: The influence of interpersonal interaction on outcomes for school-aged pupils. In: *Psychology of Music* 39 (1), S. 102–122.

Csikszentmihalyi, M. (2008): *Flow. Das Geheimnis des Glücks.* 14. Aufl. Stuttgart: J.G. Cotta'sche Buchhandlung Nachfolger.

Csikszentmihalyi, M. & Schiefele, U. (1993): Die Qualität des Erlebens und der Prozeß des Lernens. In: *Zeitschrift für Pädagogik* 39 (2), S. 207–221.

Daniels, H. & Bizar, M. (1998): *Methods that matter: Six structures for best practice classrooms.* Portland: Stenhouse.

Davidson, J. W., Pitts, S. E. & Correia, J. S. (2001): Reconciling Technical and Expressive Elements in Musical Instrument Teaching: Working with Children. In: *The Journal of Aesthetic Education* 35 (3), S. 51–62.

Davidson, J. W., Howe, M. J. A., Moore, D. G. & Sloboda, J. A. (1996): The role of parental influences in the development of musical ability. In: *British Journal of Developmental Psychology* 14, S. 399–412.

Davidson, J. W., Moore, D. G., Sloboda, J. A. & Howe, M. J. A. (1998): Characteristics of Music Teachers and the Progress of Young Instrumentalists. In: *Journal of Research in Music Education* 46 (1), S. 141–160.

deCharms, R. (1968): *Personal causation: The internal affective determinants of behaviour.* New York: Academic Press.

deCharms, R. (1984): Motivation enhancement in educational settings. In: Ames, R. & Ames, C. (Hg.): *Research on motivation in education: Student motivation.* Orlando: Academic Press (1), S. 275–310.

Deci, E. L. (1971): Effects of externally mediated rewards on instrinsic motivation. In: *Journal of Personality and Social Psychology* 18, S. 105–115.

Deci, E. L., Driver, R. E., Hotchkiss, L., Robbins, R. J. & Wilson, I. M. (1993): The relation of mothers' controlling vocalizations to children's intrinsic motivation. In: *Journal of Experimental Child Psychology* 55, S. 151–162.

Deci, E. L. & Ryan, R. M. (1985): *Intrinsic motivation and self-determination in human behavior.* New York: Plenum Press.

Deci, E. L. & Ryan, R. M. (1993): Die Selbstbestimmungstheorie der Motivation und ihre Bedeutung für die Pädagogik. In: *Zeitschrift für Pädagogik* 39 (2), S. 223–238.

Deci, E. L. & Ryan, R. M. (1994): Promoting self-determinated education. In: *Scandinavian Journal of Educational Research* 38 (1), S. 3–14.

Elliot, A. J. & Thrash, T. M. (2004): The intergenerational transmission of fear of failure. In: *Personality and Social Psychology Bulletin* 30, S. 957–971.

Erikson, E. H. (1957): *Kindheit und Gesellschaft.* Zürich: Pan-Verlag.

Evans, P. (2015): Self-determination theory. An approach to motivation in music education. In: *Musicae Scientiae* 19 (1), S. 65–83.

Evans, P. & McPherson, G. E. (2014): Identity and practice: The motivational benefits of a long-term musical identity. In: *Psychology of Music* 43 (3), S. 407–422.

Evans, P., McPherson, G. E. & Davidson, J. W. (2012): The role of psychological needs in ceasing music and music learning activities. In: *Psychology of Music* 41 (5), S. 600–619.

Exeler, J. & Wild, E. (2003): Die Rolle des Elternhauses für die Förderung selbstbestimmten Lernens. In: *Zeitschrift für Lernforschung* 31 (1), S. 6–22.

Farkas, M. & Grolnick, W. S. (2008): *Conceptualizing parental provision of structure as a major dimension of parenting: Links to parental control and children's competence.* Paper presented at the meeting of the American Educational Research Association. New York.

Fasching, M. S., Dresel, M., Dickhäuser, O. & Nitsche, S. (2010): Goal orientations of teacher trainees: Longitudinal analysis of magnitude change and relevance. In: *Journal of Educational Research Online* 2 (2), S. 9–33.

Finnas, L. (1989): A Comparison between Young People's Privately and Publicly Expressed Musical Preferences. In: *Psychology of Music* 17 (2), S. 132–145.

Ghazali, G. M. & McPherson, G. E. (2009): Malaysian children's attitudes towards learning music. In: *Music Education Research* 11 (2), S. 193–219.

Gillet, N., Berjot, S. & Paty, E. (2010): Profils motivationnels et ajustement au travail: vers une approche intra-individuelle de la motivation. In: *Le Travail Humain* 73 (2), S. 141–162.

Gillet, N., Vallerand, R. J. & Lafrenière, M. A. K. (2012): Intrinsic and extrinsic school motivation as a function of age: The mediating role of autonomy support. In: *Social Psychology of Education* 15, S. 77–95.

Ginsburg, G. S. & Bronstein, P. (1993): Family factors related to children's intrinsic/extrinsic motivational orientation and academic performance. In: *Child Development* 64, S. 1461–1474.

Gorozidis, G. & Papaioannou, A. (2014): Teachers' motivation to participate in training and to implement innovations. In: *Teaching and Teacher Education* 39, S. 1–11.

Goudas, M. & Biddle, S. (1994): Perceived motivational climate and intrinsic motivation in school physical education classes. In: *Journal of Educational Psychology* 95, S. 241–250.

Grolnick, W. S. (2009): The role of parents in facilitating autonomous self-regulation for education. In: *Theory and Research in Education* 7 (2), S. 164–173.

Grolnick, W. S. (2015): Mothers' motivation for involvement in their children's schooling: mechanisms and outcomes. In: *Motivation and Emotion* 39, S. 63–73.

Grolnick, W. S. & Apostoleris, N. H. (2002): What Makes Parents Controlling? In: E. L. Deci und R. M. Ryan (Hg.): *Handbook of Self-Determination Research.* New York: University of Rochester Press, S. 161–181.

Grolnick, W. S., Bridges, L. & Frodi, A. (1984): Maternal control style and the mastery motivation of one-year-olds. In: *Infant Mental Health Journal* 5, S. 72–82.

Grolnick, W. S. & Pomerantz, W. S. (2009): Issues and Challenges in Studying Parental Control: Toward a New Conceptualization. In: *Child Development Perspectives* 3 (3), S. 165–170.

Grolnick, W. S. & Ryan, R. M. (1989): Parent Styles Associated With Children's Self-Regulation and Competence in School. In: *Journal of Educational Psychology* 81 (2), S. 143–154.

Grolnick, W. S., Price, C. E., Beiswenger, K. L. & Sauck, C. C. (2007): Evaluative pressure in mothers: Effects of situation, maternal, and child characteristics on autonomy-supportive versus controlling behavior. In: *Developmental Psychology* 43, S. 991–1002.

Grolnick, W. S., Weiss, L., McKenzie, L. & Wrightman, J. (1996): Contextual, cognitive, and adolescent factors associated with parenting in adolescence. In: *Journal of Youth and Adolesence* 25 (1), S. 33–54.

Haerens, L., Aelterman, N., Vansteenkiste, M., Soenens, B. & Van Petegem, S. (2015): Do perceived autonomy-supportive and controlling teaching relate to physical education students' motivational experience through unique pathways? Distinguishing between the bright and dark side of motivation. In: *Psychology of Sport and Exercise* 16, S. 26–36.

Heckhausen, J. & Heckhausen, H. (2010): *Motivation und Handeln.* 4. Aufl. Heidelberg: Springer Medizin Verlag.

Heckhausen, H. & Rheinberg, F. (1980): Lernmotivation im Unterricht. In: *Unterrichtswissenschaft* 8, S. 7–47.

Heider, F. (1958): *The Psychology of Interpersonal Relations.* New York: Wiley.

Hidi, S. & Renninger, K. A. (2006): The Four-Phase Model of Interest Development. In: *Educational Psychologist* 41 (2), S. 111–127.

Hidi, S., Renninger, K. A. & Krapp, A. (2004): Interest, a Motivational Variable That Combines Affective and Cognitive Functioning. In: D.Y Dai und R. J. Sternberg (Hg.): *Motivation, Emotion and Cognition. Integrative Perspectives on intellectual Functioning and Development.* Mahwah, New Jersey, London: Lawrence Erlbaum Associates, Publisher, S. 89–115.

Hollembeak, J. & Amorose, A. J. (2005): Perceived coaching beahviors and college athletes' intrinsic motivation: A test of self-determination theory. In: *Journal of Applied Sport Psychology* 17, S. 1–17.

Hughes, J. N., Zhang, D. & Hill, C. R. (2006): Peer assessments of normative and individual teacher–student support predict social acceptance and engagement among low-achieving children. In: *Journal of School Psychology* 43, S. 447–463.

Huhn, G. (2004): Das Flow-Erleben als Schlüssel für Lernen, Wachstum und Motivation. In: S. Radatz (Hg.): *Evolutionäres Management.* Wien: Verlag für Systematisches Management.

Jang, H., Kim, E. J. & Reeve, J. (2012): Longitudinal Test of Self-Determination Theory's Motivation Mediation Model in a Naturally Occuring Classroom Context. In: *Journal of Educational Psychology* 104 (4), S. 1175–1188.

Jang, H., Kim, E.-J. & Reeve, J. (2016): Why students become more engaged or more disengaged during the semester: A self-determination theory dual-process model. In: *Learning and Instruction* 43, S. 27–38.

Jang, H., Reeve, J. & Deci, E. L. (2010): Engaging Students in Learning Activities: It is not Autonomy Support or Structure but Autonomy Support and Structure. In: *Journal of Educational Psychology* 102 (3), S. 588–600.

Jang, H., Reeve, J. & Halusic, M. (2016): A new autonomy-supportive instructional strategy to increase conceptual learning: Teaching in students' prefer way. In: *Journal of Experimental Education* 00 (0), S. 1–16.

Kanat-Maymon, Y., Benjamin, M., Stavsky, A., Shoshani, A. & Roth, G. (2015): The role of basic need fulfillment in academic dishonesty: A self-determination theory perspective. In: *Contemporary Educational Psychology* 43, S. 1–9.

Katz, I., Eilot, K. & Nevo, N. (2014): "I'll do it later": Type of motivation, self-efficacy and homework procrastination. In: *Motivation and Emotion* 38 (1), S. 111–119.

Katz, I., Kaplan, A. & Buzukashvily, T. (2009): The role of parents' motivation in students' autonomous motivation for doing homework. In: *Learning and Individual Differences* 21 (4), S. 376–386.

Koestner, R., Ryan, R. M., Bernieri, F. & Holt, K. (1984): Setting limits on children's behavior: The differential effects of controlling versus informational styles on instrinsic motivation and creativity. In: *Journal of Personality* 52, S. 233–248.

Koka, A. & Hagger, M. S. (2010): Perceived Teaching Behaviors and Self-Determined Motivation in Physical Education: A Test of Self-Determination Theory. In: *Research Quarterly for Exercise and Sport* 81, S. 74–86.

Krapp, A. (1992). Interesse, Lernen und Leistung. Neuere Forschungsansätze in der Pädagogischen Psychologie. *Zeitschrift für Pädagogik* 38, 747-770.

Krapp, A. (1999): Intrinsische Lernmotivation und Interesse. Forschungsansätze und konzeptuelle Überlegungen. In: *Zeitschrift für Pädagogik* 45 (3), S. 387–406.

Krapp, A. (2005): Das Konzept der grundlegenden psychologischen Bedürfnisse. Ein Erklärungsansatz für die positiven Effekte von Wohlbefinden und intrinsischer Motivation im Lehr-Lerngeschehen. In: *Zeitschrift für Pädagogik* 51 (5), S. 626–641.

Krapp, A., Geyer, C. & Lewalter, D. (2004): Motivation und Emotion. In: T. Seidel und A. Krapp (Hg.): *Pädagogische Psychologie.* Weinheim: Beltz, S. 193–222.

Küpers, E., van Dijk, M., McPherson, G. E. & van Geert, P. (2013): A dynamic model that links skill acquisition with self-determination in instrumental music lessons. In: *Musicae Scientiae* 18 (1), S. 17–34.

Lee, W., Reeve, J., Xue, Y. & Xiong, J. (2012): Neural differences between intrinsic reasons versus extrinsic reasons for doing: An fMRI study. In: *Neuroscience Research* 73, S. 68–72.

Lepper, M. R. & Henderlong, J. (2000): Turning "Play" into "Work" and "Work" into "Play": 25 Years of Research on Intrinsic Versus Extrinsic Motivation. In: C. Sansone und J. M. Harackiewicz (Hg.): *Intrinsic and Extrinsic Motivation. The Search for Optimal Motivation and Performance.* London: Academic Press, S. 257–307.

Lepper, M. R., Sethi, S., Dialdin, D. & Drake, M. (1997): Intrinsic and extrinsic motivation: A developmental perspective. In: Luthar, S. S., Burack, J. A., Cicchetti, D. & Weisz, J. R. (Hg.): *Developmental psychopathology: Perspectives on adjustment, risk, and disorder.* New York: Cambridge University Press, S. 23–50.

Leptokaridou, E., Vlachopoulos, S. & Papaioannou, A. (2014): Experimental longitudinal test of the influence of autonomy-supportive teaching on motivation for participation in elementary school physical education. In: *Educational Psychology*, S. 1–22. doi/org. 10.1080/01443410.2014.950195.

Leung, B. W. & McPherson, G. E. (2010): Students' motivation in studying music: The Hong Kong context. In: *Research Studies in Music Education* 32 (2), S. 155–168.

Lin, Y. G., McKeachie, W. J. & Kim, Y. C. (2001): College students' intrinsic and/or extrinsic motivation and learning. In: *Learning and Individual Differences* 13, S. 251–258.

Looser, D. (2011): *Soziale Beziehungen und Leistungsmotivation. Die Bedeutung von Bezugspersonen für die längerfristge Aufrechterhaltung der Lern- und Leistungsmotivation.* Opladen & Farmington Hills: Budrich UniPress (Beiträge der Schweizer Bildungsforschung, 2).

Luyckx, K., Soenens, B., Vansteenkiste, M., Goossens, L. & Berzonsky, M. D. (2007): Parental Psychological Control and Dimensions of Identity Formation in Emerging Adulthood. In: *Journal of Family Psychology* 21 (3), S. 546–550.

Marjoribanks, K. (2002): *Family and School Capital: Towards a Context Theory of Students' School Outcomes.* Dordrecht: Springer Science + Business Media.

McPherson, G. E. (2009): The role of parents in children's musical development. In: *Psychology of Music* 37 (1), S. 91–110.

McPherson, G. E. & Davidson, J. W. (2002): Musical Practice: mother and child interactions during the first year of learning an instrument. In: *Music Education Research* 4 (1), S. 141–156.

McPherson, G. E. & Hendricks, K. S. (2010): Students' motivation to study music: The United States of America. In: *Research Studies in Music Education* 32 (2), S. 1–13.
McPherson, G. E. & McCormick, J. (1999): Motivational and Self-Regulated Learning Components of Musical Practice. In: *Bulletin of the Council for Research in Music Education* 141, S. 98–102.
McPherson, G. E. & O'Neill, S. A. (2010): Student's motivation to study music as compared to other school subjects: a comparison of eight countries. In: *Research Studies in Music Education* 32 (2), S. 1–37.
McPherson, G. E. & Zimmerman, B. J. (2011): Self-Regulation of Musical Learning. A Social Cognitive Perspective on Developing Performance Skills. In: R. Colwell und P. R. Webster (Hg.): *Menc Handbook of Research on Music Learning. Volume 2: Applications.* New York: Oxford University Press, S. 130–175.
Meyer, D. K. & Turner, J. C. (2002): Using instructional discourse analysis to study scaffolding of student self-regulation. In: *Educational Psychologist* 37 (1), S. 17–25.
Moore, D. G., Burland, K. & Davidson, J. W. (2003): The social context of musical success: A developmental account. In: *British Journal of Psychology* 94, S. 529–549.
Müller, F. H. (2006): Interesse und Lernen. In: *REPORT – Zeitschrift für Weiterbildungsforschung* 29 (1), S. 48–62.
Müller, F. H., Hanfstingl, B. & Andreitz, I. (2007): Skalen zur motivationalen Regulation beim Lernen von Schülerinnen und Schülern. Adaptierte und ergänzte Version des Academic Self-Regulation Questionnaire (SRQ-A) nach Ryan & Connell. In: *Wissenschaftliche Beiträge aus dem Institut für Unterrichts- und Schulentwicklung (IUS)* (1), S. 1–17.
Müller, F. H. & Palekčić, M. (2005): Continuity of motivation in higher education: A three-year follow-up study. In: *Review of Psychology* 12 (1), S. 31–43.
Murdock, T. B., Miller, A. D. & Goetzinger, A. (2007): Effects of classroom context on university students' judgments about cheating: Mediating and moderating processes. In: *Social Psychology of Education* 10, S. 141–169.
Nie, Y. & Lau, S. (2009): Complementary roles of care and behavioral control in classroom management. The self-determination theory perspective. In: *Contemporary Educational Psychology* 34, S. 185–194.
Ntoumanis, N. (2005): A prospective study of participation in optional school physical education using a self-determination theory framework. In: *Journal of Educational Psychology* 97, S. 444–453.
Nuttin, J. (1956): *Psychoanalyse und Persönlichkeit.* Freiburg: Universitätsverlag Freiburg Schweiz (Arbeiten zur Psychologie, Pädagogik und Heilpädagogik, 10).
O'Neill, S. A. & Sloboda, J. A. (1997): The effects of failure on children's ability to perform a musical test. In: *Psychology of Music* 25, S. 18–34.
Patrick, H., Ryan, A. M., Alfred-Liro, C., Fredricks, J. A., Hruda, L. Z. & Eccles, J. S. (1999): Adolescents' Commitment to Developing Talent: The Role of Peers in Continuing Motivation for Sports and the Arts. In: *Journal of Youth and Adolescence* 28 (6), S. 741–763.
Pekrun, R. (1988): *Emotion, Motivation und Persönlichkeit.* Weinheim: Psychologie Verlags Union.
Piaget, J. (1971): *Biology and knowledge.* Chicago: University of Chicago Press.
Prenzel, M., Kramer, K. & Drechsel, B. (2002): Self-determined and interested learning in vocational education. In: K. Beck (Hg.): *Teaching-learning processes in vocational education.* Frankfurt a. M.: Lang, S. 43–68.

Reeve, J. (2002): Self-Determination Theory Applied to Educational Settings. In: E. L. Deci und R. M. Ryan (Hg.): *Handbook of Self-Determination Research.* New York: University of Rochester Press, S. 183–203.

Reeve, J. (2006): Teachers as Facilitators: What Autonomy-Supportive Teachers Do and Why Their Students Benefit. In: *The Elementary School Journal* 106 (3), S. 225–236.

Reeve, J. & Cheon, S. H. (2016): Teachers become more autonomy supportive after they believe it is easy to do. In: *Psychology of Sport and Exercise* 22, S. 178–189.

Reeve, J. & Halusic, M. (2009): How K-12 teachers can put self-determination theory principles into practice. In: *Theory and Research in Education* 7 (2), S. 145–154.

Reeve, J. & Jang, H. (2006): What Teachers Say and Do to Support Student's Autonomy During a Learning Activity. In: *Journal of Educational Psychology* 98 (1), S. 209–218.

Reeve, J., Jang, H., Carrell, D., Barch, J. & Jeon, S. (2004): Enhancing students' engagement by increasing teachers' autonomy support. In: *Motivation and Emotion* 28, S. 147–169.

Reeve, J., Nix, G. & Hamm, D. (2003): Testing models of the experience of self-determination in instrinsic motivation and the conundrum of choice. In: *Journal of Educational Psychology* 95, S. 375–392.

Reeve, J. & Tseng, C. (2011): Cortisol reactivity to a teacher's motivating style: the biology of being controlled versus supporting autonomy. In: *Motivation and Emotion* 35 (1), S. 63–74.

Renaud-Dube, A., Talbot, D., Taylor, G. & Guay, F. (2015): The relations between implicit intelligence beliefs, autonomous academic motivation, and school persistence intentions: A mediation model. In: *Social Psychology of Education* 18 (2), S. 255–272.

Renninger, K. A. (2003): Effort and interest. In: J. Gutherie (Hg.): *The Encyclopedia of Education.* 2. Aufl. New York: Macmillan, S. 704–709.

Renwick, J. M. & McPherson, G. E. (2002): Interest and choice: student-selected repertoire and its effect on practising behavior. In: *British Journal of Music Education* 19 (2), S. 173–188.

Rheinberg, F. (1989): *Zweck und Tätigkeit.* Göttingen: Hogrefe.

Rheinberg, F. (2002): *Motivation.* 4. Aufl. Stuttgart: Kohlhammer.

Roeser, R. W., Eccles, J. S. & Sameroff, A. J. (2000): School as a context of early adolescents' academic and social-emotional development: A summary of research findings. In: *The Elementary School Journal* 100, S. 443–471.

Rudolf, M. & Müller, J. (2012): *Multivariate Verfahren. Eine praxisorientierte Einführung mit Anwendungsbeispielen in SPSS.* 2., überarbeitete und erweiterte. Göttingen: Hogrefe.

Ryan, R. M. (1982): Control and Information in the Intrapersonal Sphere: An Extension of Cognitive Evaluation Theory. In: *Journal of Personality and Social Psychology* 43 (3), S. 450–461.

Ryan, R. M. (2009): Self-determination Theory and Wellbeing. In: *WeD Research Review* (1). Online verfügbar unter http://www.welldev.org.uk/wed-new/network/research-review/Review_1_Ryan.pdf.

Ryan, A. M. & Grolnick W. S. (1986): Origins and pawns in the classroom: Self-report and projective assessments of individual differences in children's perceptions. In: *Journal of Personality and Social Psychology* 50, S. 550–558.

Ryan, R. M. & Connell, J.P. (1989): Perceived Locus of Causality and Internalization: Examining Reasons for Acting in Two Domains. In: *Journal of Personality and Social Psychology* 57 (5), S. 749–761.

Ryan, R. M. & Deci, E. L. (2000): Intrinsic and Extrinsic Motivations: Classic Definitions and New Directions. In: *Contemporary Educational Psychology* 25, S. 54–67.

Ryan, R. M. & Deci, E. L. (2002): Overview of Self-Determination Theory: An Organismic Dialectical Perspective. In: E. L. Deci und R. M. Ryan (Hg.): *Handbook of Self-Determination Research.* New York: University of Rochester Press, S. 3–33.

Schaefer, E. S. (1965): Children's reports of parental behavior: An inventory. In: *Child Development* 36 (2), S. 413–424.

Schiefele, U. & Streblow, L. (2005): Intrinsische Motivation – Theorien und Befunde. In: R. Vollmeyer und J. Brunstein (Hg.): *Motivationspsychologie und ihre Anwendung.* Stuttgart: W. Kohlhammer.

Sichivitsa, V. O. (2007): The influence of parents, teachers, peers and other factors on students' motivation in music. In: *Research Studies in Music Education* (29), S. 55–68.

Sierens, E., Vansteenkiste, M., Goossens, L., Soenens, B. & Dochy, R. (2009): The synergistic relationship of perceived autonomy support and structure in the prediction of self-regulated learning. In: *British Journal of Educational Psychology* 79, S. 57–68.

Skinner, E. A. & Belmont, M. J. (1993): Motivation in the classroom: Reciprocal effects of teacher behavior and student engagement across the school year. In: *Journal of Educational Psychology* 85, S. 571–581.

Skinner, E. A., Furrer, C., Marchand, G. & Kindermann, T. (2008): Engagement and disaffection in the classroom: Part of a larger motivational dynamic? In: *Journal of Educational Psychology* 100, S. 765–781.

Sloboda, J. A. & Howe, M. J. A. (1992): Transitions in the early musical careers of able young musicians: choosing instruments and teachers. In: *Journal of Research in Music Education* 40 (4), S. 283–294.

Soenens, B., Elliot, A. J., Goossens, L., Vansteenkiste, M., Luyten, P. & Duriez, B. (2005): The intergenerational transmission of perfectionism: Psychological control as an intervening variable. In: *Journal of Family Psychology* 19, S. 358–366.

Soenens, B. & Vansteenkiste, M. (2010): A theoretical upgrade of the concept of parental psychological control: Proposing new insights on the basis of self-determination theory. In: *Developmental Review* 30, S. 74–99.

Stamm, M. (2005): Bildungsaspiration, Begabung und Schullaufbahn: Eltern als Erfolgspromotoren? In: *Revue suisse des sciences de l' éducation* 27, S. 277–297.

StGeorge, J., Holbrook, A. & Cantwell, R. (2013): Affinity for music: A study of the role of emotion in musical instrument learning. In: *International Journal of Music Education* 0 (0), S. 1–14.

Taylor, G., Jungert, T., Mageau, G. A., Schattke, K., Dedic, H., Rosenfield, S. & Koestner, R. (2014): A self-determination theory approach to predicting school achievement over time: The unique role of intrinsic motivation. In: *Contemporary Educational Psychology* 39 (4), S. 342–358.

Thomas, A. & Müller, F. (2015). Entwicklung und Validierung der Skalen zur motivationalen Regulation beim Lernen. In: *Diagnostica* 62, S. 74–84

Vallerand, R. J., Fortier, M. S. & Guay, F. (1997): Self-determination and persistence in a real-life setting: Toward a motivational model of high school dropout. In: *Journal of Personality and Social Psychology* 72, S. 1161–1176.

Vallerand, R. J., Pelletier, L. G., Blais, M. R., Briere, N. M., Senecal, C. & Vallieres, E. F. (1992): The Academic Motivation scale. A measurement of intrinsic, extrinsic, and amotivation in education. In: *Educational and Psychological Measurement* 52 (4), S. 1003–1017.

van Geert, P. & Steenbeek, H. (2005): The dynamics of scaffolding. In: *New Ideas in Psychology* 23 (3), S. 115–128.

Vansteenkiste, M., Sierens, E., Goossens, L., Soenens, B., Dochy, F., Mouratidis, A., Aelterman, N., Haerens, L. & Beyers, M. (2012): Identifying configurations of perceived teacher autonomy support and structure: Associations with self-regulated learning, motivation and problem behavior. In: *Learning and Instruction* 22 (6), S. 431–439.

Vansteenkiste, M., Soenens, B., Sierens, E., Luyckx, K. & Lens, W. (2009): Motivational profiles from a self-determination perspective: The quality of motivation matters. In: *Journal of Educational Psychology* 101 (3), S. 671–688.

Vollmeyer, R. (2005): Einführung: Ein Ordnungsschema zur Integration verschiedender Motivationskomponenten. In: R. Vollmeyer und J. Brunstein (Hg.): *Motivationspsychologie und ihre Anwendung*. Stuttgart: W. Kohlhammer, S. 9–19.

Weiner, B. (1985): An Attributional Theory of Achievement Motivation and Emotion. In: *Psychological Review* 92 (4), S. 548–573.

Wigfield, A. & Eccles, J. S. (2000): Expectancy-Value Theory of Achievement Motivation. In: *Contemporary Educational Psychology* 25, S. 68–81.

Wigfield, A., Eccles, J. S., Yoon, K. S., Harold, R. D., Arbreton, A. J. A., Freedman-Doan, C. & Blumenfeld, P. C. (1997): Change in children's competence beliefs and subjective task values across the elementary school years: A 3-year study. In: *Journal of Educational Psychology* 89 (3), S. 451–469.

Wild, E. & Wild, K.-P. (1997): Familiale Sozialisation und schulische Lernmotivation. In: *Zeitschrift für Pädagogik* 43 (1), S. 55–79.

Wild, E. (2001): Familiale und schulische Bedingungen der Lernmotivation von Schülern. In: *Zeitschrift für Pädagogik* 47 (4), S. 481–499.

Wild, K.-P. & Krapp, A. (1995): Elternhaus und intrinsische Lernmotivation. In: *Zeitschrift für Pädagogik* 41 (4), S. 579–599.

Zdzinski, S. F. (1996): Parental involvement, selected student attributes, and learning outcomes in instrumental music. In: *Journal of Research in Music Education* 44 (1), S. 34–48.

Zimmerman, B. J. (2008): Investigating Self-Regulation and Motivation: Historical Background, Methodological Developments, and Future Prospects. In: *American Educational Research Journal* 45 (1), S. 166–183.

Internetmedien

Grubinger, M. (o.A):
http://www.redbulletin.com/at/de/culture/martin-grubinger-der-tempomacher (08.05.2015)

Hahn, M. (2017):
https://www.musicaustria.at/musikschulen-in-oesterreich/ (13.04.2018)

SDT- Homepage:
http://www.selfdeterminationtheory.org/theory/ (30.04.2015)

Verband deutscher Musikschulen (2015): https://www.musikschulen.de/musikschulen/fakten/schuelerzahl-altersverteilung/index.html (13.04.2018)

Abbildungsverzeichnis

Tabellenverzeichnis